U1076119

湛庐文化
Cheers Publishing
a mindstyle business
与 思 想 有 关

Tobias Moskowitz
诺贝尔奖得主理查德·塞勒敬佩的金融学家
芝加哥大学金融学教授
托拜厄斯·莫斯科维茨

诺贝尔奖得主
理查德 · 塞勒敬佩的金融学家

1971 年，托拜厄斯 · 莫斯科维茨出生于美国印第安纳州的西拉斐特市，他的父亲是普渡大学的管理学教授。1989 年，莫斯科维茨进入普渡大学，1993 年获得普渡大学工业管理和工业工程学士学位，1994 年获得普渡大学管理学硕士学位。1998 年，莫斯科维茨获得加州大学洛杉矶分校安德森商学院金融学博士学位。

1998 年，莫斯科维茨到芝加哥大学布斯商学院任教，2005 年晋升为金融学教授。

莫斯科维茨的研究方向非常广泛，包括股票收益中的动量、投资组合选择中的本地化偏差、银行兼并的社会影响、商业地产的交易和融资以及金融监管的政治经济学，等等。

2017 年诺贝尔经济学奖得主理查德·塞勒是莫斯科维茨的同事，他在看到莫斯科维茨和著名体育记者乔恩·沃特海姆合著的《比赛中的行为经济学》后，认为这是一本把比赛数据和写作技巧完美结合在一起的好书，也是每一位体育爱好者的福音！

备受《魔鬼经济学》作者史蒂芬·列维特喜爱的作家

芝加哥大学经济学教授、《魔鬼经济学》（*Freakonomics*）作者史蒂芬·列维特对《比赛中的行为经济学》赞不绝口，他认为它是“最接近《魔鬼经济学》的一本书！”

列维特认为，莫斯科维茨和沃特海姆的数据分析能力、非同寻常的智慧和轻松活泼的讲故事能力，真是太赞了！

Freakonomics 一词是琳达·希内斯（Linda Jines）创造的。有趣的是，《比赛中的行为经济学》这本书的英文书名 *Scorecasting* 也是她的发明。

“费希尔 · 布莱克奖”得主

2000 年，莫斯科维茨在《金融学杂志》（*Journal of finance*）上发表的论文 *Home Bias at Home: Local Equity Preference in Domestic Portfolios* 荣获该杂志“史密斯 - 布里登杰出论文奖”（Smith-Breeden Prize）。2005 年，他又在该杂志上发表论文 *Testing Agency Theory with Entrepreneur Effort and Wealth*，并荣获“布拉特奖”（Brattle Prize）。

2004—2005 年，莫斯科维茨两度获得全球顶尖金融学术刊物《金融研究评论》颁发的“迈克尔 · 布伦南奖”（Michael Brennan Award）。

2007 年，莫斯科维茨获得第二届美国金融学会“费希尔 · 布莱克奖”（Fischer Black Prize）。美国金融学会认为，莫斯科维茨利用新获得的数据巧妙地解读了金融基本问题，仅用很少的数据就完成了艰难的理论测试工作。

作者演讲洽谈，请联系
speech@cheerspublishing.com

更多相关资讯，请关注

湛庐文化微信订阅号

湛庐文化 CheersPublishing 特别制作

Scorecasting

The Hidden Influences Behind How Sports Are Played and Games Are Won

比赛中的行为经济学

赛场行为与比赛胜负的奥秘

[美] 托拜厄斯·莫斯科维茨 乔恩·沃特海姆 ◎ 著

闫 佳 ◎ 译

浙江教育出版社·杭州

千万别上“认知偏差”和“惯常解释”的当

1984 年夏天，在美国密歇根州奥顿维尔的某个湖畔，第二届犹地亚青少年夏令营正在进行。这个夏令营从美国心脏腹地选拔了几百个孩子，其中的 7 号寝室组建了一支强大的垒球队。

事情挺好，可惜碰到了一个问题。为配合夏令营的集体精神、民主风格和平等主义等主题，规则规定，寝室里每个孩子都要上场击球。7 号寝室里有 8 个孩子都是能力相当不错甚至出色的垒球选手，但第 9 个孩子就有点悲剧了。这个来自艾奥瓦州的穷孩子，身材又瘦又高，颇似智利地图的形状。为了避免尴尬，我们就叫他阿里好了。阿里是个非常有趣的小伙伴，存了一肚子形形色色的段子，还私藏了不少糖果。只可惜他没有什么运动天赋。接不着球不说，光是要他用吸管喝个水，就能暴露他天生的身体不协调。那年夏天，罗伯特·雷德福（Robert Redford）主演了一部讲述棒球故事的电影

《天生好手》(*The Natural*),可这位阿里同学，却只能叫“天生蹩脚”(The Unnatural)。

毫不意外，7 号寝室上场之后，阿里被派到了右外野，也就是球场的边缘地带。按照正常想法，在这个位置，他几乎不可能跟对方球队击过来的球有什么接触。比赛将按照熟悉的节奏进行，7 号寝室会在前面的比赛中领先，等到阿里上场的时候，他笨拙地站着，错误地握着球棒，连续三次挥出，但除了空气，连球的影儿都碰不着。看出阿里的无能之后，对方球队很快就推测出他是 7 号寝室的弱点。当轮到对方球队击球时，他们就会把每个球都往右外野打。球一个不落地飞到那个方向，落在阿里的头顶、脚底或者旁边，但就是不会落在他挥舞着接球的手套里。终于，阿里总算手脚并用地捡到了球，把球漫无目的地投了出去。对方球队连续得分，7 号寝室最终输了比赛。

几个星期以后，7 号寝室的机灵鬼想出了一个点子：如果不把阿里安插到右外野，而是让他当捕手，恐怕倒能让他的负担减轻不少。① 表面上看，这套方案有违常理。阿里站在本垒后面，从第一个球开始就充分展示了他的笨手笨脚。

但因为垒球比赛不允许盗垒，所以阿里烂到可怕的传球不再成为问题。他也许接不住对方击球手击出的高飞界外球，从而便对手直接出局，但那球本来就已经出界了，所以对方垒上的选手不会像阿里在右外野失球时那样绕着垒前进。更何况，7 号寝室还有 8 名合格的球手在场上，他们不会让对方球队有太多人跑上垒。对方球队的跑垒手偶尔能够获得跑向本垒得分的机会，当这种情况出现时，本队的投手或一垒手往往也有足够的时间回到本垒补位，从而轻松分解阿里的负担。如果阿里在右外野，要想做到这一点则完全没有可能。

① 按照垒球规则，捕手的任务是接住本方投手的投球，而基本上不会接住对方击出的球。——译者注

此外，这个计划还有一个更微妙的、之前未预见到的好处。如果对方的击球手没能击中球，阿里要花相当长的时间把球捡回来并扔回给本队的投手。这就大大拖慢了比赛的节奏。对方的那些未成年击球手们终于开始暴露出注意力涣散的弱点，他们渐渐会选择坏球挥棒，哪怕只为了避免等待阿里捡球的痛苦。这样一来，7 号寝室的投手们就会有意识地投出坏球。[①]

阿里从未练成过精湛的球技，他私藏的糖果最终也都吃完了。但自从把他安插在本垒后面当捕手之后，那年夏天剩下的日子里，7 号寝室再也没输过一场球。

7 号寝室有两个来自印第安纳州 12 岁的疯狂体育迷，一个叫莫斯科维茨，另一个叫沃特海姆，也就是身为本书作者的我们两个。对我们来说，这件事极具启发意义。常规策略是把最差劲的球员放在右外野，之后指望对方球员不会将球朝他那个方向打。但谁说一定要这样？通过质疑惯常思维，尝试新的做法，我们可以改善球队表现，赢得更多比赛。

从那时起，我们就一直是好朋友。这段友谊得以建立，完全是因为我们对体育共同的热爱。到 2010 年，我俩一个成了芝加哥大学的金融学教授，另一个成了《体育画报》的撰稿人。我们又一次想要尝试挑战传统的体育智慧了。在本书后面的章节，我们提出的概念或许有点前卫，分析可能也更加复杂，但本质上跟夏令营垒球场上的故事没什么不同。在四攻时弃踢而不是放手一搏，为手气正好的队友“喂球”，在每个位置都派出现有的最佳球员……这些做法真的可取吗？球队里除了“大我”，还有“小我”存在吗？更擅长防守的球队真的能赢得总冠军吗？

至于说我们对颠扑不破的运动真理的信仰，它们成立背后的根基是什么呢？比方说我们都知道，纵观历史，任何级别的团队运动，主场球队都会赢

---

① 对于击球手而言，投手投出的坏球更难击打。——译者注

得大部分的比赛。但这真的只是因为有狂热的家乡观众支持吗？还是有其他什么原因？作为一辈子芝加哥小熊队的铁杆球迷，我们心里很清楚，老实讲，这支队伍确实不怎么样。但这仅仅是因为小熊队球运不佳，受了棒球之神以及那只委屈的山羊的诅咒①吗？还是有什么更合理的解释？

尽管高雅之士爱把体育运动看成消遣，总是有意无意地忽视它们，但运动里其实蕴含着强大的力量，能够解释更普遍的人类行为。“体育就是生活的隐喻”这个观念已经变得有些俗套了。我们努力“变身飞人”②“夺取金牌”；我们“想做就做”“冲过球门线”“击出全垒打”。

不过，反过来说也不错。比如，人们可能会说，生活就是运动的缩影。运动员和教练员可以做出非凡的壮举，但他们仍然跟我们其他人一样，受到人类行为和经济学规律等的制约。我们认为，美国职业橄榄球大联盟（简称NFL）的教练决定要在四攻时放弃进攻，跟共同基金经理决定买卖股票没什么不同，跟你在餐馆里点餐时要了肉丸子而不是今日“推荐”也没什么不同。我们将尽力证明，泰格·伍兹（人称“老虎伍兹”）对自己推杆的评估，跟节食者说服自己减肥的时候同样有效。而且，他也会在打高尔夫球时犯下跟你我所犯的同样的错误。我们会解释为什么裁判做决定跟家长决定是否给孩子接种疫苗很像，以及为什么这导致裁判并不总是按照规则手册办事。我们会发现，身为球迷，我们对自己喜爱的球队的看法和我们对自己的退休金投资组合的看法存在着相同的认知偏差。和在生活里一样，体育运动里发生的大部分故事，都可以用奖励、恐惧、渴望得到承认等动机来解释。你只需要知道该关注什么就行了。如果你还有数据来证明，那就更好了。

---

① 1945年MLB总决赛第四场，一名小熊球迷希望带自己的宠物山羊入场被拒，他一怒之下对小熊队发出诅咒：“你们将输掉今年的总决赛，并且再也不会得到总冠军。”这一诅咒直到2016年小熊队夺冠才被打破。——编者注

② 原文是“be like Mike”，指像迈克尔·乔丹那样。——译者注

我们探讨的许多主题似乎彼此没什么关系，很多时候，似乎也远远超过了体育运动的范畴，但它们其实都被一条我们无法立刻看清的隐形线索串联在一起。通过探索体育不为人知的一面，我们认识到：

- **人们爱把原因推到公认的或者一目了然的因素上，而真正的答案大多藏在幕后。**
- **激励因素为运动员、教练、球队老板和球迷的行为提供了强大动力（有时候也会带来不好的结果），而且也能对他们的行为进行预测。**
- **人的认知偏差和行为在生活的方方面面都发挥着举足轻重的作用，在体育运动中也不例外。**
- **运气的作用被低估，且经常遭到误解。**

每一个运动项目里都会出现这些问题。不管是在 NFL、NBA 还是美国职业棒球大联盟（简称 MLB），或者世界各地的足球比赛中，这些影响因素都在充分地发挥着作用。在多种运动中都存在这些影响因素，恰恰突出了这些影响因素的作用是多么强大、多么有力。

照我们的预计，本书后面章节里提出的许多观点和主张，都会引起争论，受到怀疑。如果是这样，我们的任务也就算完成了。本书的目标，与其说是想告诉你该怎么去思考体育运动，倒不如说是希望你用略有不同的眼光去看待它们。我们衷心希望这本书能像一台大屏幕液晶电视，帮助你比从前更清晰地观看下一场比赛。

我们说不定还能平息一些酒吧里发生的争执甚至打架事件。此外，但愿我们运气不错，能用这本书再引发一些新的讨论。

扫码下载“湛庐阅读”APP，
搜索“比赛中的行为经济学”，
获取更多比赛的精彩视频。

什么是彩蛋

彩蛋是湛庐图书策划人为你准备的更多惊喜，一般包括①测试题及答案②参考文献及注释③延伸阅读、相关视频等，记得“扫一扫”领取。

目录

SCORECASTING

在 NBA，判罚客队球员走步的次数要比主队球员高 15%，每场比赛主队罚球数比客队平均多 1 ~ 1.5 个。在西甲，如果主队落后，裁判给的伤停补时就会长一些。这些数据告诉我们：主场哨确实存在。研究结果表明，“从众效应”是裁判偏袒主队的根本原因。观看比赛的球迷越多，主场哨也更加明显。

一个球队的获胜，究竟是球星重要，还是团队协作重要？统计数据告诉我们：只要拥有一位 NBA 排名前五的最有价值球员，球队的胜率就能达到 64%！从这一点上看，球星的重要作用显而易见。不过，乔丹的“夺冠靠防守”这句名言，也从另外一个角度诠释了团队协作的重要性。

SCORECASTING

第 01 章

吞哨

为什么谁都希望裁判少吹哨

有时，“不作为”的伤害性，远远小于“有作为”的伤害性，哪怕两者带来的结果相同，甚至前者的结果更糟糕。正是这种“忽略偏差”，左右着裁判们在球场上的哨声。一定程度的“忽略偏差”是球迷喜爱的。在比赛的关键时刻，谁都希望裁判退居幕后，而让场上队员自己来决定比赛的胜负。

如果你对体育赛事的裁判没有哪怕是丝毫的同情，赶紧去咨询一下自己的心脏医生吧。不仅仅是因为裁判和司线员承受着大量的羞辱，还包括人们对这个职业的自我幻想和误解。球迷们绝不会狂妄地以为自己拥有像佩顿·曼宁（Peyton Manning，NFL丹佛野马队的四分卫）一样有力的臂膀，能防守NBA球星科比·布莱恩特，或是有能力接住著名网球选手罗杰·费德勒的发球。但不知为什么，每一个买票入场或者守在电视机面前的球迷，都确信自己能像赛场上那个穿着特殊T恤的人一样给比赛当裁判、吹哨子。

这种想法忽视了一些现实情况。首先，裁判吹哨其实都吹得很准确，虽然这实在是个谜。其次，和最优秀的运动员一样，裁判花了多年时间训练自己的能力，积累了大量技巧和经验，并在热火朝天的比赛过程中使之达到最高水平。人们认为，大多数裁判只不过是被授予了一把哨子的幸运的体育爱好者，但实际情况并非如此，他们在裁判之外的其他生涯中同样动力十足，同样聪明，而且取得了成功。

以迈克·凯里（Mike Carey）为例来看好了。他是圣迭戈一名医生的儿子，在大学时代是颇有名气的橄榄球选手，直到大四时在比赛中脚受了伤。虽然这使他到 NFL 打橄榄球的雄心受挫，但他挺了过来。他从圣克拉拉大学拿到了生物学学位。由于爱好敲敲打打修修补补，于是他创办了一家生产滑雪板和滑雪配件的公司。凯里还拥有多项专利，包括“猫爪”，一种安装在雪靴上增加牵引力的装置。

不过，在大学里的第一年，凯里就意识到，自己有一套洞察橄榄球比赛的诀窍。部分原因在于他具备做出正确判罚的能力，而且他还具备裁判的直觉，也就是把握比赛节奏和时机的第六感。此外，他还是个天生的权威人物。和职业橄榄球运动员一样，他对裁判这一技艺表现出了极大的热爱，一路从青少年橄榄球联赛，到高中联赛，再到第一级别大学联赛，最后终于来到 NFL。这时候，他的哥哥唐已经在 NFL 担任卫裁了。成为第 42 届超级碗主裁判后，凯里的裁判生涯达到了最高峰：他成为美国最盛大体育赛事的第一位非洲裔主裁判。

第 42 届超级碗于 2008 年 2 月 3 日举行，那场比赛充满激情。到了第四节末尾，被广为看好且本赛季保持了不败纪录的新英格兰爱国者队以 14：10 的成绩领先纽约巨人队。只要拦下最后一次进攻，爱国者队就能成为自 1972 年迈阿密海豚队首次创下全赛季不败纪录以来首支保持 19 场比赛连胜的队伍了。

巨人队正做着最后的努力，比赛时间还剩下不到一分钟，他们开始了第三档进攻，位置是自己的 44 码线，他们还需要推进 5 码。巨人队的四分卫伊莱·曼宁（Eli Manning）接到球，在爱国者队激烈的拦截中灵活地往来穿梭闪躲，如同创造了一种新舞步。他躲、晃、绕，九死一生地逃出了爱国者队后防线的魔爪，展现出堪比舞蹈大师阿瑟·默里（Arthur Murray）的精湛步伐，还有阿瑟·法佐莱里（Arthur Fonzarelli）[①]般的冷静。

最后，曼宁以灵活的动作稳住脚步，稳稳地将球传到了中场。他的目标是戴维·泰里（David Tyree）。很多人到这时才惊讶地意识到，泰里此刻居然还在场上。一般来说，泰里通常是特勤队成员，整个赛季，他只接住了 4 次传球，在周五赛前的训练中，还出现了 6 次接球失误。更麻烦的是，防守泰里的是爱国者队超级全明星防守球员罗德尼·哈里森（Rodney Harrison）。"别在意，"曼宁当时安慰他说，"你是一个好球员。"

几秒钟之前，当曼宁闪转腾挪时，泰里按战术直插对手腹地，在预定地点停了下来，无所事事。这时他突然意识到，自己队的四分卫正在寻找没人防守的接球员呢。球飞过来，泰里腾空跃起，身体往后仰，几乎和地面平行。他用一只手接到了球，用头盔牢牢地抵着。不管怎样，他完成了一次 32 码的进攻。泰里和曼宁没有遭到擒杀，那样他们只能被迫在第四档进攻，反而联手上演了一记不可思议的"粘扣式接球"，让巨人队挺进到了爱国者队的 24 码线。那之后，泰里在 NFL 比赛里再也没接住过一个球，但这一次，可以算是他无比精彩的谢幕表演了。

经过四档进攻，曼宁用一记短传帮助普拉西克·伯雷斯（Plaxico Burress）触地得分，巨人队上演了一出史上最了不起的大逆转，以 17：14 赢得第 42 届超级碗大赛。"泰里连线"（the Tyree pass）家喻户晓。NFL 的电影工作室总裁、最杰出的橄榄球历史学家史蒂夫·萨博尔（Steve Sabol）赞叹说："这是超级碗历史上最精彩的一次进攻。"

---

① 美国 20 世纪 80 年代一部肥皂剧的主人公。——编者注

毫无疑问，那个瞬间精彩至极，但对这个球的判罚却普普通通。也就是说，穿着条纹制服戴着白帽子的人做了他们总爱在紧要关头做的事：拒绝对在某些人眼里非常明显的犯规行为吹哨。你可以在网上看“泰里连线”，特别要注意后场发生的那一幕。曼宁施展逃脱术之前，他差点就被爱国者队的多名后卫给熊抱了，尤其是理查德·西摩（Richard Seymour）和阿达里尔斯·托马斯（Adalius Thomas），他们抓到了曼宁10号球衣的右角。曼宁的进攻似乎快被拦停了。比这个还要轻微的拉拽都会被裁判认定为攻方的四分卫被防守方控制，出于保护四分卫的目的，裁判会叫停比赛，判守方“擒杀”四分卫，这样可以避免防守球员真的撞倒四分卫。①

在这个时候，迈克·凯里的状态也达到了其职业生涯的巅峰。一切的进展都很顺当。他曾在常规赛季的最后一星期（也就是这场比赛的前几个星期）担任过爱国者队与巨人队的比赛裁判，他对两支球队都很了解。“跟运动员和球队一样，我们那天晚上状态很好，”他说，“从我个人的角度来说是这样，从作为工作人员的角度来说也是如此。”

两年多过去了，凯里仍能清晰地回忆起“泰里连线”那一刻。他还记得自己当时很吃惊，曼宁竟然没有采用“暗迷惑法”②诱使爱国者队越位，足见凯里对当时的场景记忆犹新。开球之后，凯里起初是在球场左侧，接着连连倒退，在曼宁背后找到了一个没人遮挡的开阔视角位置。他离赛场只有一两米远，像往常一样保持警觉，摆好了姿势，眼睛激光般扫视着球员，一副随时会宣布曼宁遭擒杀的样子。然而，他什么也没做。这是一个

① 四分卫被“擒杀”后，本档进攻终止，攻方从四分卫倒地的地方重新开始下一档进攻，在本书描述的这个情节中，如果裁判判定“擒杀”，基本意味着巨人队将输掉比赛。——译者注

② 在某些胶着的比赛，攻方四分卫在进行倒计时的时候，会放弃使用浓重的暗数，以诱惑对手因听不清而先动，这时裁判会判罚防守方越位，进攻成前进5码，从而缓解进攻压力。——编者注

很主观的判断，而凯里的判断是不做判罚。

“时间再长半秒钟，我就要判他被擒杀了，”凯里说。“如果我留在先前的位置，我估计会吹哨。幸运的是，我当时行动自如，看到他并未完全被擒杀，我心里想，‘哎哟，小子，但愿我做的判罚是正确的。’我想我是对的，我很高兴我没吹哨。再碰到这样的情况，我还会做出同样的判罚，不管是超级碗的决赛，还是季前赛的第一场比赛。”

其他人就没这么有把握了。印第安纳波利斯小马队前教练，现为美国全国广播公司（NBC）评论员的托尼·邓吉（Tony Dungy）在这场比赛一年后回忆说：“应该吹哨叫擒杀的。我以前从来没有注意过，但你看看迈克·凯里，他差不多就要吹哨了。比赛处在紧要关头，凯里给了四分卫一个在超级碗上演大戏的机会。我认为，要是在常规赛里，他很可能会吹哨。”[①] 换句话说，如果裁判一板一眼地按照比赛规则来，像在常规赛里那样吹了哨，超级碗历史上最有名的这一幕根本就不会出现，至少邓吉的看法是这样。

那或许是一次恰当的判罚，也可能是一次不恰当的判罚。但它是错误的判罚吗？很难说。没有人批评凯里“视情况而定”“选择性判罚”或者“故意吞哨”。恰恰相反，人们普遍称赞他的“克制”精神，上司甚至给予了他“A+”的评价。那场比赛过后，他上了脱口秀节目，甚至得到 NFL 的许可，接受相关采访，包括我们对他的采访以及《花花公子》的一次采访。对重大体育项目大联盟赛事的裁判来说，这可是很少见的。回想起来，NFL 还不曾对哪次判罚表现出过如此支持的态度。

---

① 值得一提的是，邓吉是在美国全国广播公司的节目上说这番话的，他当时正在跟罗德尼·哈里森说话，也就是在那场比赛里负责盯守泰里的防守后卫。

“不作为”偏差，一种常见的认知模式

说起来这也并不奇怪。它符合人类常见的认知模式。人们一般认为，“不作为”（即不采取任何行动）的侵入性和伤害性，远远不如“有作为”（即做出某种行为）大，哪怕两者带来的结果相同，甚至前者更糟糕。心理学家将之称为“不作为”偏差（omission bias），它在多种场合下都有体现。

有这样一个著名的心理学实验。研究人员对被试提出如下问题：假设某种流感袭来，人人都会被传染，而且，流感对三岁以下的孩子有致命的危险。每 1 万名儿童中约有 10 人会死于此病。注射流感疫苗可消除患病的可能性，但每 1 万名儿童也可能有 5 人因注射疫苗而死。你会让自己的孩子接种疫苗吗？

表面上看，这道选择题很容易，对不对？你会接种疫苗，因为不接种疫苗的死亡率是接种的两倍。然而，调查发现，大多数家长竟然选择不给孩子接种。为什么呢？因为它会导致每万人中有 5 人死亡。他们才不管不接种疫苗的话，孩子患流感的死亡率是接种疫苗的两倍。选择不接种疫苗的家长认为，如果孩子因为接种出了什么事，自己是要负责的。但这些家长往往忽视了这个说法的另一面，“如果孩子因为没接种而出了什么事，我同样是要负责的”。换句话说，很多家长觉得，如果糟糕的结果是自己的“有作为”带来的，而不是自己的“不作为”带来的，责任更大。

在另一些研究中，被试始终认为，采取行动比不采取行动更欠缺道德心，哪怕结果相同甚至不采取行动的结果更糟糕。举个例子，研究人员要求被试对以下两种场景做出评价。网球选手约翰要在明天的决定性比赛中面对一个强硬对手。约翰知道自己的对手对一种食物过敏。在第一种场景下：约翰向不知情的对手推荐了含有过敏源的食物，以求破坏对方的球场

表现。在第二种场景下：对手误点了含有过敏源的食物，约翰明知道对手可能会过敏，但什么也没说。大多数人会认为，约翰推荐过敏食物的做法，比不提醒对手当心过敏食物的做法要恶劣、卑鄙得多。但这两者真的有什么不同吗？

想想我们在日常生活中是怎么做的。恐怕我们大多数人都认为，直接说谎比隐瞒真相要糟糕；错过了挑选配偶的机会固然不好，但比较起来，主动选错配偶就更可怕了；拒绝吃健康的食物或许是个糟糕的选择，但吃垃圾食品无疑雪上加霜；课堂上没举手回答能正确回答的问题或许会让你觉得略有遗憾，但要是举手却答错了问题，你会感觉更难受。

心理学家发现，哪怕结果一样甚至更糟，人们仍然认为“不作为”比“有作为”的因果性更弱，可责备之处更少，伤害性更低。医生们认同这一理念。所有医学专业学生们学到的第一条原则就是来自古希腊的希波克拉底誓言“不害人”，而不是严格的“做好事”。我们的法律制度也做了类似的区分，几乎从不对营救行为做出明确的义务规定。要是你故意把人淹在水里，你的麻烦可就大了。但如果看到有人在游泳池里溺水，你袖手旁观，没有人会因为你没救当事人而控告你，除非你是游泳馆的救生员或者医生。

商业世界中也存在同样的“不作为”偏差。在哪种情况下，股票经纪人的麻烦更大呢？是没能买下一支成功的股票，比方说，错过了谷歌的首次公开募股？还是投资了劣质股，比如用你的退休积蓄买了雷曼兄弟的股票？你可以去问问对冲基金经理，至少在私下里，他们会坦白承认：与错过了当年最大赢家相比，选错股票亏空了客户的钱更容易让他们被炒鱿鱼。他们工作时也正是据此行事的。

在大多数的大公司，管理者都倾向于避免犯错，而不是避免错失机遇。如果犯了错，公司大多会追究个人的责任。而未能采取行动，哪怕导致了同样重大的损失，公司却很少要人负责。2009 年，在一场管理大会上，亚马逊的创始人杰夫·贝佐斯（Jeff Bezos）说："人们对犯错过分关注了。公司也过分强调失败的代价有多么大。失败的代价并不昂贵，大多数公司很难发现，付出沉重代价的原因，其实是'不作为'。"

体育裁判也有着同样的想法。NBA 在训练和评估裁判时，会告诉他们 4 种基本的判罚：正确的判罚、不正确的判罚、正确的不判罚和不正确的不判罚。当然，裁判的目标是要在每次判罚和不判罚上做出正确的选择。但如果你做出了判罚，那它最好是对的。"比如说，比赛进行到后半场，球场上出现了干扰球，你忽略了，这就是不正确的不判罚，这很糟糕，"在 NBA 做了 17 年裁判的加里·本森（Gary Benson）说，"但要是比赛进行到后半场，你判罚了干扰球，结果录像回放显示你判罚错误，那你惹上的麻烦可就太大了。"①

特别是在关键的中场休息期，裁判往往要竭力地克制自己，不暗中影响比赛。NBA 有个不成文的规定："比赛升温，你让路，你要尽可能让球员来决定胜负。"NBA 的另一名资深裁判特德·伯恩哈特（Ted Bernhardt）说："这是你在工作中要学的第一件事情。球迷们不是来看你的，他们是来看球员的。"

这是一个崇高的目标，但也明显地表现出了"不作为"偏差，可以说，这比裁判们在比赛中犯了正常的、随机的错误更糟糕。随机的判罚失误虽然烦人，但无法预测，而且随着时间的推移，它会趋于平衡，并不会偏袒

① 具有讽刺意味的是，NBA 达拉斯小牛队老板马克·库班（Mark Cuban）却因为对本森没判罚的一个干扰球提出异议而吃了一笔罚款（他曾多次被 NBA 罚款）。

某一方。随机失误不会对谁不利。可习惯性的偏差就不一样了，它会带给特定类型的球员或球队明显的优势，让我们得以预测谁能从某种情况的判罚下受益，就更别说精明的球员、教练、老板和赌徒了。诚然，身为球迷，我们希望比赛的裁判准确，但我们其实更应该希望比赛的裁判不带偏差。可惜事实并非如此。

裁判裁定“好球”和“坏球”的偏差

让我们从棒球开始。2007 年，MLB 的网站 mlb.com 在比赛球场上安装了摄像头，跟踪每一次投球的位置（精确到厘米），球迷们可以在移动设备上一个球一个球地跟进赛事。这一数据叫作 Pitch f/x，它不光跟踪投球的位置，还跟踪其速度、移动和投球的类型。不过，我们使用这些包括了近 200 万次投球以及 115 万次对投球裁定的数据，却有着另一个目的：评估裁判的准确性。首先，数据显示，裁判准确得惊人。平均而言，裁判只有 14.4% 的概率做出错误的裁定。考虑到投球的平均初始时速为 148 公里，又以 137 公里以上的时速飞越本垒，一般还带有各种旋转和平移，裁判这么高的准确率不能不给人留下深刻的印象。

但是，这些数字会随赛场局面而出现戏剧性的变化。假设击球手已面对两好球，如果裁判再裁定一次好球，击球手就出局了。回顾过去三年棒球赛场上所有两好球局面下裁判对好坏球的判定（不包括两好球三坏球的局面），我们发现裁判的判罚正确率只有 61%。也就是说，裁判有 39% 的时候对这些投球做出错误裁定。因此，在两好球局面下，裁判的失误率是正常情况的两倍，这样更有利于击球方。

碰到相反的情况，即击球手碰上三坏球，下一次投球再是坏球，击球手就可以保送上一垒，那又会怎么样呢？由于不作为偏差，裁判会很不情愿地将下一个球裁定为坏球，因为这会让击球手上一垒。考察所有事实上落在好球区之外的投球，我们得出裁判的正常失误率是 12.2%，即裁判会把 12.2% 的坏球判为好球。然而，如果击球手已经有三个坏球了（不包括两好球三坏球的情况），裁判会有 20% 的概率把坏球叫成好球，这样更有利于投球方。

换句话说，裁判不喜欢保送击球手上垒，也不喜欢击球手被三振出局，而是希望延长击球，让球员们自行决定结果。哪怕这意味着做出不正确的裁定，他们仍然会这么做，至少他们会放弃压力较小时会做出的裁定。

图 1-1 按照 MLB 的规则画出了实际好球区，如外围黑色方框所示。我们又根据所有的裁定投球，绘制出了裁判实际上在两好球和三坏球计分时会裁定的“经验”好球区。利用 Pitch f/x 数据，我们跟踪了每一个裁定投球的位置，发现凡被裁定为好球的投球，有半数以上的概率都落在经验好球区之内。我们用虚线以内区域表示两好球计分时的好球区，而用灰色区域及其以内区域表示三坏球计分时的好球区。

从图 1-1 中可以看出，碰到两好球时，裁判的好球区会出现相当程度的缩小。如果会导致击球手三振出局，许多从技术上看落在好球区的投球，裁判均未做裁定。相反，碰到三坏球时，裁判的好球区面积会明显扩大，连落在实际好球区 10 厘米之外的投球都被算成了好球。为了让读者们感受一下两种情况下的区别，我们这么说吧：三坏球计分时的好球区比两好球计分时的好球区面积大了 600 平方厘米。①

① 请注意，在这两种情况下，跟官方规则相比，裁判会更频繁地裁定高球为好球，而较少裁定低球为好球。这证实了许多棒球界人士多年以来的认识：MLB 裁判有个高球好球区。——译者注

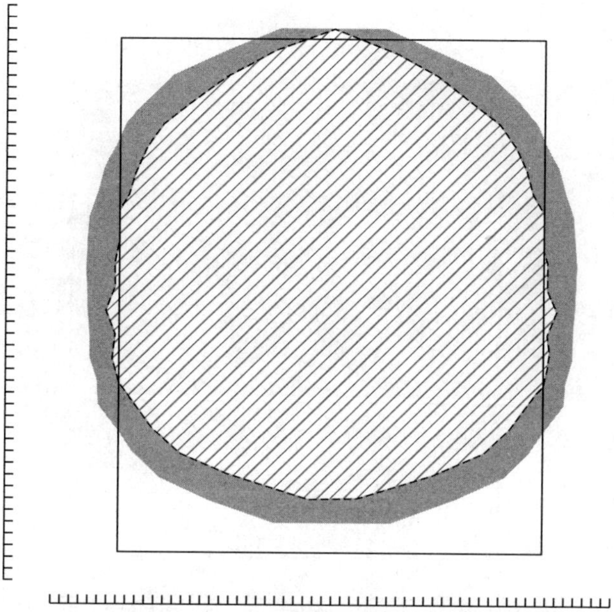

黑色方框代表规则界定的好球区，虚线以内区域为两好球时的好球区，灰色区域及其以内区域为三坏球时的好球区。方框外横线和竖线上的一小格代表1.27厘米。

图 1-1 三坏球对两好球计分时的实际好球区

做出正确裁定会对比赛造成巨大影响，而漏做裁定却没有影响的时候，“不作为”偏差应该表现得最为明显。在投球计分是 3：0 时把一个坏球裁定成好球，影响固然很大，但得分也不过会变成 3：1。牢记这一点，再来看图 1-2。两好球无坏球（得分为 0：2）时，好球区最小；三坏球无好球（得分为 3：0）时，好球区最大。

计分 3：0 时的好球区比计分 0：2 时要大 1 213 平方厘米。这之间的差异大得惊人，不可能是随机失误。

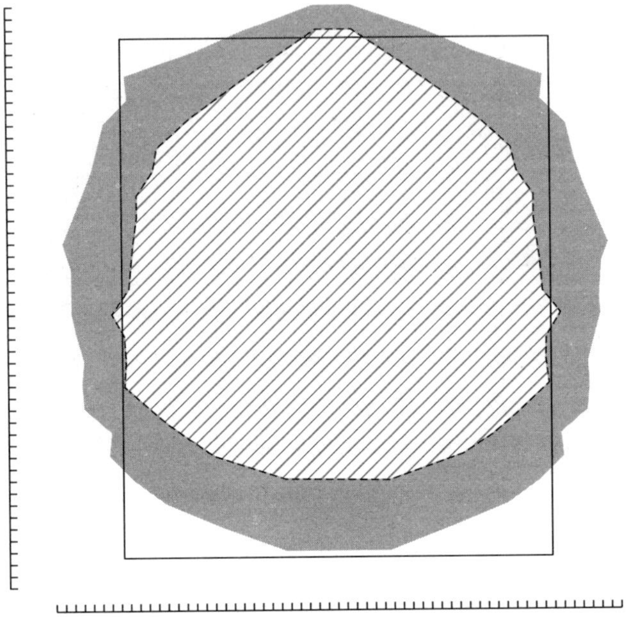

黑色方框代表规则界定的好球区，虚线以内区域为0：2时的好球区，灰色区域及其以内区域为3：0时的好球区。方框外横线和竖线上的一小格代表1.27厘米。

图 1-2　计分 0：2 和 3：0 时的实际好球区

我们还可以看看投球的具体位置。就算对落点明显的投球，比如落在垒的死点上，或是在裁判很少漏判的好球区外太远的位置，裁判也会根据好球计分的情况做出不同的裁定。为了延长击球局面，裁判甚至主动做出错误裁定，哪怕投球的情况显而易见。那不怎么明显的投球会怎么样呢？对最模糊的投球，比如刚好在好球区的角落上，说不清是好球还是坏球，裁判的自由裁量权最大。毫不意外，这时候的“不作为”偏差表现得最为极端。表 1-1 说明，好坏球裁定在不同局面下会有相当大的变数。

表 1-1　　裁判做出正确裁定的比例　　单位：%

投球实际落点	好球区	好球区之外	好球区死点	远离好球区	边角上
两好球三坏球计分	80.2	87.8	98.4	92.1	49.9
两好球计分	61.3	93.5	88.7	97.0	38.2
三坏球计分	89.0	84.0	99.9	86.5	60.0
计分为 0：2	57.7	93.8	85.0	98.4	31.5
计分为 3：0	93.1	80.0	100.0	82.0	67.6
第一次投球（计分为 0：0）	84.9	90.1	98.9	83.4	51.2

掌握了这些信息，精明的击球手就能够也应该利用它来获取优势。面对 0：2 的计分，知道投球被裁定成好球的概率很低，击球手就应该保守地挥棒。相反，如果计分为 3：0，裁判更容易裁定好球，击球手不妨更加自由大胆地挥棒。

从少年棒球联盟（Little League）到职业棒球大联盟（Major Leagues），球队经理、教练以及所有的击球专家都鼓励球员在得分为 3：0 时“弃打”。据推测，这里的想法是，既然击球手已经很接近被保送上垒了，何必自己主动搞砸呢？但考虑到本垒裁判的“不作为”偏差，统计数据表明，击球手还是挥棒比较好，因为他们弃打的话就意味着放弃击出好球的可能了。通常情况下，面对 3：0 的计分，保守的投手会朝着垒的中间投出快球，以避免保送对方的击球手上垒。当然，如果投手也知道这些数据，他大概会投一个更激进的球。

有迹象表明，裁判并不愿意插手比赛。自从体育比赛存在以来，球迷们就指责裁判偏袒明星球员，朝着对其有利的方向做出裁定。事实证明，在球星制度下，这种指责是站得住脚的。明星球员受到裁判的特别待遇，但原因不一定是裁判宠溺他们，也不是故意保护最优秀、市场接受度最好的运动员。偏袒明星球员仅仅是因为裁判不愿干扰比赛而已。

从我们所花的钱上来看，圣路易斯红雀队的艾伯特·皮若尔（Albert Pujols）是如今棒球界最优秀的击球手，如果他正要击球，裁判却认为他击出的第三个好球不作数，球迷们铁定会给裁判喝一耳朵的倒彩。球迷们希望看到明星球员在比赛中有精彩的表现，所以当然不希望裁判干扰明星对比赛的影响力。几乎可以肯定，明星球员在比赛中有着巨大的影响力。较之不出名的新球员，裁判更不愿意做跟明星球员相关的裁定。果然，我们发现，假设投球的位置完全相同，在两好球计分时，明星击球手被裁定三好球的概率要低得多。这与“不作为”偏差相吻合，也符合人们“裁判偏袒明星”的印象。

我们的研究结果非常有趣。在三坏球计分并控制了投球的位置时，明星击球手又不太可能获得坏球的裁定。换句话说，裁判本来就不愿让球员保送，面对明星击球手，他们更加不乐意让其获得保送。这有违“裁判偏袒明星球员”的设想，但跟尽量不干扰比赛的出发点保持了一致。两者作用的结果是，裁判会延长明星击球手击球的时间，不愿裁定第三个好球，但同样也不愿意裁定第四个坏球。实际上，明星击球手碰到两好球局面时，裁判心目中的好球区会缩小；而明星击球手出现三坏球局面时，裁判心目中的好球区会扩大。裁判希望明星击球手自己决定命运，因此给了他们更多挥棒击球的机会。

从球迷的角度来说，我们希望如此。如果你为圣路易斯红雀队加油，恐怕也更乐意看到皮若尔击中了球，而不是被保送上垒吧。即使你是对方球队的球迷，你固然希望他被三振出局，但要是他挥了球棒却没击中球，一定比他被裁判模糊地判定三振出局让你感觉更舒服吧？我们基本上希望裁判在比赛里不出现。球迷们传达了明确的信息：让皮若尔和对方球队的王牌投手一决胜负，裁判别多管闲事。

裁判的“不作为”偏差以类似的方式影响着明星投手。王牌投手的好球区会略微大一些，尤其是在三坏球计分时，这跟裁判不愿延长赛事影响比赛的态度是一致的。投手投出的四坏球越多，就越可能被替换下场，而这显然会给比赛和球迷们造成很大的冲击。

NBA 是各种裁判阴谋论的老巢，疑心重重的球迷们以及达拉斯小牛队老板马克·库班早就断言：NBA 里有一套“明星制”。他们认为，裁判对勒布朗·詹姆斯、科比·布莱恩特这类大明星球员应用一套规则，而对克里斯·杜洪（Chris Duhon）、马特尔·韦伯斯特（Martell Webster）、马利克·阿伦（Malik Allen）这类普通球员应用另一套规则。但要证实明星球员受裁判的优待很困难，至少从经验的角度很困难。明星们控球的时候更多，尤其是在激烈较量的比赛中。单纯对比明星和非明星选手犯规或失误的次数并不公平。对于棒球比赛我们有 Pitch f/x 数据，而在篮球比赛中却不那么容易判断裁定是否该犯规或违例。1998 年 NBA 总决赛时，迈克尔·乔丹在投出制胜绝杀的那一球之前，是不是推开了拜伦·拉塞尔（Bryon Russell）呢？这是一个需要主观判断，而不是凭借现有技术就能够精准、果断回答的问题。

我们发现，要公平地对明星球员和非明星球员进行比较，最好的办法是看两名球员在争夺自由球时会发生什么情况。所谓的自由球指的是，比赛时球不在双方球队的控制当中，比如球在地板上滚动或者在空中翻滚。通常情况下，如果双方的两名或多名球员疯狂抢球，裁判一般会吹犯规。

我们研究了明星球员和非明星球员都参与的抢球局面，分析哪一方更有可能被判犯规。[①]非明星球员被吹罚犯规的概率是57.4%，而明星球员仅为42.6%。如果明星球员犯规次数太多即将离场，如上半场犯规三次以上，下半场犯规四次以上，那么他被判无球犯规的概率会进一步下降，变为26.9%，而非明星球员的概率则为73.1%。但如果非明星球员犯规次数太多，而明星球员没有呢？这时候两者被判犯规的概率就差不多了，甚至明星球员会处于略微不利的地位，被判犯规的概率是50.5%，而非明星球员被判犯规的概率是49.5%。这些结果符合不作为偏差，也符合裁判不愿影响比赛结果的心态。球员被罚下场对比赛有着巨大影响，明星球员被罚下场的影响就更大。这和MLB里的裁定好球和坏球差不多，导致这一趋势的是裁判的不作为偏差，而非对明星球员的偏袒。明星球员不一定会得到更有利的裁定，但会得到能延长其比赛时间的裁定。

平衡哨

球迷们对裁判的另一长期指控是所谓的补偿裁定。如果裁判做出了明显糟糕的裁定，他会想一会儿，然后很快再做一个偏向另一球队的同样糟糕的裁定作为补偿。或者等到下一次出现类似很难裁定的局面时，裁判会偏向先前被错罚的球队。几年前，在赛百味的一条广告中，橄榄球裁判站在中场说："刚才那个裁定，我完全吹错了。它错得实在太离谱了。但别担心！下半场我会找个理由判罚另一支球队，把局面扯平的。"

统计数据似乎证实了补偿裁定的存在，但还是那句话，这是由于裁判

---

① 我们对"明星"的定义是，任一年度在最有价值球员奖评选中所获投票排在前10名的球员，这一范围能包括20名左右的球员。我们研究的明星球员包括科比、姚明、奥尼尔等等。

们不愿插手比赛造成的。如果你知道自己做了一次影响比赛的糟糕裁定，或许就倾向于给另一方也做一次糟糕裁定，以求达成平衡。人们希望“错上两次就会变对”，但显然，这就意味着裁判们并不总是根据规则手册进行裁定。

我们可以来看看棒球比赛中本垒裁判的补偿裁定。如果裁判漏判了一记好球，那么他把下一个投球叫成好球的可能性有多少？事实证明，如果之前投出的球是好球，但裁判错误地将之判为坏球，那么下一次投球飞来，哪怕飞出了好球区，他都有更高的可能性将之判为好球。如果前一次投球本该判为坏球，但裁判误判为好球，那么对下一次投球，哪怕球落在好球区，裁判也有更大的可能性将之判为坏球。如果裁判误判好球为坏球，下一次他们往往会扩大自己心中的好球区，将坏球判为好球；如果裁判误判坏球为好球，下一次往往会缩小他们心中的好球区，将好球判为坏球。

图 1-3 显示了裁判误判好球或坏球之后下一球的好球区之差别。将好球误判为坏球之后，好球区神奇地扩大了 452 平方厘米。甚至对投手投出的最初两个球，这种情况也存在。

另外，误判越是明显，裁判就越是倾向于在下一个球上加以弥补。如果投出的球飞向本垒板的中央，裁判却未能判为好球，那么，等到下一次判定时，他绝对会扩大好球区。如果球飞到了外面，裁判却未能裁定为坏球，那么下一次他肯定会缩小好球区。还是那句话，这跟努力不影响比赛的愿望是一致的。裁判试图平衡自己所犯的错误，而错误越明显，他们就越想去平衡。

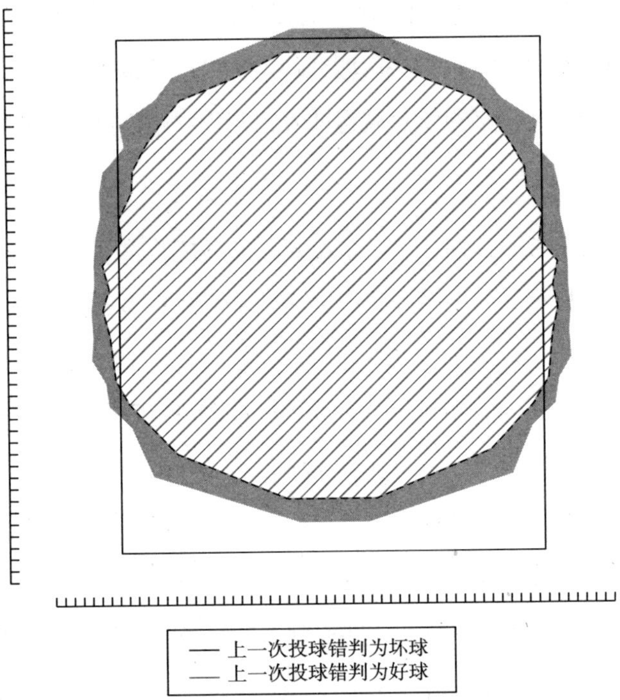

图 1-3　错判之后的实际好球区

不光 MLB 和 NBA 的裁判想要避免左右赛事结果，NFL、北美职业冰球联盟（简称 NHL）和足球联赛也一样。由于“不作为”偏差的影响，裁判的判罚率会随着比赛临近尾声或双方得分愈发靠近而降低。

有证据表明，在 NBA 比赛中，势均力敌的比赛接近尾声，尤其是在加时赛时，犯规哨吹得较少。包括对紧张比赛里经常出现的故意犯规也是如此。然而，进一步考察比赛后期裁定或未做裁定的犯规类型，我们得出了一个更惊人的结论：更依靠裁判判断力来裁定的犯规，比如最难判定的进攻犯规，在比赛激烈进行时出现的概率是最低的。有观点认为，加时赛中每分钟出现进攻犯规判罚的概率比比赛其他时段低 40%。比赛进入紧张阶段时，某些“主观判断”失误也消失了。两次运球、翻腕，还有所有NBA 球迷都爱抱怨的走步，在激烈的比赛尾声和加时赛中被判罚的概率都仅为比赛前些阶段的一半。记住这条规律：比赛入港，裁判退场。

但这到底是出于“不作为”偏差，还是因为随着比赛进入胶着状态，球员犯规、失手和犯错都减少，于是裁判做的裁定也就减少了呢？如果我们考察一下裁判自由裁量权较小的判罚，比如篮球比赛里的失球出界、用脚踢球、24 秒违例等，它们在比赛第 4 节和加时赛的出现概率跟比赛其他时段相同。换句话说，比赛势均力敌并接近尾声时，球员们似乎并没有打得更保守。

我们最喜欢举的一个裁判“不作为”偏差的例子发生在 1993 年全美大学体育协会锦标赛的冠军争夺赛上，当时著名的密歇根大学五虎队出战北卡罗来纳大学队。离比赛结束还剩下 18 秒时，北卡罗来纳大学队领先两分，密歇根大学队的球星克里斯·韦伯（Chris Webber）抢到一个防守篮板球，接着不运球连跨了三步。这是那种连在业余级比赛里也会被挑出来的明目张胆的走步犯规，裁判离韦伯只有一两米远，却什么也没做。这是一个经典的吞哨案例。吹走步犯规哨会打破比赛的戏剧性。忽视韦伯的失误，拒绝做出主观判罚，裁判把比赛推入了激烈的高潮。可裁判的“不作为”激怒了北卡罗来纳大学队受人尊敬的主教练迪恩·史密斯（Dean Smith），他冲进球场表示抗议。哥伦比亚广播公司的评论员比利·帕克（Billy Packer）也气坏了。“天哪，他走步了！”帕克嚷嚷起来，“韦伯走步，裁判却漏判了！”

你大概还记得接下来发生了什么。韦伯运着球来到了对方篮下。然后，莫名其妙地，他停止运球，要求暂停。唉，密歇根大学队已经用完了所有的暂停次数。跟走步犯规不同，球员要求暂停，而球队的规定暂停次数又用完的话，这就用不着什么主观判断了。这时裁判必须做出裁定，哪怕是在激烈的冠军争夺赛的最后关头。裁判按照职责做了他该做的事：判定技术犯规。北卡罗来纳大学队获胜。

在美国橄榄球职业联赛中，随着比赛临近尾声、比分的胶着，主观判罚（如拉人、违规阻拦、违规接触和恶意冲撞等）会急剧减少。但比较客观的判罚（如拖延比赛或者非法阵式、非法移位和非法动作等）则始终保持相同的出现概率，无关比赛时段或比分情况。北美冰球职业联赛里同样如此。激烈比赛临近尾声，偏主观的判罚（如板墙挤贴、横杆推挡、抱人、钩人、阻挡犯规等）出现频率大幅降低，而不管比赛局面如何，偏客观的判罚（如拖延比赛、冰面上球员过多等）则始终保持相同的出现概率。我们还发现，在冰球联赛中，比赛趋近尾声时，每次罚时的时间更短。裁判有权决定是判大罚还是小罚，这决定了球员待在受罚席上的时间。在激烈比赛的尾声，裁判不愿判罚更长的时间。

有个欧洲来的同事嘲笑我们说："在足球比赛里你可看不到这种情况。"但是我们也找到了例子。我们考察了英超、西甲和意甲联赛 15 年来的比赛。在"不作为"偏差上，欧洲的裁判们并不比美国同行们做得更好。随着激烈的比赛临近尾声，犯规、越位和任意球都会明显减少。

受欢迎的"不作为"

但这不能全怪裁判。身为球迷，我们其实蛮喜欢存在一定程度的"不作为"偏差：有时候，我们甚至认为依照规则做出的正确判罚也是错误的。沃尔特·科尔曼（Walt Coleman）是阿肯色州科尔曼乳制品公司（密西西比河以西最大的乳制品企业）的第六代传人。他同时还是NFL的裁判。我们早就说了，这些家伙都出类拔萃。在2002年一场季后赛的尾声，新英格兰爱国者队的四分卫汤姆·布雷迪（Tom Brady）遭到擒杀，并且掉了球。但担任裁判的科尔曼重看了比赛，推翻了这一判罚，引用了模糊“收回规则”（tuck rule），认为这是传球未完成。“收回规则”出自橄榄球官方规则手册，描述如下：

> 当进攻球员拿着球向前传，他的手臂只要出现任何明显向前的动作，就被视为传球的开始，即使球员没有真正传球而在把胳膊往身体收回的时候失去了对球的控制。如果球员已经把球收回到怀里，接着才失去对球的控制，这就算为掉球。

爱国者队保留了球权，在常规比赛的最后一次进攻中靠脚踢球得到3分将比赛带入加时，并最终在加时赛中获胜。从技术上说，科尔曼似乎做出了正确的判罚，但在赛事的关键时刻裁判跑进赛场，引用了规则手册上这样一条模糊的规则，很多球迷觉得不大对劲。10年之后，这场比赛中援引“收回规则”的一幕仍然是NFL历史上最具争议性的时刻之一。相反，“泰里连线”却不是因为争议性而出名的。NFL的反应也很能说明问题。和对迈克·凯里不同，NFL并未准许科尔曼接受媒体的轮番采访。

为了更形象地说明球迷和运动员希望裁判在比赛关键时刻退居幕后，让我们来看看2009年美国网球公开赛上发生的一幕。女子半决赛由2008年的卫冕冠军塞雷娜·威廉姆斯（Serena Williams，人称“小威”）对阵比利时选手金·克里斯特尔斯（Kim Clijsters）。克里斯特尔斯之前曾是世界顶尖选手，后因为结婚组建家庭而退役，她当时刚复出，想要强势东山再起。虽然这只是半决赛，可球迷们知道，这是事实上的决赛，两名最佳球员正在赛场上互相较量。在之前的几轮比赛中，克里斯特尔斯戏剧性地击败了小威的姐姐大威。

这是那种稀有的越打越精彩的体育赛事。双方激烈地争夺每一分，局面来回摇摆。克里斯特尔斯击球有力，落点精准，第一盘以 6∶4 拿下。第二盘比赛进行到 5∶6 时，小威落后，再输一局就被打败了。但此时恰好是她的发球局。这绝对属于俗称的“关键时刻”了。克里斯特尔斯赢得了第一分，小威拿下了第二分。紧接着，克里斯特尔斯又赢了一分……比分逐渐被拉成了 15∶30。

再有两次失分就被打败了，小威挺直背，发出了第一球，球落在发球区四五十厘米之外。紧张的人群发出叹息。小威绝望地拍了拍球，再次准备发球。她刚发出第二个球，但球还没落地，日本司线员鹤渊志乃（音译，原文为 Shino Tsurubuchi）干脆的声音就划破长空：“发球犯规，脚误！”

又来了？脚误是网球比赛里一条相当模糊的规则，规定发球方的脚在击球前不得碰到或跨过基线（类似篮球球员界外发球时脚踩线）。选手有可能几个星期甚至几个月都不会被裁判判定脚误。而在本例中，犯规并不明显，但赛况重播可以证明小威确实踩了线。

结果，小威丢了这一分。比分变成 15∶40，再得一分，克里斯特尔斯就能赢下这局，也赢下整场比赛了。人群发出喧嚣，小威停下来，想压下火气，至少看起来是这样。然而恰恰相反，她大步走向坐在球场另一侧司线员位置上的鹤渊志乃。而后，小威以长达 10 秒钟的独白撕破了网球拘谨、高雅的乡村俱乐部式的形象。她鼓起眼睛，扬起球拍，用手指戳着司线员，怒吼道：“你的判罚最好没错！你可不了解我！……要是可以，我会把这个臭球塞进你的臭喉咙里！”

在这之前，小威已经因为砸球拍而受罚，这一回，她又被扣了一次分。脚误让比分变成15∶40，扣分让比赛直接结束了。赛场上一片混乱。球迷为比赛突然结束迷惑不解，一时间嘲笑和嘘声四起。小威走到网球主裁所坐的位置表示抗议。她砸了球拍，走到克里斯特尔斯的身边，跟她握了握手，随后离开了赛场。博客圈炸开了锅。美国有线电视新闻网CNN和全世界的新闻头条都就这场比赛的决定展开了“可怕的长篇大论”。

这一幕让人们印象深刻的部分原因在于，网球运动可不像格斗比赛，很少有人会把连篇的脏话跟前者联系到一起。但势均力敌的对手正全神贯注地奋力较量时，裁判插手判罚也的确让人觉得有点反感。在很多地方，球迷的怒火都朝着裁判撒了过去。比赛怎能以此种方式来决定胜负呢？我们反倒期待“不作为”偏差出现在精彩的比赛当中——“别吹哨！吞下去！”

但你可能会说：“且慢！裁判并没有左右比赛的结果啊。决定比赛的仍然是小威啊，她确实骂了一大堆脏话违反了规则啊。司线员只是履行职责而已。如果她对违规行为视而不见，对克里斯特尔斯难道不是有违公平原则吗？”你可以找约翰·麦肯罗（John McEnroe）这么说试试看。他是哥伦比亚广播公司的直播解说员，比赛当晚，他果断地说：“不能在这个时候判罚！不能在比赛的这个关键点这么做。”NBA的一位前裁判在家观看比赛时也做出了同样的反应。“这比赛叫我感觉‘真好’。”他反讽地给朋友发去了短信。出色的《旧金山纪事报》专栏作家布鲁斯·詹金斯（Bruce Jenkins）写道：“鹤渊志乃有意破坏了比赛……凡是体育迷都知道，比赛处于胶着状态时你不能做这种模棱两可的违规判罚。”

小威“火山爆发”之后几个星期,《体育画报》的读者票选她为“10年来最杰出女运动员”，表明这一事件对她的形象几乎没有损害。但鹤渊志乃就没这么幸运了。在比赛主办方的护送下，她匆匆离开球场，第二天就飞回了日本。我们第一次试图采访她时，听说她受到了媒体的封杀。事实上，网球裁判们甚至不肯透露她的名字，而等我们从其他渠道了解到之后，也不肯加以证实。比较一下第42届超级碗大赛后迈克·凯里在NFL受到的待遇。没错，她做出了正确判罚，未受“不作为”偏差的影响，可这并不重要。实际上，她因为做得对而蒙了羞。

整整5个月之后，我们终于在佛罗里达州德拉海滩的一场小型男子网球比赛上“逮到”了正隐姓埋名为比赛效力的鹤渊志乃。她的神色有些凝重也有些拘谨，看到有人认出自己，她有些沮丧。但她太礼貌了，竟未能拒绝我们的采访要求。这是个话不多的娇小女士，看起来似乎只有1.2米高。如果那天晚上小威真的如自己的威胁所说，对她采取了什么举动，实在不难想象她会遭遇什么样的灾难。回忆起那件让她意外“成名”的事情，她的声音颤抖着，仿佛切换到了震动模式。“我希望，也为球员们祈祷——别踩线！”她用磕磕绊绊的英语解释道，“但要是球员真的踩了线，我们就必须判罚。”

如果重来，她还会做出同样的判罚吗？“是的，”她有点茫然地说，“这很困难，球员或许会不开心……但规矩就是规矩，不管碰到什么情况。”

她的判罚避开了我们在体育比赛和生活里都习惯的“不作为”偏差，这或许为她带来了大量嘲讽和非议，但那天晚上，她也给自己赢得了粉丝，包括迈克·凯里。“做出艰难的或者不受欢迎的判罚最考验人的勇气，也是真正的裁判的标志，”凯里说，“如果你退缩，也许能延长自己的职业生涯。但并没有使自己的职业生涯变得更加完美。”

SCORECASTING

第 02 章

为什么教练会做出不利于获胜的决定

获胜重要还是“饭碗”重要

在篮球比赛中，如果某个球星犯规 5 次，教练就会为保护他而让他下场休息，而不会坐视他因犯规 6 次被罚下。但数据告诉我们，把犯规 5 次的球员留在赛场上，能提高大约 12% 的胜算。教练之所以不愿看到球星被罚下场，是因为“损失厌恶”在发挥作用。

“弃踢”，还是“进攻”

2009 年 9 月一个温暖的星期四，太阳西沉，躲到了小石城西面的山峰背后。主队普拉斯基学院熊队与客队阿肯色中部基督教高中野马队从更衣室走进了赛场，球员们下眼睑抹着黑色油彩，一副剑拔弩张的样子。脸颊红扑扑的啦啦队队员们时而练习规定的动作，时而查看手机短信。空气里弥漫着零食摊子飘荡出的浓浓气味。大喇叭里播放着 AC/DC 乐队的《五雷轰顶》（*Thunderstruck*）以及其他各种振奋人心的体育歌曲串烧。上千名球迷从名为“天堂火腿”的商店、希腊酒馆以及其他本地商店、保险代理商的各种海报前面走过，找到自己的座位。一切都很正常，这是典型的高中橄榄球比赛场面。

接着，比赛开始了。

熊队先攻，他们一路前进，在野马队的 14 码线前准备开始第四档进攻，他们还需要再前进 5 码才能再获得四档进攻的机会。当然，普遍采用的策略就是随便踢个三分球，高高兴兴地以 3：0 领先。但攻方队员毫不迟疑地继续进攻。四分卫威尔·尼克斯（Wil Nicks）持球跑到左边，寻找着属于自己队伍的蓝色球衣，从 5 名接球手里锁定了一个，在靠近场边的位置飞速摆臂传球，接球手加勒特·兰姆（Garrett Lamb）抱住了球，这次进攻突进了 6 码。球队又赢得了四次进攻机会。

几次进攻之后，由于一次犯规受罚以及一次失误，熊队被迫在第四档进攻时退回到 24 码线。跟之前一样，传统策略在大声嘶吼：随便踢个三分球！但熊队又一次剑走偏锋，继续向前，派出了 5 名接球手。尼克斯受防守压迫离开本方球员形成的保护型口袋，传出了自己本场比赛的第 9 个球，他奋力一扔，球远远地落在本队接球手后面，毫无意义地跌入草坪。轮到野马队进攻了。

至比赛第一节结束，熊队在第四档进攻时每一次都拒绝了弃踢，也不曾试过踢三分球，场上阵型极其难看。不过，考虑到熊队 45 名球员里没有一名弃踢手，也没有一名踢球手，这倒也不奇怪。四分卫尼克斯已经尝试了 15 次传球，似乎有望在本场比赛中打破他上一场比赛传 50 次球的纪录。

第二节比赛一开始，熊队就拿下了第一次达阵。靠着一个漂亮的假动作，尼克斯把球绕过了防守方队员，扔给了无人防守的接球手凯莱布·琼斯（Caleb Jones）。到了接下来的开球时，熊队的 11 名球员集中在 40 码线附近。球水平地搁在球座上，像一颗横放着的鸡蛋，熊队的球员们朝着不同的方向跑开，仿佛在表演一段只有他们自己知道编排的复杂舞蹈。随着时钟滴答走动，身材魁梧的高年级拦截手艾伦·怀亚特（Allen Wyatt）

踢出了一个飞了 9 码的球[①]，球落地之后从草皮上又径直弹了起来，客队猛扑向它，把它狠狠搂住，就像是在跟阔别多年的亲人拥抱似的。

见此情形，啦啦队队员们或许会发出这样的短信：这是啥鬼名堂？谁听说在比赛第二节就采用短踢战术的？更别说本队还没落后呢。

但熊队的球迷一点儿也不吃惊。等对手扑倒在球上，熊队队员慢慢跑开，好像没发生什么大不了的事。当然，事后想来，的确也没什么。原来，熊队达阵之后，球队大多会争取两分转换，而非加分踢。碰到开球，他们要么尝试从十来个阵式里任意来个短踢，要不然，指定的踢球射手（其实并非专职射手）就侧过身，故意把球引出界外，避免对方接球后回跑。

而且，熊队先锋派的战术伎俩还不止于此。如果野马队弃踢，熊队就不会布置球员回防，更不会尝试回跑。相反，它选择让球就落在草皮上。熊队在大多数进攻时，都选择先传球，且需要前进码数较多时例外，这时他们一般会选择短传进攻。他们有时会在球场一侧一字排开 8 人。他们不采用分散进攻阵型，而是巧妙地不停变换位置：中锋短传甚至直接开球给跑卫，外接手反跑接传球，边卫迂回，背向传球，外加精巧的双传。虽说熊队打的是美式橄榄球，但他们倒像是一支英式橄榄球队。

毫不意外，球员们喜欢这样。大部分攻击都鼓励长传球，外加各种复杂的技巧，一场比赛中的总进攻长度加起来一般都能超过 500 码。这样的战术设计，加入高中橄榄球队的孩子会有不喜欢的吗？“你简直想不出这多好玩。”熊队的大块头跑卫格雷森·斯科考斯（Greyson Skokos）激动地

---

① 美式橄榄球中，得分一方会从本方 40 码处踢球，通常情况下，球员把球踢得越远越好，这样可以使对方接球后开始进攻的位置远离自己端区。熊队此时采用的战术是，仅仅把球踢出 10 码远（规则允许的最短距离），这样本方球员也有一丝机会抢到这个球，仍由本方进攻。开球时，攻方的位置是，接球方在球前 10 码，踢球方除踢球手外，在球后 5 码。——编者注

说。2009年赛季，熊队有4名球员接住了至少50个传球，斯科考斯就是其一。

防守组队员也不在乎。虽然上场时间不多，但要是本队第四档进攻距离不能达到10码，对手突然在“红区”（有时离得分线只有几码远）控住了球，他们也欢迎挑战。熊队球迷也很喜欢现在这样。大多数人喜欢这样的比赛，他们几乎会一致地摇着脑袋指着球队的教练凯文·凯利（Kevin Kelley）说：“那是个科学怪人。”

20世纪80年代，凯利在阿肯色州温泉城高中打球，保守的教练总是吩咐球队一攻二攻跑动，三攻传球，四攻要么弃踢要么踢三分任意球，这叫凯利十分沮丧。凯利认为这毫无道理：“就好像有人说，‘这是四攻，你必须弃踢。’所以人人都照做，却不问问为什么。在我看来，大家似乎像是在说，‘如果你希望得到一次额外的攻击机会，很好，去吧。可我攻三次就够了。’”在亨德森州立大学，凯利上了几门经济学课，虽然供需曲线并没让他入迷，他最终还是选择主修体育。但这几门课程却让他有了灵感，想把基础的统计数据和经济学原则应用到橄榄球上。没过几年，机会来了。2003年，他晋升为普拉斯基学院的橄榄球教练，这是小石城的一家私立学校，当地的名门望族都把孩子送到这儿上学。他决定收集统计数据，根据结果，将数学应用于实践。

他很早就发现：他的球队每档进攻平均能推进6码以上。“想想看，”他说，“以每次6码来算，如果你给自己4次进攻机会，每次进攻你只须推进2.5码。你的压力并不大。就算你三攻还剩8码，也应该还好。反正我会把4次进攻机会都用上，多谢！”凯利还很快意识到，利用4次进攻机会，打破死板的橄榄球“传统智慧”，会让对方球队的防守组困惑不已，从而为自己的球队赢得更多的码数。“如果三攻剩7码时用跑动进攻，而四攻剩 1 码时又可能是传球进攻，防守球员就不知道到底该选用十分卫防守阵型还是五分卫阵型，进攻球员会做得更好。”

虽然熊队很难在每一次四攻尝试上都取得成功，但也差不多有一半的时候能成功，这足以让凯利确信：球队每一档进攻都往前冲，结果会更好。请记住，这里没有什么出人意料的元素。

凯利的数据显示，在阿肯色州高中美式橄榄球赛中，球队一般每拿到三次球，就能做到一次达阵。只要在不必要时弃踢三次，就基本上等于每场比赛让给对手一次达阵。

到 2009 年 9 月熊队跟野马队交手时，距离他执教的球队上一次采用弃踢已经有两年多了。而就连那一次使用弃踢，也只是一种体育精神的表现：当时胜局已定，无意再得更多分。不过这倒进一步说明了好心没好报，他的球队弃踢之后，对方球队却实现了达阵。这更叫凯利坚信：弃踢是个有缺陷的策略。凯利再一次拿出了数据：“高中橄榄球每一次弃踢平均在 30 码左右，但既然近一半的四攻你都能转换，放弃这个球实在没有意义。”他说：“老实说，我不相信弃踢，而且永远不想看到它。”

他的意思真的是说“永远不”，哪怕碰到最极端的情况。比如，攻方处在四攻长距离，球在自己的底线区，那该怎样做呢？难道还是不弃踢更好吗？“没错，”凯利双手交叉在自己宽厚的胸前说。为什么呢？

根据凯利的统计，如果一支球队在这种位置弃踢，对手又在 40 码线内抢到了球，那么，从如此有利的距离动手，对手达阵的概率是 77%。与此同时，如果四攻尝试不成功，对手在 10 码线内顶住了攻击，则达阵的概率是 92%。因此，放弃弃踢会为你的进攻组队员带来留在赛场上的机会。而如果你错过了这个机会，对方球队达阵的概率也仅仅增加 15%。

那么短踢呢？按凯利的数据，常规开球后，接球队伍一般会在自己的33码线内将它接住。而在不成功的短踢之后，接住球的位置变成了自己一方的48码线。这些年来，熊队自己开的短踢，有1/4到1/3都能重新夺回。“所以，为一个你有1/3概率能夺回来的球，你只放弃了15码，”凯利说，“这种便宜我每次都会占！”

面对对方的弃踢不回防又是怎么回事？高中橄榄球队的弃踢很少能飞出30码。但反正在一家小型私立高中，跑动速度快的球员很少，熊队的防守组基本不可能把弃踢追回来拿到达阵。防守组更可能遇到的结果是挨罚，或者掉球。因此，凯利指示球队完全无须回防弃踢，他让球队哪怕碰到四攻差20码也奋力向前跑。“这个险不值得冒。”他解释说。

凯利是个平易近人、非常讨人喜欢的家伙，40多岁，熊队的每一场主场比赛，他的妻子、孩子和老母亲都会来捧场。他从不吹嘘自己的学历。“我只是想统计、量化，”他说，“但我跟天体物理学家或者真正的数学天才没得比。”

然而，真正的数学天才肯定了凯利的分析。2005年，加州大学伯克利分校顶尖的经济学家、美国国家经济研究局成员戴维·罗默（David Romer）发表了一篇研究文章，名为《企业真的追求利润最大化吗？——来自职业橄榄球界的证据》。要知道，罗默的妻子克里斯蒂娜已经连续两年主持了奥巴马总统的经济顾问委员会，她有可能会与奥巴马总统谈论过这项研究。罗默根据NFL第一赛季的比赛数据得出结论：从统计数据上看，在许多四攻情况下，如果球队不开任意球、不弃踢，在场上继续进攻，效果会好得多。他的文章里充满了能让大多数球迷打瞌睡的术语。而且，他只考察了第一赛季的结果，因为他认为，明显的四攻尝试会扭曲他的数据，比方说，比赛进行到后半段，球队还落后 7 分，人人都知道必须继续进攻。我们把他的结论做了大幅简化，写在下面：

- **在对手的 45 码线里，只要局面不比四攻差 8 码还糟，球队继续进攻就比弃踢要好。**
- **在对手的 33 码线里，只要局面不比四攻差 11 码还糟，继续进攻就更好。**[①]
- **不管在球场的什么位置，凡是在好过四攻差 5 码的局面，继续进攻一定比弃踢好。**

其他数学家和博弈论专家也得出了类似的结论。前西洋双陆棋世界冠军弗兰克·弗里戈（Frank Frigo）和印第安纳大学天体物理学家查克·鲍尔（Chuck Bower）设计了一套名叫“宙斯”（ZEUS）的计算机模拟橄榄球程序。向其中输入各种比赛局面，该程序能计算出统计上最优的对应策略。按照传统智慧该弃踢的时候，计算机给出的结果大多是继续进攻。

凯利认为，“定量高手”们做得还远远不够：他们没有验证“不弃踢”的目的以及更普遍意义上的冒险精神。“这些搞数学的家伙和这些搞天体物理学的家伙只是统计了原始数据，而没有考虑比赛里的情绪问题，这可是最重要的，”他说，“橄榄球牵涉到了一些不可思议的人的情绪，而这里面有着事关重大的好处。”他的意思是：防守球员在三攻时拦下对手，往往会欣喜若狂。他们成功完成了自己的任务。接下来会是弃踢的环节，进攻组马上就要接管比赛了。反过来说，如果防守的球员放弃了四攻转换，那就产生了极大的泄气作用。在普拉斯基的比赛里，你可以看到，如果未能在四攻时挡住熊队的进攻，对方球队的防守队员们会耷拉下肩膀，眼睛

① 除非比赛时间所剩无几，不然射门得分就能决定比赛结果。

也会朝下看。

同时，凯利相信，四攻如果成功的话，对进攻队员则有着极大的振奋作用。“不成功便成仁，而他们成功了，”他说，“我们的达阵冲锋回合有半数都成功实现了四攻转换，我不认为这是巧合。”

同样，根据凯利的统计，如果阿肯色州的高中球队能顶住进攻转换，则达阵概率几乎是同一条码线弃踢时的两倍。他还用这个例子作为短踢、弃踢不回防以免失球的支持性论据。

凯利独特战术的好处还不止于此。由于阵型和场上战术太过与众不同，熊队很容易诱使对方球队多次犯规挨罚。甚至，因为熊队的比赛方式太独特，比赛一周前，对方球队就要采用非常规的准备套路。他们投入大量时间练习各种短踢回防、演练防守技巧，并在四攻时安排十分卫阵型。如果按自己的打法来练习，花费时间则会少得多。

尤其在高中，非赛季练习时间很有限，而且还要应付青少年注意力持续时间短的问题，这些短缺的时间有可能至关重要。在熊队比赛前，野马队的教练汤米·休梅克（Tommy Shoemaker）估计他把一半的练习时间都拿来担心熊队的策略安排了。他的球队一般用多少时间备赛呢？他说：“大概 20% 吧。”接着，他又苦笑着说，至少他的孩子们不用担心弃踢回防和三分射门这两项了。然后他严肃起来，说：“要记住，我们每年都跟这些家伙比赛。要是你没有历史经验，我无法想象准备起来会是什么样子。”

熊队采用这套策略还有另一个观念上的好处：因为完全跟传统的高中橄榄球队不同，熊队的球员们觉得自己是一支特立独行的精英队伍，周围的球队则很普通。队员们有着坚实的情感纽带，进攻和防守队员觉得彼此是志趣相投的伙伴，在非凡教练的召唤下聚集到一起。再加上花招众多，阵型复杂，球员们必须随时保持警惕。

除了来自经验的证据，以下是凯利最看重的数据：自从他接任熊队主教练以来，在整个 2009 年，熊队的成绩是 77 胜 17 负 1 平，比赛胜率高达 82%，三次打入州决赛并两次获胜。而且，所有这些成绩，靠的都是一家小型私立学校的青少年们。“我跟你讲，”凯利说，“这一手就是管用。”

损失厌恶，卡尼曼和特沃斯基的重大发现

凯利的赛场原则是否适用于各种水平、各种球队的各种情况尚值得讨论（顺便说一句，凯利本人认为这些原则的确适用于一切情况），但他在熊队取得的成功不容争辩。看到他的成绩纪录，你大概以为，其他教练也会尝试借用凯利的部分策略。可尽管凯利在教练圈里小有名气，也到各种宴会和大会上做过讲演，但人们并没有用模仿来表示对他的诚心认可。其他教练会效法斯坦福大学和旧金山 49 人队（又译旧金山淘金者队）前教练比尔·沃尔什（Bill Walsh）的西海岸进攻（West Coast offense），或是得州理工大学前教练迈克·利奇（Mike Leach）的后卫散开进攻阵式（spread formation），但凯利却只引来了好奇的目光。“如果橄榄球界真还有另一支永远不弃踢的球队，”凯利耸耸肩说，“那我还没听说过。”

几年前，一位著名的大学球队教练在普拉斯基的办公室拜访了凯利，那是个不起眼的小隔间，在篮球场的侧面。凯利不想说出这位教练的名字，害怕会影响到熊队球员们的前途，这位教练问起了有关“不弃踢”的事情。凯利愉快地用图表解释了自己的理念。他说：“他在一个很大的记

事本上写了一大堆，于是我想，总算有人理解了。”但等凯利看到这位教练的球队下一个赛季的比赛时，他发现，完全没有任何迹象表明他遵循了相应的原则。就算已经掌握了“弃踢决定会置自己的球队于不利地位”的知识，这位教练还是经常指示球员在四攻时把球踢出去。

这跟戴维·罗默的经历很相似。身为加州大学伯克利分校的经济学家，罗默在论文里提出，NFL 球队们的比赛策略与最大化获胜概率的决心之间出现了“经常性而清晰的”背离。他根据 700 多场 NFL 比赛中 1 068 次四攻情形下的数据，从统计上做出判断，正确的做法是继续进攻，而 NFL 球队弃踢了 959 次。换句话说，NFL 教练们在近 90% 的时候做出了非最优的选择。

这样一篇学术论文大有成为人们争相膜拜的宝典的潜力，所以，罗默的文章在 NFL 的行政办公室里流传开来，可惜大多数教练对他的发现不屑一顾，认为那只是书呆子得出的结果，把科学跟艺术混为一谈。许多人承认自己熟悉罗默的研究，但很少有人把他的发现应用于实践。

这一切都暴露出橄榄球蕴含已久的讽刺意味。球员们是现代角斗士、高大强壮的巨无霸。橄榄球比赛则是一场你死我活的残酷较量，充满了睾丸激素和虚张声势。球员们相互激烈碰撞，仿佛发出了漫画里配的拟声词：“嘭！”“啪！”NFL 吹嘘自己在所有联盟中是顶呱呱的。只可惜，到了决策关头，它居然非常懦弱。

这里不光是因为对风险和冲突的厌恶情绪，教练们其实经常会做出错误选择。换句话说，他们只不过跟我们其他人一样。

一次又一次，我们对损失的恐惧压倒了理性的决策，很多时候我们只是为了避免潜在的损失而让自己变得更糟糕。心理学家称这种情绪叫“损失厌恶”，也就是说，较之于为了获取收益而付出代价，我们更乐于避免损失。心理学家丹尼尔·卡尼曼（Daniel Kahneman）和阿莫斯·特沃斯基（Amos Tversky）发现了这种心理现象。2002 年，卡尼曼因此项研究获得诺贝尔奖；而特沃斯基则在得到认可之前的 1996 年就过世了。已故的棒球教练斯帕奇·安德森（Sparky Anderson）则说过：“失败带来的痛苦两倍于胜利带来的快乐。”

对于我们大多数人来说，失去一元钱的痛苦远远大于赢得一元钱的快乐。有一个经常被人提起的心理学实验，被试可在两种赌局中任选其一。这两种赌局回报一样，但设计思路不同。在第一种赌局中，投掷硬币，如果头像朝上，你可以得到 100 美元；如果字朝上，你将一无所得。在第二种赌局中，你先得到 100 美元，然后投掷硬币。如果头像朝上，这 100 美元就归你了；如果字朝上，你就退还 100 美元。被试对第二种赌局的厌恶情绪远远超过第一种，哪怕两者的实际损益是相同的。①

负责营销和广告的经理们也在利用这种偏差。你是更愿意得到 5 美元的折扣，还是少给 5 美元的附加费用？同样的价格变化，不同的表达，对消费者行为有着重大影响。举个例子，有人对保险单做了研究，发现消费者因为所在保险公司提升费率而更换投保机构的概率，两倍于因为竞争对手同等幅度降价而换投保机构的概率。在日常生活中，损失厌恶会让人们做出次优选择。不少想转卖房子的业主宁可让房子在市场上再多挂牌一年，也不肯降价 5 000 美元，哪怕多挂牌一年明显会让他们损失不

① 研究甚至还显示，大脑对损失的处理有别于收益。加州大学洛杉矶分校的研究人员萨布里那·M. 汤姆（Sabrina M. Tom）、克雷格·R. 福克斯（Craig R. Fox）、克里斯托弗·特雷普（Christopher Trepel）和拉塞尔·波特拉克（Russell Poldrack）曾做过实验，向被试呈现两种赌局，回报相同但一种赌局的设计侧重于收益，另一种赌局的设计侧重于损失。他们发现，随着潜在收益的增加，大脑有些区域的活动会增加，而潜在的损失则会减少相同区域的活动，哪怕输赢的金额其实是一样的。

止 5 000 美元。宾夕法尼亚大学沃顿商学院的经济学教授戴维·吉内索夫（David Genesove）和克里斯托弗·迈耶（Christopher Mayer）所做的房屋销售研究表现了这一模式。房主不愿将售价降到心理预期之下，即便继续持有房产意味着他们要承担的相应费用（如抵押贷款、水电费和维护费）远远超过了要减少的售价。一想到损失，他们就觉得特别痛苦。与此相反，面对收益，业主们大多会操之过急地卖掉房子，只赚一点就够了。只要不损失，收益多少无关紧要。

在华尔街，无把握的投资策略往往出自对损失的害怕情绪。比方说，共同基金经理喜欢选择著名的或广为人知的企业，而不是有望做出更好成绩的不出名的公司。原因是这样：如果你因为购买沃尔玛或者微软这类公认的蓝筹股而亏损了，没人会怪你。你不会被解雇，他们会说你“不大走运”。哪怕名气不大的小公司会是更好的选择，可一旦它没能赚钱，你就有可能失去客户。所以，许多共同基金经理都会选择好公司，而不是选择好的投资。

在电视真人秀节目《超级减肥王》（*The Biggest Loser*）里，肥胖选手竞相减肥。他们减掉的体重越多，获得的奖励就越多。耶鲁大学的两位教授，合同法专家伊恩·艾尔斯（Ian Ayres）以及行为经济学家迪安·卡兰（Dean Karlan）都拼命想减肥。和《超级减肥王》里的其他选手一样，他们试图从奖励中获得动力。但这不管用，于是他们就把《超级减肥王》的概念翻了个面，尝试以损失厌恶情绪来激励自己。他们彼此以减肥打赌，倘若自己没能减掉规定重量，就每周输给对方 1 000 美元。此外，一旦完成减肥，要是再变胖，就要付 1 000 美元的罚款。

两年后，两位教授都没看到对方输给自己一毛钱，他俩加在一起已经差不多减了 36 公斤体重。他们成立了一家公司，帮助人们利用损失厌恶情绪坚守自己的减肥承诺和其他各种目标。如果你没能坚持熬过合同期，那么，他们会把你的钱捐给慈善机构或指定受益人。他们还设计了另一种经过调整的方案，失败的人把钱捐给一项有违自己政治立场的事业。比如对痛恨枪械的人，就把他的钱捐给美国全国步枪协会；对支持生命权、反对堕胎的人，就把他的钱捐给计划生育联合会。

这种损失厌恶情绪也会影响教练。他们的行为跟目光短浅的共同基金经理差不多，放弃长期收益以避免短期损失；也跟膀大腰圆的教授很像，看到奖励没法减肥，看到损失才有动力。潜在的收益（即达阵）很难打动教练，对具体损失（即相对确定的射门得分）的恐惧才是要害。

更宽泛地说，归根结底，较之实现赢取超级碗戒指的潜在可能性，很多教练更害怕丢掉自己拥有的宝贵东西：工作。而在体育运动领域，颠覆传统思维，尝试激进做法，结果遭到失败，这绝对是搞砸饭碗的不二法门。教练命令球队四攻差三码时弃踢，不会碰到太大的反对，哪怕从统计数据上看这么做不可取。此时的他，相当于基金经理贪图稳妥，买了沃尔玛公司的股票结果亏了钱。如果他让球队奋力向前冲，结果没成功，那他可就惨了。此时的他，相当于基金经理买了不知名的科技股亏了钱，这有可能损失所有客户。

这就形成了一种奇怪的局面：教练的动力和目标与球队老板或者球迷的动力和目标并不完全一致。人人都想赢，但由于老板和球迷不存在被炒鱿鱼的问题，他们想要不惜一切代价赢得比赛。给教练看两种结果，问问他喜欢哪一种：是比赛时跟对手打成 8∶8 的平局，保住自己的饭碗呢？还是以 9∶7 的分数战胜对手，却因为让人觉得自己太冒险、战术不合常规而丢了工作呢？

5 次犯规的篮球明星需要下场休息吗

不光橄榄球教练宁可做出错误选择也不愿表现得太过极端，篮球教练也是如此。比方说，在篮球比赛中，主流观点是球员（尤其是球星）犯规5次，教练就让他下场，而不是坐视他再次犯规而被罚出局。但这合理吗?

我们可以先测量球员吃了5次犯规后在板凳上要坐多久。分析了2006—2007年以及2009—2010年两个赛季的近5 000场NBA比赛，我们发现，球员吃了5次犯规后，平均而言比赛只剩下4分11秒。在这剩下的时间里，他会在板凳上坐大概3分05秒，这样他带着5次犯规的实际比赛时间只有1分06秒。球星的待遇略有不同。[①] 平均而言，直到比赛时间仅剩3分44秒时，他们才会吃到第5次犯规，教练会让他们坐两分多钟的板凳。

让犯了5次规的球员坐板凳，等到比赛快结束时才把他们换上场，这样的策略其实是在假设，该球员（尤其是球星）在比赛进入尾声时比在其他时间点更有价值。但实际情况并非如此。

篮球统计分析提出了所谓的“正负值”或“修正正负值”，这个指标可用来判断球员在赛场中的价值。简单地说，它测量了特定球员在场上时比赛分数有些什么样的变化。如果一个球员的正负值是“+5”，就意味着该球员在场上时，他所在的球队得分比对手高5分。因此，这一指标不仅考虑了球员本人行为对比赛的直接影响，还考虑了他对队友和对手们的间接影响。正负值衡量的是球员对本场比赛的净影响。

我们经常听说“关键球员”力挽狂澜，可对普通的NBA球员而言，

---

① 球星的定义是，赛季里入选最有价值球员或全明星球员的球员。

他对比赛的贡献，按正负值来衡量，在第四节比在第一节里要低两分。球星也是一样，甚至在比赛最后 5 分钟也一样。因此，让犯规 5 次的球员坐板凳以在比赛结束关头把他派上场的做法，似乎建立在了一个错误的假设之上，他在比赛尾声时并不更有价值。

现在想想看，球员坐板凳时，是谁代替他上场？第四节代替犯规队友上场的替补球员，一般来说无疑影响力更小一些。用替补换下可能会犯规离场的球星，其净效应是，球星在板凳上的每一分钟都会使球队少得 0.17 分。这是一个沉重的代价。我们曾认为，快要犯规离场的球星可能会采取保守打法，因此替补队员与犯规 5 次、偏于保守的球星之间的差别或许也没那么大。但事实证明并非如此。球星快要犯规离场的时候，其正负值比在正常情况下还要高。

把犯规 5 次的球员留在赛场上又会怎么样呢？平均而言，球员犯规 5 次并真的吃了第 6 次犯规被罚离场的概率仅为 21%。球星第 6 次犯规的概率更低，他有 16% 的可能性被罚下场，还记得上一章的“吞哨”吗？因此，让犯规 5 次的球员留在赛场上，他被罚离场的情况是很少见的。

总之，NBA 教练把犯规 5 次的球员留在赛场上，结果会好得多。按照我们的数字，教练们因为让快要犯规离场的球员坐冷板凳，平均每场比赛放弃了大约 0.5 分，这还不包括球员可能因为上半场犯规三次而坐的板凳时间。这看起来并不是很多的分数，但在一场势均力敌的较量中（经常出现此种情况），这恐怕就意味着是输还是赢了。我们估计，把犯规 5 次的球员留在赛场上而不是让他下场，能提高大约 12% 的胜算。在整个赛季当中，这可能意味着多赢好几场。没错，球员有可能被罚离场，但让球员坐板凳，就等于让他彻底出局了。休斯敦火箭队和纽约尼克斯队的前教练，现任电视解说员杰夫·范·甘迪（Jeff Van Gundy）曾在转播比赛时说：

"我觉得有时候是教练把自己的球员罚出场的。"

那么，为什么NBA的教练不让吃了多次犯规的球员（尤其是明星球员）继续打比赛呢？这仍然是损失厌恶和奖励机制在起作用。如果你遵照惯例，让球员坐板凳，结果比赛输了，没人会怪罪你。可如果你让他继续比赛，他又碰巧被罚下场，结果比赛输了，你肯定会被各类体育谈话节目和整个博客圈骂得狗血淋头，即使数据显示让球员继续比赛更有利。和四攻时弃踢一样，教练们愿意放弃明显的收益，以避开个人遭受损失的微小可能性。我们曾向一位NBA教练提出了上述证据，他仍然坚持认为，球员在比赛进入尾声时吃了5次犯规后，他应该将其叫下场。为什么呢？"因为，"他说，"我的孩子们还在这儿上学呢！"

棒球场上的"终结者"神话

棒球界也有一个关于损失厌恶的例子。一场又一场的比赛，相同的场面散发出几乎让人麻木的熟悉感：比赛进入第9局，胜利在望的球队的教练召唤出牛棚（投手热身区）里拥有最强臂膀的队员，喇叭里传出厄运金属乐，大多数时候都是金属乐队的《睡魔入侵》(*Enter Sandman*)，洋基队无可匹敌的终结投手马里亚诺·里韦拉（Mariano Rivera）或者类似的角色小跑着出了场，完成剩下的比赛。为什么要这么做呢？因为传统的棒球智慧认为，教练要在比赛最后阶段使用自己最出色的救援球手以锁定胜利局面。推定前提是：这是比赛最重要的环节，对比赛结果有着最大的影响。要不然，这些投手也不会叫"终结者"了。

但什么地方写过"终结者"就一定要"终结"呢？如果说，比赛最重要的时刻，即最有可能影响结果的时候，实际出现得更早一些呢？比赛在第 6 局陷入胶着状态，有跑者上垒的时候，让里韦拉或者波士顿红袜队的“终结者”乔纳森·派柏邦（Jonathan Papelbon）出场难道不是更合理些吗？在这个紧要关头，他们难道不比第 9 局本队已经领先的时候（即通常派他们出场的时候）更有价值吗？

然而，你几乎从来没有看到过哪个棒球教练在第 8 局之前把他的牛棚王牌派出场。为什么？因为，还是那句话，如果这一策略失败，教练必然要承受各种苛责。他难道想要这样吗？如果“终结者”未能拿下比赛，你碰巧输了。虽然教练可能会因为其他小过失被炒，但还是要记住，“终结者”喜欢积累“救援成功”。只有他们是最后一个球的投手时，“救援成功”才算在他们头上。在球员自由交易市场上，“救援成功”次数可以直接转换成球员的身价。

就连在冰球比赛中，人们也可以看到损失厌恶对教练策略的影响。在比赛接近尾声而且你所在的球队又只落后一分时“换下门将”，派上另一名可能会进球的队员，绝对能提高进球和追平比分的概率。但它同样也增加了另一种风险：因为球门没人防守，对手远射得分，自己再也没法翻盘。我们发现，NHL 球队换下门将的时机一般都太迟。平均而言，若是差一个进球，他们会在比赛只剩 1 分 08 秒时这么做；如果差两个进球，则在比赛只剩 1 分 30 秒时这么做。根据我们的计算，如能再早一分钟或者两分钟“换下门将”，就能把比分追平的概率从 11.6% 提高到 17.6%。若放到整个赛季来看，这意味着每年多赢一场比赛。可为什么球队要等这么久才换下门将呢？因为教练们太讨厌球门前没人防守带来的潜在损失了，当然还包括伴随而来的奚落和饭碗泡汤的可能性，所以他们才等到最后关头，这实际上降低了他们获胜的概率。

我们在什么时候能看到教练承担风险呢？或者说在日常生活中，我们什么时候才愿意承担风险呢？一般只在损失不大或者毫无损失的时候。如果你本来就胜算不大，你就不太可能表现出损失厌恶。想想你在拉斯维加斯赌桌前心烦意乱的老伙计。他已经输了 1 000 美元，因为想要赢回本钱，他担下了极大的风险，在本应盖牌不跟时翻倍下注。有多少次，你在小路上开车迷了路，靠着直觉多兜了好几圈，却不肯看地图，不听导航仪的指引？“嘿，为什么不继续找呢？反正我已经迷路了。”出于这种心理，有多少蠢货在最后一把下注时不自量力拼死一搏，盘算着就算输了也不会更坏？

教练们也受制于同样的想法：面对绝境，或近乎注定的损失，他们会采取非常规策略。当球队在比赛尾声还落后不少时，他们会让球员在四攻时继续前进。只剩一分钟了，他们会撤下守门员。在棒球世界大赛（即 MLB 总冠军赛），他们会在第 7 局就派上王牌投手。为什么不呢？

想想前进传球[①]是怎么变成橄榄球必不可少的一环的。1906 年它就得到了赛规认可，但一直到 7 年后的 1913 年，仍几乎无人采纳。就在这一年，一家没什么名气、规模很小的中西部学校——圣母大学，要到东部去迎战强大的西点陆军学院，后者是一支占尽优势的强队。既然也没什么可损失的，圣母大学校队“爱尔兰斗士”（Fighting Irish）的教练杰西・哈珀（Jesse Harper）决定让自己的四分卫查利・“格斯”・多莱斯（Charlie “Gus” Dorais）和他的锋卫，一个名叫克努特・罗克尼（Knute Rockne）的孩子采用这种冒险的新奇策略。大战开始前的暑假，多莱斯和罗克尼在俄亥俄州桑达斯基的伊利湖沙滩当救生员，两人趁此机会练习接传球。爱尔兰斗

① forward pass，这是美式橄榄球的特点，进攻一方在每轮进攻时只能前传一次，而且必须在攻防线后方的位置才允许向前传球。——译者注

士队前传了 243 码，当时从没有人听过这种手法，它让西点陆军学院队的球员们目瞪口呆。圣母大学队以 35：13 的大比分轻松取胜。这以后，爱尔兰斗士队就在大学橄榄球界出了名，多莱斯和罗克尼成了有史以来第一对也是最优秀的传球搭档，前进传球也自此站稳了脚跟。多莱斯和罗克尼两人后来都跻身高不可攀的教练名人堂，在很大程度上正是因为他们当了教练之后也继续采用这套传球战术。

就体育教练经常性地选择冒险的情况（即不是因为身处绝境，而是因为习惯）而言，这里存在一个共同点。它跟年龄、大脑类型或者教育水平一类的因素无关。而在于，这些当事的教练有着牢固的饭碗。如果实验没成功，他们也不会有太大损失，也就是不会弄丢工作。

新英格兰爱国者队主教练比尔·贝利奇克（Bill Belichick）在四攻时比所有同行都更爱选择继续前冲，这是个巧合吗？诚然，贝利奇克是个聪明人，跟所有人一样懂得风险厌恶和概率，但他从 2001 年以来赢下过三次超级碗，饭碗比 NFL 的其他教练都更牢固。我们注意到，在贝利奇克成为明星教练之前，他对比赛的态度跟现在很不一样。在 NFL 第一次担任总教练时，贝利奇克带领的克利夫兰布朗队的胜率仅为 45%，并不起眼，连续 5 年只有一个赛季的胜率超过 50%。在布朗队，他从来没有表现出后来到了爱国者队的那种冒险精神。在布朗队，7 次里只有一次他会吩咐球员在四攻时继续前冲。而在 2000 年执掌爱国者队后，贝利奇克四攻前冲的概率已经超过了 1/4。

但这只是故事的一部分。在克利夫兰，贝利奇克的球队更常落后，有很多次，他要求四攻继续前冲都是出于绝望，比如比赛接近尾声，球队仍然落后。在爱国者队，他的球队更棒，领先的时候更多，处在绝望四攻的情况更少。如果只看布朗队落后不到两个达阵的前三节比赛，我们可以发现，他要求四攻继续前冲的概率仅为1/9，但到了爱国者队，同样的条件下，他选择四攻继续前冲的概率则为1/4。在爱国者队，贝利奇克选择四攻继续前冲的可能性几乎是在布朗队时的三倍。

或许有人会说，爱国者队是一支更好的球队，这意味着他有可能实现更多的四攻转换，因此他也就选择更频繁地力争向前。诚然，爱国者队比布朗队实现的四攻转换更多，但差异并不大（59%对51%），至少肯定不会是布朗队的三倍。另外，在布朗队，因为他尝试前冲过更多绝望的四攻，有时候需要推进十多码，所以，你能料到，成功率要低一些。如果我们控制这一条件（即在所需推进码数相同的前提下），那么，贝利奇克的爱国者们的四攻成功率只比布朗队略好一点点。

是什么改变了他的风险偏好呢？在克利夫兰，贝利奇克的工作不怎么牢固，1996年遭到解雇就是明证。就算是在爱国者队的最初几年，他的饭碗还不怎么牢固的时候，他也还偏向保守。直到球队多次赢下超级碗，人们称赞他是“最聪明的橄榄球教练”，他才增加了冒险的次数。到了那时，他的工作保障不再成为问题了。

但哪怕是饭碗牢固的教练，碰到危险的时候也会一头冲破传统。2009年11月，当时保持不败纪录的印第安纳波利斯小马队主场迎战新英格兰爱国者队。这是NFL两支旗鼓相当的球队的一次交手，所以比赛安排在星期天晚上，由美国全国广播公司直播。比赛大部分时段，爱国者队都悠然领先。但到了第四节，小马队的进攻思路逐渐打通了。小马队拿下了最后一个达阵，把比分拉到了34（爱国者队）比28（小马队）。鲁卡斯石油体育场的人群沸腾起来，喧嚣声震天。

到爱国者队的下一次进攻，他们缓缓推进，四攻时离本方的28码线还差两码。这是 NFL 历史上一次著名的风险管理案例。如果爱国者队弃踢，小马队板上钉钉地会抢到球，佩顿·曼宁就还有两分多钟加两次暂停（一次是原有的，一次是两分钟警告）把球推进 65 码或 70 码拿下达阵。他曾多次实现这样的壮举，包括两支队伍上次在印第安纳波利斯交手的时候。

如果爱国者队继续进攻并完成 2 码推进，比赛的胜负就定了。但如果爱国者队继续进攻却失败了，他们就会在自己的 30 码线内让球落进小马队手里。所以，继续进攻要么结束比赛，要么最坏的情况是让球落回曼宁手里，小马队的进攻线还比将球弃踢靠近 35 ~ 40 码。如果小马队从比较近的距离迅速拿下达阵，爱国者队说不定还有时间踢出一个制胜的三分任意球。当然，场上还有其他一些因素。爱国者队的防守组明显疲惫不堪，并且由于伤痛，安全后卫里少了两名首发球员，这是另一点不利于弃踢的原因。凯文·凯利在阿肯色的家里观看比赛，在电视机前大喊大叫，希望贝利奇克敢于打消弃踢的念头，这是他的原话。

除了直觉，分析也支持继续向前推进。我们计算了数据，NFL 球队在四攻差两码的时候转换成功率平均是 60%。如果成功，爱国者队差不多就赢定了。就算失败，小马队在剩下的两分钟里从爱国者队的 30 码线上接过球，赢下达阵拿 6 分，爱国者队仍有 67% 的胜率。换句话说，小马队只有 1/3 的机会从爱国者队的 30 码线达阵得分，因此，爱国者队四攻失败并不等于一定会让对方达阵。反过来看，弃踢则会让小马队回到自己一方的 30 码线，这能带给爱国者队 79% 的胜率。这样比较起来，爱国者队四攻失败与选择弃踢，只给他们的比赛胜率带来 12% 的差别。如果他们成功转换，本场比赛就彻底结束，这个概率为 60%。考虑到所有这些因素，继续推进能让爱国者队获得 81% 的胜率，弃踢则为 72%。[①] 就算按照不同的假设条件调整这些数字，也很难说弃踢会是更好的选择。往好了说，弃踢和继续推进是两个难分优劣的选择，往坏了说，意思则是，继续推进胜算更大。

NFL 的球迷大概还记得接下来发生了些什么。贝利奇克命令他的进攻组留在赛场上。“我们以为自己能在那一回合赢下比赛。”他后来说。爱国者队的四分卫汤姆·布雷迪，那天晚上扔出了近 400 码的球，可在这一轮四攻，却没挺过那关键的 2 码。他飞快地向凯文·福克（Kevin Faulk）来了个快传。就像是人用手指把一支烟从烟灰缸里压出来似的，小马队的中卫梅尔文·布利特（Melvin Bullitt）把福克压倒在了离码线一两米远的草地上。

到了这时候，命运已经写在剧本上了。在解说间和博客圈开始对贝利奇克的“牛仔战术”和“不必要的赌博”进行谴责的同时，小马队正有条不紊地推进直至达阵区。赛事结束只剩几秒，小马队靠着一码传球达阵，以 35：34 赢下了比赛。

贝利奇克或许已经成了 NFL 中最受推崇的教练，可能做出了从统计数据上看正确的选择，但到了这种时候，批评的刀子纷纷地朝他捅了过去。圈内人的评论很残酷：

① 这些数字是根据 NFL 在赛场特定位置拿下达阵的概率以及四攻差两码时转换的概率平均值得来的。事实上，爱国者队远比一般的球队在四攻差两码时转换率更高（前者是 70%，平均值是 60%），而小马队有了佩顿·曼宁，在大多数位置上，比一般球队更容易达阵。但是这两种效应或许会彼此抵消。不过，有利于继续推进而非弃踢的，还有另一点值得考虑的因素：爱国者队会采用更保守的防守策略或“预防性”防守，以提防小马队从达阵区底线发来的深球。这可能会让佩顿·曼宁比在正常情况下更迅速地冲入爱国者队的底线，从而让弃踢决定更没有价值。

- “在这种情况下你必须弃踢。就像你会尊重佩顿·曼宁和他的能力，就像你可能会怀疑自己的防守，你必须尊重概率，选择弃踢……你必须尊重概率，选择弃踢。”——NBC 分析员、小马队前教练托尼·邓吉
- “贝利奇克教练真的做了一个非常糟糕的决定。虽然我非常尊敬他，但这时候他必须弃踢。他朝更衣室里透露出的信息是，他对自己防守组的小伙子们没有信心。”——爱国者队前中卫、NBC 现任分析员罗德尼·哈里森
- “可怕啊……这一回，他聪明得过头了。太狂妄自大了。”——《波士顿环球报》专栏作家丹·肖内西（Dan Shaughnessy）
- “对橄榄球教练来说，能找到什么样疯狂的借口呢？”——《波士顿先驱报》专栏作家罗恩·博尔赫斯（Ron Borges）
- “我讨厌他的这个决定。这种‘我比他们都聪明’的狂妄自大让我愤怒。这让人感觉太卑鄙了。”——SI.com，彼得·金（Peter King）
- “我的词汇量都不够形容这个决定有多疯狂。”——NFL 前四分卫，ESPN 分析员特伦特·迪尔佛（Trent Dilfer）
- “四攻混蛋。这是新英格兰爱国者队历史上最臭名昭著的一个回合，我们现在就这么叫它。”——CBSSports.com，皮特·普里斯科（Pete Prisco）
- “星期天晚上哪件事更叫人快活呢？是看到好人佩顿·曼宁重振小马队的士气，还是看到坏人比尔·贝利奇克作为战术家被打脸呢？”——《圣路易斯邮报》，杰夫·戈登（Jeff Gordon）

当然，这些批评无一提到，从统计上看，弃踢并不比继续进攻好，或者充其量两者差不多。他们说的恰恰相反，声称弃踢是好策略。但其实不然。

问题不在于爱国者队输了，而是贝利奇克竟然敢背离现状。他是个胸前口袋里插着钢笔的怪胎，他简直聪明过了头，这可真叫人不痛快。

除非天赐神通，要不然，人总是要在知道结果之前就做出决定。继续进攻的决定是正确的。虽然没成功，但并不能因此否定它的合理性。可惜人们很少这样看事情。他们表现出的便是心理学家所说的“后见之明偏差”（hindsight bias）。如果你做了正确的事情，但因为运气不好失败了，你就是个笨蛋。如果你做了错误的事情，但因为运气好成功了，那你就是天才。当然，实际情况往往与此相反。要是你的好朋友在牌桌上玩 21 点，他手里已经有 19 点，却还叫牌，而荷官派出了一张 4 点，这时候你就该叫他傻瓜。统计数据告诉你该扣牌不叫了，因为很有可能荷官开给你一张爆点（超过 21 点）的牌，或者还不如 19 点。如果你的好友不管不顾还是叫了牌，并得到了一张 2，赢了。你应该称赞他是天才吗？不，他仍然是个傻瓜，只不过是个幸运的傻瓜。面对不确定局面时，我们所做的决定也是这样。运气不会让我们变得更笨或者更聪明，它只会让我们走运或者不走运。

接下来的一周，爱国者队主场迎战自己同区的对手纽约喷气机队，后者几周前曾击败过爱国者队。第二个回合时，爱国者队在喷气机队的 38 码线前面临四攻差一码。尽管上一次遭到了媒体、球迷甚至爱国者队前球员们的痛斥，贝利奇克仍然选择了继续进攻，这也正是数字显示该做的事。在广播间，播音员开始质疑教练的战术，“跟上个星期发生的情况一模一样！”他们长吁短叹地说。然而这一次，爱国者队的硬汉跑卫劳伦斯·马罗尼（Laurence Maroney）突破了左绊锋的拦截，冲了两码。首攻拿下来了。播音员没话说了。和此前一周炸开锅的情形类似，没人称赞贝利奇克这一战术的成功。

这是同一个比尔·贝利奇克。他是 NFL 里最可靠的教练，人人都认为他的大脑分析无可匹敌。如果说，连他都会因为冒了一次经过精心算计的险而遭到围攻，想想看，菜鸟教练或者本来就身处难堪境地的教练会落得什么样的下场。

不光橄榄球教练会遭遇这种偏离传统带来的棘手时刻，棒球教练也是如此。1993 年，托尼·拉鲁萨（Tony La Russa）主持奥克兰运动家队，因为球队在自己的赛区排名最后而分外沮丧。特别成问题的是投球环节。运动家队的自责分率（earned run average，ERA）已经超过了 5.00。经过一系列特别残酷的周末循环赛，运动家队放弃了整整 32 分，拉鲁萨和长期以来的搭档——投手教练戴夫·邓肯（Dave Duncan）自问道：“是谁说球队一定需要 4 名先发投手投 100 来个球，接着是一名中继投手和一名终结者？”

拉鲁萨冒出一个念头：为什么不让自己的 9 名投手组建成三个投球“单位”，每名投手在三局比赛里通常只需要投 50 来个球呢？他的思路很简单：每三场比赛，投手们就上投手区投球，但因为每次出场投球次数较少，他们的体力会更充沛。此外，对方的击球手会感到不适，因为每次上场都有可能面对不同的投手。事实证明，棒球统计数据支持这种做法。在一场比赛中，MLB 的击球手第一次面对投手，击中率差不多会低 27 点。首次面临一名投手，他们的上垒率约低 27 点，长打率约低 57 点。这或许是因为投手的胳膊更有力，也可能是因为击球手还不熟悉投手，需要多观察对方几次才能熟悉投手的套路。不管怎么说，拉鲁萨的设想就是要利用这种效应。

此外还有其他一些潜在的好处。你让所有的投手每场比赛都出场，这样面对任何局面，你都有更多的选择余地。此外，身价最高的投手多为先发投手，要投球 7 局以上，每场比赛总共投球 120 多个。而事实上，明星投手和其他投手的主要区别在于,明星投手能够坚持更长时间的有效投球。在比赛的最初几局，明星和非明星投手之间的差别要小得多。按照拉鲁萨的实验，在比赛前三局，资深投手的效率跟明星投手几乎差不多，而前者的费用又仅仅为后者的零头。这样一来，他就有了额外的钱可用在其他球员上。在奥克兰运动家队的案例中，用少得多的预算，他们就能维持跟其他大市场球队（如纽约洋基队）差不多的竞争力了。

这是一套激进的策略，但拉鲁萨的身份和地位都足够高，可以试试看。他从 1986 年就担任运动家队的教练，1988 年、1989 年和 1990 年，他带着球队打入了 MLB 总决赛。此前的 1992 年赛季，他获评年度最佳教练。靠着这些他本人和球队积累起来的好信誉，背离传统智慧不会让他担太多风险。

遗憾的是，拉鲁萨的实验失败了。为什么失败？因为先发投手们讨厌它。他们公开宣称，自己找不到节奏，没法进入最佳状态。私下里，他们抱怨说，50 次投球限制让自己没办法满足打完 5 局赢得胜利的必要条件，球队仍然注定要输。由于球员合约跟战绩捆绑，教练有可能会造成他们金钱上的损失。经过 5 场比赛，他们中有 4 个人都输了，投手抱怨个不停，拉鲁萨让了步，恢复了传统 4 人轮换的做法。这是一个提醒：就算你想出了更好的策略，但如果球员不买账，恐怕它就无法展开。

下面是个警示故事，让我们来看看饭碗岌岌可危的教练冒险会碰到什么样的结果。洛杉矶湖人队的主教练保罗·韦斯特海德（Paul Westhead）在 1981—1982 赛季打了 11 场比赛后被解雇，部分原因是球队的控球后卫魔术师约翰逊认为教练过于僵化，条条框框太多。“这支球队不够兴奋”，湖人队的老板杰里·巴斯（Jerry Buss）在谈及韦斯特海德被炒时这么说。到了 20 世纪 80 年代末，这位看起来已经有些教授派头的研究莎士比亚的学者韦斯特海德在洛约拉马利蒙特执教大学篮球队。在那里，他采用了许多跟阿肯色州的凯文·凯利类似的原则和策略：争取到的进攻机会越多，尝试越多，效果越好。统计数据支持多尝试“大招”（即多投三分球）的做法。这种有违常规的打法扰乱了对手的备赛流程，把他们逼出了舒适区。

在 1989—1990 赛季，小小的洛约拉马利蒙特队在大学篮球界异军突起，球队采用快节奏，平均每场比赛拿下 122 分，一路高歌进入了四强赛的前一轮。该球队的明星球员汉克·加瑟斯（Hank Gathers）在该赛季的意外身亡为整个故事又添了一重戏剧色彩，也带来了更多的曝光。

因为韦斯特海德独特的理念，他希望将普通的“跑轰”带到新层次，NBA 丹佛掘金队在 1990—1991 赛季邀请他担任主教练。韦斯特海德以为，自己的方法在更高水平的队伍里会更有效，因为对手被拖垮的速度会更快。韦斯特海德鼓励球员们以极快的速度打比赛，7 秒之内必须出手投篮，比 NBA 联赛的平均速度快一倍，并投射大量三分球。他估计，35% 的三分球投中率带来的得分高于 50% 的两分球投中率，而且，投球距离远，会带来更多的进攻篮板：要是掘金队的球漏了，他们回防的位置会更好。防守时，球队也以疯狂的速度打比赛，不断给后场施压，利用设陷式防守。

"我们的想法是，以超快速度进攻和防守，这就成了双重打击，"韦斯特海德向《体育画报》解释说，"一旦它起作用，那就不是 1+1=2 的问题了，而是 1+1=7。"

只可惜，这一设想没能发挥作用。到了职业比赛时，韦斯特海德的实验败得很惨。对方球员利用了掘金队的混乱和无规律的投球距离。掘金队的尽早投球和多投球策略往往让对方轻松进球。而且，在不间断的跑动中，掘金队球员更容易气喘吁吁、频频受伤。掘金队的一名球员抱怨说，因为传球太多，他的胳膊受伤了。比赛逐渐变得像哈林篮球队与华盛顿将军队的表演赛。[①] 在一场比赛中，菲尼克斯太阳队在上半场就拿下了 107 分，至今仍是 NBA 历史上的难忘纪录。在赛季开始时，掘金队的成绩是 1 胜 14 负，到赛季结束时，成绩是 20 胜 62 负，成了整个 NBA 里成绩最差的球队。一场比赛，他们能拿下 120 分，但却会丢掉 130 多分，被嘲笑地叫成了"恩佛"掘金队，意思是他们缺了"D"，没有防守（Defense）。到了下一赛季，韦斯特海德不情愿地放慢了节奏，但最终仍被解雇。

你可能会说，这是韦斯特海德的勇敢尝试。至少，他试过了不同的做法。就算他跳出常规的办法在丹佛失败了，但在洛约拉马利蒙特成功过。或许只是人和环境的问题。不到 10 年后，拥有比韦斯特海德时代掘金队更出色球员的菲尼克斯太阳队借用了他的许多思想和原则，带着众所周知的瓶颈（不善防守，先投篮再说，俗称"7 秒快攻"），却连连取胜。

但没人把韦斯特海德当成创新家。人们认为他是个"怪人"，这是体育界最可怕的标签了。教练队伍容不下特立独行的人。跟许多走常规路线却失败的教练不同，韦斯特海德这位没有教职的教授，再也没有获得在 NBA 球队任主教练的机会。他的下一份工作是在乔治·梅森大学执教。

① 这两支球队均为表演性质的花式篮球队。——译者注

从那里，他跳到了日本篮球联赛，又进入了美国女子职业篮球联盟，率领菲尼克斯水星队拿到冠军。他曾以助手身份短暂地回到过NBA，但时间也不长。2010年，韦斯特海德是俄勒冈女子篮球队的主教练，这是一支得分不错的中等球队。

普拉斯基的凯文·凯利是一位创新思想家，但在安排自己非常规策略时也很是费了一番心思。除了执教橄榄球队，凯利还兼任普拉斯基学院的体育主任。他就是自己的顶头上司。他是从一所小型私立学校的学生里挑选球员的，这些孩子都是富裕家庭的孩子，家长负担得起私立学校的学费。这些家长很可能认为橄榄球无关痛痒，大可排在学习成绩和小提琴课之后。如果凯利的决策失败，看台上不会发出太多愤怒的嘘声，当地体育脱口秀节目里不会有愤怒的球迷打去电话，网站也不会使劲朝他开火，要求他下课。他执教的是高中学生，无需像托尼·拉鲁萨那样，面对来自奥克兰运动家队投球手及其经纪人的威胁。

那个星期四晚上普拉斯基的比赛打了将近三个小时，主要是因为不成功传球和处罚暂停了比赛的计时。但它展示了凯利机智且经过深思熟虑的非常规方法怎样让一只弱小、速度缓慢且年轻的普拉斯基球队以33：20的分数赢取了胜利。赛后散场时，凯利断然地说："是这套方法打赢了比赛。"球员们在中场握手，野马队的一名球员找到熊队的四分卫威尔·尼克斯说，"我真希望我们队也能像你们那样打球。"

2008年，熊队一路打进了全州的5A级冠军赛。在该轮巡回赛当中，凯利坚守了自己的理念。格林伍德队曾连续两年把熊队踢出了决赛，2006年州冠军赛时以56：55的比分险胜，令熊队球迷伤心欲绝。在对该队的半决赛中，熊队以短踢开球，之后抢回球，抱着球一路跑到了格林伍德队的

6 码线，可惜四攻时未能转换，只得交出控球权。大多数教练可能就在此止步了，尤其还面对着一支连续击败过自己的球队。可凯利没有。他继续要求每轮四攻都继续推进，最终以 54∶24 赢得比赛，进攻过程总共推进了 747 码。

决赛时，熊队对阵西海伦娜中央队。西海伦娜队拥有 8 名未来将进入第一级别大学校队的球员，熊队只有一名。可凯利仍然拒绝使用弃踢。比赛快结束的几分钟，熊队持球，保持着微弱的领先优势，比分为 35∶32。该回合里他们很早就出现了三轮四攻，每一轮，他们都继续推进，并且成功转换。还剩不到 1 分 30 秒时，他们在中场再度面临四攻。传统的策略是弃踢，把对手踢回自己的半场，强迫他们在不到一分半钟的时间里推进 60～70 码，然后进入射门得分的范围。如果四攻继续推进却又不成功，西海伦娜队离射门范围就只有 20 码，很有可能扳平比分。但统计数据告诉你该怎么做呢？往前冲。凯利就是这么做的。熊队的四分卫从右侧冲过了好几码远，又一次成功完成四攻转换。而这是比赛的最后一个回合，熊队控球直至终场，拿下了自己的第二个州冠军。有人问凯利，最后一回合风险这么大，是否想过要弃踢呢？他毫不犹豫地回答：“从没有想过。”

对教练队伍里有意颠覆传统体育智慧的同道中人，凯利向他们提出了相同的建议：四攻时继续向前冲。除非他们这么做了，否则，下一次教练再训斥球员软弱、做出愚蠢决定或者未能倾尽全力让球队赢取胜利，球员可就有话说了，“真不好意思，教练，这是您的言传身教”。

SCORECASTING

第 03 章

为什么超级碗冠军很难预测

实力与规则的决定性作用

洋基队之所以能 27 次夺冠，最简单、最直接的答案就是：钱。有了钱，就会有最好的球员。最棒的球队 + 主场优势 = 冠军！橄榄球的情形却不是这样。由于限薪，各橄榄球队的实力差距较小。“淘汰制”导致一次次爆冷，让弱队也能赢得超级碗冠军。

洋基队凭什么能 27 次夺冠

人声渐起，太阳初升。纽约洋基队赢下 2009 年 MLB 总决赛（即世界大赛）的几天前，一个寒冷的 11 月清晨，他们的游行马上就要开始。从半夜电视购物时段起，球迷就排在曼哈顿的大街上了。早上 7 点，人群已围得里三层外三层。再过一个小时，“洋基队加油，耶耶耶耶耶”的口号就要响起来了。逃学的孩子们像帝王一般坐在父母的肩膀上。纽约警察尽管因为加班巡逻而需要强打精神，但也非常友好。华尔街交易员、分析师和银行家，则从位于摩天大楼里的办公室往下看，脸上露出一年里难得出现的笑容。汽车要到中午才会放行，但在一个先天缺乏耐心、正常行人都懒得等红绿灯的城市，数百万纽约人竟然罕见地开开心心沿着百老汇大街一站就是几个小时。

2009 年的世界大赛巡游吸引了 300 多万名球迷，人数比 MLB 某些球队覆盖的整个地区市场的人数还要多。人群里有：纽约前市长鲁迪・朱利亚尼（Rudy Giuliani）、斯派克·李（Spike Lee）和当时演唱获得盛赞的《帝国之心》（*Empire State of Mind*）的 Jay-Z。运动员宣誓，市长发表宣言，彩带满天飞舞。这清晰地揭示了为什么洋基队恐怕要算所有运动里最顶级的球队了。尽管被全国其他地方的球迷恨得咬牙切齿，骂他们傲慢、挥霍无度，洋基队还是又一次拿下了总决赛冠军，这是该球队传奇历史上的第27次。游行期间，某牛奶品牌在广告活动中贩售了一种文化衫，T恤上的文字嘲笑其他队的球迷说："拿到戒指了吗？"①

答案很可能是"没拿过"，至少也是"拿得不多"。自20世纪初世界大赛举办以来，只有极少数球队多次赢得过冠军。截至2011年，现在的所有队伍里，有8支球队从没拿过冠军，另外9支拿下冠军的次数不到三次。得州游骑兵队1961年就组队了，但在2010年之前从没登上过"秋季经典赛"（世界大赛的另一称呼）的舞台，赢冠军就更别想了。相比之下，自1923年以来，洋基队每隔三年就赢得一次总冠军。

一般而言，寡头和垄断会让我们感到不舒服。我们更喜欢竞争。竞争更健康，对消费者更有利，它鼓励创新，从根本上来说，它让人觉得更加公平。我们甚至设立了促进竞争的反垄断法。我们谨慎地分拆卡特尔，对行业进行规范，当然，对行业的规范力度有大有小。在监管严格的航空业，国内市场的最大运营商，美国航空公司和西南航空公司，各自所占的市场份额都不到14%。银行也都受到同样的严格监管，按照所谓的沃尔克规则（Volcker Rule），任何机构的市场份额都不可超过10%。就算众人眼里"大到不能倒"的花旗集团，市场份额也仅为3%。沃尔玛恐怕要算最受诟病的美国垄断企业了，但2009年，在总计3万亿美元的美国零售市场，它所占的份额也仅为11.3%。

① 美国职业球队拿到全国总冠军后，球员一般会获得戒指作为纪念。——译者注

可洋基队呢？如果把世界大赛历年的冠军戒指看成一个市场，洋基队的市场份额是 25%。

一支球队怎么可能强大到这种程度，让其他球队完全无法与之匹敌呢？最简单、最快速的答案是：钱，尤其是在薪资无上限的条件下。其他 29 支球队的球迷如果注意到，洋基队能在球员身上花两亿多美元（这是 2009 年的数据），而大多数其他球队的花销还不到一亿美元，洋基队频繁地夺取冠军也就不足为奇了。他们会轻而易举地击败世界大赛上的对手费城人队，后者在球员薪水上仅花了 1.13 亿美元。一如此前的一年，费城人队（9 800 万美元）击败坦帕湾光芒队（4 400 万美元），再前一年，波士顿红袜队（1.43 亿美元）击败科罗拉多落基山队（5 400 万美元）。毫不意外，身处小市场的匹兹堡海盗队自 1992 年来就再没有在哪个赛季的胜率超过 50%，它 2010 年的薪水单金额仅为 3 910 万美元。

然而，洋基队取得非凡成功的原因比这还要复杂一些。棒球联赛结构里的每一件事都会对赛事公平性产生影响。先从一个赛季的 162 场常规比赛说起吧。抽样选取 100 名被试进行的民意调查，比只抽选 10 名被试的民意调查能更准确地反映出公众的看法。出于同样道理，棒球漫长的赛季能更准确地反映出才能。如果两支球队只打一场比赛，任何情况都可能出现，但如果它们比赛很多次，那么比较好的那支队伍大多数时候都会赢。

再来看看季后赛。只有 8 支最优秀的球队能进入季后赛，所以有 22 支球队已经出局了。各球队要比赛三轮：先是 5 战 3 胜的分区赛，接着是 7 战 4 胜的联盟冠军赛，再接下来是 7 战 4 胜的总决赛。和常规赛一样，样本规模足够大，最优秀的球队应该赢得大部分比赛，尤其在掌握了主场优势的情况下。洋基队或许因为能买下最佳球员而变成了最优秀的棒球队，但比赛结果的不均衡，则是棒球联赛的设置本身导致的。

新奥尔良也能夺得超级碗冠军

对比来看，NFL 则公开争取实现公平和民主。一个赛季只有 16 场比赛，样本量不大。部分球员受伤，也不过意味着一个赛季的成绩是 7 胜 9 负还是 9 胜 7 负而已。12 支球队都能晋级季后赛，而且季后赛也不采用系列赛的形式。它采用单淘汰制，即“只比一次”，这种形式对冷门球队更有利，它更有可能产生随机的结果。一场比赛不走运，一位球星不合时宜地受伤，就有可能让弱旅获胜，在季后赛里继续走下去。此外，2010 年，NFL 又设置了工资上限，防止富裕球队或是依靠慷慨金主的球队多花三四倍的薪水招募明星球员。球队的大部分收入来自 NFL 的电视转播合同，因此穷队富队之间的经济差异比各棒球队之间要小。

结果怎么样呢？如你所料，橄榄球冠军的集中度最低，“市场份额”非常均衡。NFL 从 1967 年才开始举办超级碗总决赛，但 32 支球队里已经有 18 支球队赢下了隆巴迪奖杯（即超级碗冠军），除了 4 支球队之外，每一支球队都至少打进过超级碗决赛一次。相比来看，MLB 自 1903 年举办世界大赛以来，几乎有同样数量的球队从没打进过冠军赛。此外，市场规模也没了太大意义。哪支队伍赢了最多次的超级碗？匹兹堡钢人队，赢过 6 次。而匹兹堡，近 20 年来从未出过棒球强队。绿湾包装工队，位于美国各大职业体育赛事规模最小的市场威斯康星州，也赢过三次超级碗。

NBA 和 NHL 的常规赛远远多于 16 场，季后赛是 7 战 4 胜的循环赛。这减少了随机性，有利于巨头垄断。不过，和棒球不一样，超过半数的球队都能进入季后赛。而且，NBA 和北美职业冰球联赛都有工资上限。因此，NBA 和 NHL 冠军的集中度明显高于 NFL，却也明显低于 MLB。

纽约洋基队夺冠游行三个月后，小市场新奥尔良为自己城市的球队夺得超级碗冠军举办了一场类似的庆典。城市云集了十来万球迷，而不是纽约那样的几百万。而且，这不是球队第 27 次夺冠，而是第一次。但欢呼沸腾的气氛是一模一样的。球员们站在彩车上，戴着面具和串珠。他们说，这就是隆巴迪节。

只有傻瓜才会去预测谁能赢得下一届超级碗，但预测谁将会赢得下一次 MLB 冠军，那就容易多了。就算你猜不对，你也可以在赛季还没开始前就把潜在候选人锁定在少数几个球队的范围内。体育有趣的地方在于：究其实质，它们处处都有竞争。但从行业内看，有些体育项目的竞争激烈程度更胜一筹。

SCORECASTING

第04章

老虎伍兹也是人

顶级高尔夫球手也被“损失厌恶”所困扰

在高尔夫球比赛中，真正有意义的是18个球洞加起来的总成绩。但是，就某个球洞来说，你是想打出小鸟球，还是想打出标准杆，对结果有非常大的影响。“损失厌恶”告诉我们，打出小鸟球的收益，远远比不上打出柏忌的损失。为了打出小鸟球，老虎伍兹也会乱了阵脚。

故事得从老虎伍兹父亲开始说起。厄尔·伍兹（Earl Woods）说过一句永载体育史册的话。他在接受《体育画报》的采访时说，自己的儿子老虎伍兹，不光将超越高尔夫、超越体育界，也将超越种族，甚至超越文明。“老虎伍兹会比历史上任何人都更大地改变人类历史的进程，”厄尔态度恳切、不带一丝怀疑地说，“他有能力实现奇迹。他是东西方的桥梁。他的影响无限，因为他得到了指引。我还不知道一切会以什么形式发生。但他是上天选中的人。他将拥有影响国家的力量。不仅仅是影响人，而且会影响国家。这个世界才刚刚感受到他的力量。”这一年是1996 年，20 岁的老虎伍兹尚未获得自己的第一个大满贯冠军。

有些人并未简单地把这些说法看成是望子成龙的家长说出来的疯话，心想如果老虎伍兹是上天选中的人，那厄尔成了什么？而是真的开始思考这一预言。老虎伍兹说的难道是对的？接下来的几年，老虎伍兹几乎实现了父亲的预言，没有使之落空。到 25 岁左右，老虎伍兹在职业高尔夫界“只手遮天”，此时又恰逢迈克尔·乔丹退役，老虎伍兹便一跃成为整个运动圈里最耀眼的明星。

只要老虎伍兹参加比赛，他一般都能赢。而如果他不参加比赛，那赛场上就会出现一种“山中无老虎”的冷场感。截至 2010 年，他在金光闪闪的职业生涯中已经夺得了 14 个大满贯，尽管那时他出了些绯闻事件，但仍然很有可能打平杰克·尼克劳斯（Jack Nicklaus）18 个大满贯的纪录。到 2009 年，老虎伍兹差不多赢了 30% 他参加的比赛。而尼克劳斯的成绩是：参加过 594 场比赛，赢得了 73 个冠军，胜率是 12.3%。

印证老虎伍兹“是老天选中的人物”这一神话的，不光只有上面提到的疯狂的胜率。他赢的过程也是关键，他的比赛无与伦比，他的身体天赋和神经天赋相得益彰，他在长杆上最棒、在推杆上也最棒，他在赛场上让人印象深刻，即使前几天落后，到了星期天他也会重振旗鼓。他靠明智而保守的打法赢，也靠极其准确的击球赢，他的击球会让人觉得：“什么？你一定是在逗我玩吧！”2008 年的美国公开赛上，他拖着一条伤腿所向披靡，后来我们才知道他膝盖碎了。他创造了很多奇迹，比如 2005 年大师赛第 16 洞上那一手著名的切杆，完美得几乎违背了现行所有的几何与物理规律，让众人瞠目结舌。

虽然厄尔·伍兹 2006 年就过世了，但这么多年来，加入他“弥赛亚大合唱”的人却愈发多了。解说员约翰尼·米勒（Johnny Miller）曾说：“老虎伍兹像摩西般分开了红海，而其他人都淹死了。”就连向来与老虎伍兹不合的母亲库蒂妲（Kultida）似乎也接受了这个说法，她有一回说：“他能让所有人融合到一起。他是上天之子。”于是网站 tigerwoodsisgod.com 上的那句说法也就应运而生了：“庆祝真正的救世主降临。”该网站的“老虎十诫”有云：“老虎的比赛，汝不可贪图。”

NBA 名宿查尔斯·巴克利（Charles Barkley）一贯擅长说些质朴的

真理，他说其他的美国职业高尔夫球巡回赛选手“都害怕老虎伍兹”。再让我们来看看其他高尔夫选手是怎么形容老虎伍兹的，他们或许是为了给自己比赛时总被老虎踢屁股找借口吧。“他简直超自然！”汤姆·沃森（Tom Watson）说。“他是超人！”保罗·阿辛格（Paul Azinger）断言。几年前，游戏应用软件《EA 体育》制作了一套高尔夫视频游戏，在其中将老虎伍兹奉为神明。在一个洞前，伍兹脱掉了耐克鞋，挽起裤脚，走进水池挥了一杆，球稳稳当当地落进球洞里。游戏称之为“老虎伍兹的神迹一杆”。

2009 年感恩节的夜晚，老虎伍兹在一场最初被称为“车祸”的事故中受伤。车祸很快演变成一列“火车残骸”——老虎伍兹跟多位女性有染的轰动性丑闻。你大概已经听说了，这些女性中有色情电影明星、餐馆女服务员、真人秀落选的女选手，但没一个是他妻子。丑闻之所以不胫而走，不光因为它太过低俗，更因为男主角是老虎伍兹。“老虎养了后宫”等刺耳的新闻标题被送给了这位曾被视为不朽的大人物。而伍兹则试图在自己的首次公开表态中宽慰我们：“我是个人，我并不完美。”

老虎伍兹也会犯错

哪怕是在丑闻曝光之前，也有着确凿的证据表明老虎伍兹实际上只是个凡人。而且，这些证据来自他打高尔夫的方式、方法。老虎伍兹推杆，也跟你我一样。当然，他比你我准确、流畅、镇定得多，而且他的杆数也低得多。但至少，老虎伍兹跟我们一样，也会经历错误的思维过程。

回想一下第 2 章提到的损失厌恶情绪，即我们对损失一美元的厌恶，强于赚到一美元的欢喜。出于损失厌恶，我们改变自己的行为，有时甚至是不理性地改变自己的行为：我们太看重买入价格，只想着避免短期损失，宁可放弃长期收益。从理论上讲，我们在某样东西上花了多少钱无关紧要（尽管税收以此为基础），关键在于，这样东西今天值多少钱，将来可能值多少钱。但是，我们的行为可不是按照这套理论来的。投资者一贯太早卖出赚钱的股票，而对亏钱的股票又舍不得卖。房主常常极力避免以低于买入价的价格卖出房产。得州扑克的玩家，看到桌面上自己的筹码越来越少，就偏离了预定策略。而高尔夫球手，哪怕是专业球手，也会为了避免在一个洞上的损失而忘掉自己的总成绩。

我们是怎么知道这一点的呢？几年前，沃顿商学院当时的两位教授，德温·波普（Devin Pope）和莫里斯·施魏策尔（Maurice Schweitzer），着手在 230 多场美国职业高尔夫球巡回赛中观察 421 名球手的推杆倾向。他们利用了从 2004—2009 年间巡回赛里获得的激光测量数据，估算出了几乎相同数量的小鸟球、标准杆和柏忌的成功率。想法很简单。在高尔夫球场，每个球洞都有标准杆数，即让球入洞你应该挥多少次球杆。超过标准杆数一杆，叫作柏忌；低于标准杆数一杆，叫作小鸟球。换句话说：对一个球洞而言，柏忌是"损失"、小鸟球是"收益"。

然而，在高尔夫比赛中，真正有意义的测量结果是 18 个球洞加起来的总成绩，因此，球手不应该在乎自己在特定的一个洞上到底是打出了小鸟球、标准杆还是柏忌。比赛的目的是让球在每一个洞都以尽量少的挥杆次数进洞，至于你怎样分配每个洞的挥杆次数，那是无关紧要的。这就像是你的退休金投资组合。你只希望退休时获得最高总金额，而具体怎样达到最高总金额，你不会在乎。

但这次研究发现了一些奇特的事情。在美国职业高尔夫球巡回赛中，如果球手尝试击出小鸟球，他的成功率就比以标准杆为目标而挥出的那一球要低。研究人员测量得很仔细，每一次推杆的距离完全相同（精确到厘米）、果岭上的位置也完全相同，甚至球手所瞄准的是同一个洞。换句话说，在他们的考察中，选手站在相同的位置，从相同的距离朝着果岭上的同一个洞挥杆，区别只在于，这一杆的目的是打出小鸟球还是打出标准杆。哪怕是一向临危不乱的老虎伍兹，碰到这种情况也会改变行为，他打标准杆比打小鸟球更精准，他也会按照短期内成绩而非总成绩来评估决策。

该如何解释呢？损失厌恶不光影响着华尔街的投资者、卖房子的业主、买东西的消费者，也同样影响着美国职业高尔夫球巡回赛的选手们。职业高尔夫球手非常介意遭受损失，较之打出小鸟球得分，他们会更倾向于避免打出柏忌。还记得之前我们说到的减肥人士吗？给他们奖金，他们得不到足够的动力减肥；可想到有可能遭到 1 000 美元的罚款，他们就卯足了劲儿成功减了肥。高尔夫球手也以同样的方式运作，打出小鸟球（即一杆收益）当然很好。波普说，“他们就好像是在说，先把球打过去再看。”但由于柏忌的威胁，他们就全力以赴了。“他们告诉自己，”波普说，“这一次我一定得打进去。

两位教授还发现了一件有趣的事情，足以证实球手们在标准杆上的行为的确比在小鸟杆上更积极。如果职业球手的挥杆没打出小鸟球，球大多是落在尚未靠近洞口的位置，而不是飞得太远。这就是他们采用保守做法的证据。球离洞口近他们就满足了，他们不肯冒险把球击太远，因为后者兴许意味着下一杆打出标准杆会更难。而如果打标准杆没能进洞，那可不是因为球没飞够距离。

两位研究人员还尝试排除所有其他可能的解释，他们控制了比赛的日子，高尔夫球手在领先榜上排名如何，前一洞的发挥怎样，正在打的是几号洞。所有这些因素，无一改变了球员在打标准杆时跟打小鸟球时的不同倾向。

笔者估计，普通高尔夫球手高估单个洞的成绩，忘记自己的总得分，这会害得他在每轮巡回赛（总计 72 个球洞）里损失一杆。看起来虽不太多，但大多数球手可是拼了命地想把自己的比赛成绩提高一杆呀。对于像老虎伍兹这样的顶级高尔夫球手，对风险的管理不当，会让他每年损失 100 多万美元的奖金。

伍兹似乎知道自己的损失厌恶心理。他对《纽约时报》说："每当要打重要的标准杆时，我总觉得它比打小鸟球更重要。你再也不想这一杆失手。我就是觉得，多打一杆和少打一杆之间的心理差异在打标准杆时更大。"

在某种程度上，这让人略感欣慰：至少伍兹在这方面绝对是个"凡人"。然而，波普提出了一个观点，"如果老虎伍兹打高尔夫球都存在心理偏差，那我们其他人还能有什么指望呢？"

让我们来看看 2009 年明尼苏达州黑泽汀国家高尔夫俱乐部主办美国职业高尔夫球锦标赛时发生的事情。伍兹进入最后一轮，拿下又一个大满贯冠军似乎已成定局。他的成绩遥遥领先，比标准杆低 8 杆。他的挑战者是韩国选手梁容银，他的名字就连铁杆高尔夫球迷都没听说过。

梁容银实在太名不见经传了，连电视调查员和媒体人员都在四处寻找有关他的基本信息。原来，他是韩国一位稻农的儿子，19 岁之前连高尔夫球场都没上过。他原本是个很有抱负的健美运动员，但膝盖受了伤，只好在当地练习场上排解苦闷情绪。他基本上靠看教学视频自学高尔夫，到22 岁生日时，竟然能打平标准杆了。遗憾的是，这一年又轮到他参军服兵役了。退伍后，他回到高尔夫球场，顺着体育组织结构图慢慢向上，从韩国地区巡演赛打进了亚洲巡回赛，又打进了职业资格赛，最终拿到了本轮美国职业高尔夫球巡回赛的入场券。

2009 年，时年 37 岁的梁容银能靠着打高尔夫能维持生计了，但钱赚得可不多。他从来没有在美国职业高尔夫球赛事里打赢过，最好成绩不过是进了前 10 名。即便是在黑泽汀球场，他在第一轮里也只打出了 73 杆的一般成绩，靠着幸运才得以晋级。当时泰格的成绩是 67 杆。可到了这一刻，两人竟然要在此地争夺冠军了。梁容银自己也承认，他的首要目标是别输得太丢脸。“我的心脏因为紧张简直要炸开了。”他回忆说。

但本着损失厌恶的原则，面对损失，我们的行动更为积极。显然，面对几乎一定会输的局面，梁容银可以破罐子破摔，打得毫无顾忌。相比之下，伍兹几乎是稳赢。他遥遥领先，对手又毫无经验，更重要的是，从他过去的纪录来看，打了 54 洞之后保持领先的话，他夺冠的概率是百分之百，他曾在此种情形下 14 次打入决赛，也 14 次夺冠。但在收益面前，我们行为保守，更多地采取“别搞砸了”的防御心态，而不是“我一定要做到”的进攻心态。从本质上说，对伍兹而言，这次决赛就是一个大号小鸟球。

你大概还记得那次比赛出人意料的结果。因为伍兹明显缺乏进攻心态，他三次都打出了高于标准杆的杆数，总分为 75 杆（还包括 33 次推杆）。“我觉得，因为当时是我领先，我大部分时候都犯了太谨慎的错误”，伍兹承认。与此相反，按《体育画报》的说法，梁容银则打得“无忧无虑美滋滋”。他微笑、耸肩，每次都争取进洞。他在 18 号洞前挥出了“胆大妄为”的一杆，这表明他仍相信自己肯定会输（即必受损失）。稳稳地开球之后，他离球洞还有 192 米。他拿出自己的混合杆，想要让球飞过一棵树，直接上果岭。这一杆很艰难，也很勇敢。梁容银成功了，球来到了距离球洞只有 2.4 米的地方，他推出了一个绝妙的小鸟球，赢得了比赛，成为第一个拿下高尔夫大满贯冠军的亚洲人。在损失厌恶心理的帮助下，他将老虎伍兹“打回人形”。

同样的比分，不同的心态

高尔夫球手并不是特例。仔细观察，你会发现几乎所有的运动员都跟我们其他人一样，受这样那样的损失厌恶心理影响。想象一下，在棒球比赛中投手对击球手投出了两好球。投手或许会想，“我要在这里让他三振出局，或者至少，我能让他出局。”因为投手得分遥遥领先。投手已经把“出局”当成自己的“收益”了。接下来，又投了几个球，比分变成 3∶2 了。突然之间，对投手而言，本来他认为能稳稳拿下的局面不保了。

现在假设同一位投手来到了不同的情况下。他向击球手投出了三个糟糕的球，比分为 3∶0。他可能会想：糟啦，我会把这家伙保送上垒的。但接下来，他稳住阵脚，又扔出了两个好球，可能击球手连续两次犯规，或是裁判给了他两次有利的判罚。比分现在成了 3∶2。突然之间，不利的前景变成了意外的奖励。

从理论上说，投手不是应该以相同的方式应对这两种情况吗？在这两种情况下，比分都是 3∶2，他怎样实现这一结果（即买入价格是多少）应该无关紧要才对。我们的目标无非是让击球手出局，就像高尔夫球手的目标是在 18 个洞的比赛中打出最低的总杆数，退休人士的目标则是积累出回报最丰厚的退休金投资组合。从直觉上说，我们大概以为从比分 0：2 开始的投手，会投得比较保守（或许是因为看到他已经连续投出三个直线球，对他的控制力有所怀疑）；从 3：0 开始而且已经投出两记好球的投手，表现会更积极。

但是，这并不能说明损失厌恶的原因。

在高尔夫球研究的启发下，我们考察了 MLB 三年来共 250 多万次投球的 Pitch f/x 数据，统计了所有比分 3：2 的情况是从 0：2（即投手面临着潜在短期损失）打出来的还是从 3：0（即投手面临着潜在短期收益）打出来的。接着，我们观察了投手怎样投掷下一个球。结果发现，如果投手是从 0：2 开始打成 3：2 的，他们投出的快球少得多，而投出的变速球和曲线球则更多；而从 3：0 开始打到 3：2，投手们则更多地投出快球。在两好球三坏球时，从 0：2 开始的投手，有 51.5% 的概率投出快球，21.0% 的概率投出曲线球，8.2% 的概率投出变速球。而从 3：0 开始打到满球计分时，同样的投手有 55.4% 的概率投出快球，17.7% 的概率投出曲线球，投出变速球的概率则为 7.3%。

这跟损失厌恶原则是一致的。变速球和曲线球是更冒险、更积极的投法。投手会告诉你，快球更可靠，也偏保守。投手因为之前领先而面临亏损可能，因此会投出更积极的球以避免损失。“我现在必须得把这家伙打出局！”处在相同情形下、计分一度落后的同一位投手，投球会更加保守。他觉得不那么紧迫，因此，也就不会倾尽全力。一如高尔夫球手打小鸟球时打得保守，棒球投手的选择也暗示了他的态度：“我之前可没料到能打到这个分数，所以，就算这一球没投好，我也没有太大的损失。”

更有趣的是，因为曾经以 0：2 领先而面临想象中的损失的投手，不光投球更积极，而且还实现了更有利的结果。他们有更大的可能让击球手因为挥棒、漏球，或者因为裁判裁断球是好球而出局。此外，这些情况下的击球手击中球的可能性也更低。他们打出界外球的次数较少，而且更少能活球，就算他们活了球，也更多地会出局。

在计分 3：2 时，面对一个一度以 0：2 领先的投手，大联盟击球手的安打率仅为 0.220；而面对一度以 3：0 落后的同一位投手，击球手的安打率则为 0.231。同样的计分、同样的投手，安打率竟然差了 11 点。长打率低了近 20 点（0.364 对 0.382），在这种情况下，几乎所有其他击球统计数据也都更低。一如职业高尔夫球手打标准杆的成功率比打小鸟球更高，因为损失厌恶而采取主动策略的投手，表现也更好。

我们还可以从击球手的角度来看一下。投手的损失就是击球手的收益。因此，击球手面对从 0：2 打出的 3：2 计分，会把这看成是心理上的收益："我还以为自己要被三振出局了呢，现在我可以轻松上垒，甚至打出安打呢。"而面对从 3：0 打出的 3：2 计分，击球手会把它视为潜在的损失。"我还以为我能保送呢，现在看来未必了。"按损失厌恶原则来预测，从 3：0 打到满球，击球手的行为更积极主动；而从 0：2 打到满球，击球手则更保守——跟投手的行为恰恰相反。这是事实。从 0：2 打到 3：2 的击球手行为更保守，挥棒更少，甚至对从好球区中央飞过来的球也一样。而当他们挥棒时，结果更糟：更多三振出局，活球更少，就算活了球，也更多出局。

因此，毫无疑问，他们的击球数更低。击球手越来越保守的时候，投手却越来越咄咄逼人。同样，从 3：0 领先打到 3：2 的击球手，行为更积极，而投手却偏向保守。考虑到这种行为，击球统计数据的差异就合理多了。

橄榄球和篮球比赛中的“损失厌恶”现象

在橄榄球领域，我们也可以进行类似的现场实验。问问自己，面临相同的比赛局面，根据球队在比赛开始时的出发点，什么情况下球队更有可能在四攻时继续往前冲呢？假设两支球队四攻时持球，目标都是 1 码线。前一支球队是从 1 码线开始本轮进攻的，前三档都未曾把球向前推进；后一支球队是从 10 码线开始的，前三次攻击已经收获了 9 码。

对于第一支球队，你看得出来，要么是对方球队的球门线防守真的很出色，要么就是第一支球队太不走运，就是没法把球推进一码。为什么要铤而走险呢？踢个三分任意球就好了，对吧？对于第二支球队，三档里他们已经抱着球冲了 9 码了。四攻时再冲一码的机会很大，所以他们更倾向于继续往前，对不对？

错。NFL 球队实战结果完全违背上述设想。第一支球队比第二支球队更有可能在四攻时继续突进。何以如此？损失厌恶。首先发起进攻、以 1 码线为目标的球队，想的都是达阵得分。他们在精神上已经拿下那 7 分了。如果几个回合之后，局面仍然是四档和进球，那么，他们才不希望损失掉先前以为已经牢牢收入囊中的达阵呢。在第二种情况下，达阵的前景更多的是“收益”，球队更有可能采用保守打法，就跟高尔夫球手打小鸟球打得束手束脚一样，也跟从 3∶0 打到 3∶2，投手投出快球的心态一样。

面对四攻和 1 码线得分，NFL 球队如果一开始就从 1 码线出发，继续推进的可能性是 67%；如果一开始是从 10 码线出发，继续推进的可能性是 59%。进一步说，如果球队面临四攻，目标就是自己开始的那条码线（3 码线以内），继续推进的概率是 66%。但是，如果这支球队是从 8 码线甚至更远的地方开始，则继续推进的概率只有 61.5%。跟许多人的设想完全相反。

预测球队面临四攻进球时是否会继续推进，损失厌恶原则很有效。如果一支球队先发，以 1 码线为目标，接着却被推后，四攻时以 2 码线或 3 码线为目标，他们继续推进的可能性是 35%。如果球队面临四攻，以 2 码线或 3 码线为目标，但一开始并不是从 1 码线出发的，那继续进攻的概率是多少呢？只有 22%。换句话说，即使被推后了几码（意味着防守方很强，或者进攻方发起的进攻无效），球队仍然更愿意继续推进。反过来说，一直带着球前进，来到同一位置的球队，就没有这么强的推进动力了。这跟大多数人的预计相反，但却与损失厌恶一致。

这里还有一种方式来评估 NFL 中损失厌恶行为的力量。如果一支球队达阵后被罚无效，便会出现无法预见损失的极端情况。假设球队以达阵为目标开球。回攻手快速穿越，眼前是一片无人防守的空旷球场：50，40，30，20，10……他越过球门线，带着球冲进底线区，队友们将他团团围住，教练与助手乐不可支地击掌庆祝。然而且慢！场上的裁判举起了旗：非法拦截。所以球队这一回合要退到自己的 20 码线。

面对这样的情况，收益带来的狂喜转眼变成了遭受损失的痛苦，球队会做出什么样的反应呢？如果是因为判罚导致达阵无效，球队在该回合的四攻中继续推进的概率比其他情况（即控制了推进的码数、在球场上的位置以及比赛得分的情况）要高 29%。出于损失厌恶，球队会疯狂战斗，想把该达阵夺回来。而且，球队一般都想在这个回合就把达阵夺回来，而不是在之后的回合里。但很明显，其实球队在特定回合是否得分基本上无关紧要，比赛最后的得分才是关键。

在 NBA 比赛中，损失厌恶也以类似的方式发挥着影响。甲队如果占上风，优势明显，他们的队员或许就会这么想："我们已经对这场比赛十拿九稳了。"在精神上，他们已经给自己画好了加号。可接下来，乙队重振士气，突然，占上风的甲队能不能夺下比赛很成问题了，NBA 赛场上经常会发生这种情形。更糟的是，如果乙队得分领先进入第四节，甲队就面临潜在的损失了。传统的观点认为，甲队会打得很被动。无数次，我们在这种情况下听到快输球的教练抱怨："我们打得没那么积极了。"然而，损失厌恶原则表明，面对这样的损失，甲队会打得更勇猛。面对收益，他们才会打得更保守。哪种看法对呢？

我们分析了近 5 000 场 NBA 比赛，研究了两支球队进入第四节比赛时分差在 5 分以内，但第三节比赛中一支球队曾至少领先 15 分的情况。换句话说，我们考察的是激烈比赛（特指一方球队曾大幅落后但还是追了上来的比赛）的最后 12 分钟。接下来，我们又把样本分为两种情况：一种是，领先 15 分以上的球队继续领先，但领先分数在 5 分以内。这支队伍仍面临着收益，获胜的前景已经不再特别有把握。第二种情况是，领先的球队进入第四节时已经落后，但分差不到 5 分。此时，球队面临着会带来极度痛苦的损失。领先优势烟消云散，而且现在还落后了，原本是稳赢的比赛现在有可能会输掉。

事实证明，曾经大幅领先，但进入第四节时计分反而落后的球队打得非常勇猛积极。他们会投射更多的三分球，投篮更频繁，比通常情况下投球快 4 ~ 5 秒。这一如损失厌恶原理所预测的，看到本来稳赢的比赛有可能变成损失，他们奋起直追，就跟高尔夫球手打标准杆一样。相比之下，之前大幅领先但第四节比赛开始时以微弱优势领先的球队，却打得非常保守：球员投三分球少，投篮频率低，出手投球之间的控球时间比正常时间更长（即持球更久）。

一次又一次，我们听到教练恳求球员，“忘掉刚才发生的事情”“你不能改变过去”，要不就是，“把它抛到脑后吧”。核心信息：你怎样来到这一刻不要紧，就像你平常那么打就行。从理论上讲，他们是对的。但这就跟买家对业主的房产给出了低报价，你要业主忘掉买入价一样。对职业运动员来说，过去与现在息息相关，要他们忘掉自己是怎样陷入当前困境的，这很困难。

“损失厌恶”实验和“禀赋效应”实验

南加州大学安东尼奥·达马西奥（Antonio Damasio）[①]和卡内基梅隆大学的乔治·勒文施泰因（George Loewenstein）用一个有趣的实验揭示了损失厌恶的力量。他们做的是经典的损失厌恶实验，但被试都是脑部控制情绪的区域受过损伤的人。与正常人相比，情感障碍患者并没有表现出同样的避损倾向。因此，在研究人员设计的投资游戏中，大脑受伤、情绪受损的被试的绩效明显高于正常的被试。为什么会这样呢？因为他们对待损失跟对待收益没有什么不同。由此得出了什么结论呢？凡是没动过脑叶手术的人，都会变成损失厌恶心态的受害者。

损失厌恶在方方面面都产生着影响，不管是日常决策，还是运动表现，或者个人投资。它还影响着我们身为体育迷的行为。由于损失厌恶，我们往往会认为自己拥有的东西价值更高，即便是同一样东西，只要不是自己

① 安东尼奥·达马西奥，美国南加州大学神经科学、心理学和哲学教授，著有《笛卡尔的错误》《当自我来敲门》，这两本书的中文简体字版已由湛庐文化策划出版。——编者注

的，我们就觉得它没那么值钱。从理论上说，我们愿意为某样东西花多少钱，与出多少钱我们就愿意放弃该东西，这两个数字应该是一样才对。如果你认为自己《梦幻联盟》游戏里的勒布朗·詹姆斯值 40 美元，我们可以推测，你大概愿意花 40 美元去买下他，也大概愿意接受 40 美元的价格卖掉他。可实际情形大多不是这样。

这种跟损失厌恶相关的现象有个名字，叫“禀赋效应”（endowment effect），这一概念是由芝加哥大学行为经济学家理查德·塞勒（Richard Thaler）创造的。塞勒发现，人们因为自己拥有的东西感受到的损失，远远大于自己没有的东西。如果我们给你 100 元，然后把它拿走，这带给你的痛苦，远远大于我们本来打算给你 100 元，但后来决定还是不给。

为了证明禀赋效应，杜克大学的行为心理学家丹·阿雷利（Dan Ariely）和谢夫·卡蒙（Ziv Carmon），用篮球比赛门票做了个实验。杜克大学有一支很成功的篮球队。它还有一个特别小的篮球赛场——卡梅隆室内体育馆，共有 9 314 个座位。这里大多数比赛的门票都供不应求。为分配座位，该大学设计了一种相当复杂的选票过程，比赛之前一个星期，球迷们就在体育馆的草地前搭起了帐篷，排队等待。对于某些重要赛事，就算排了队的人也不能保证买到票，而只能拿到抽签买票的资格。

一场四强赛的门票分配完毕后，两位教授给列在抽签名单上的所有学生打电话。他们假装是票贩子，问那些没抽到票的学生，最多愿为门票出多少钱，答案平均是 170 美元。而他们问那些已经得到门票的学生，愿意卖出门票的最低价是多少，答案平均是 2 400 美元。换句话说，随机获得门票的学生对门票的估值，是没获得门票的学生的 14 倍。

为了更生动地说明损失厌恶，假设你是球迷，面对球队的输赢会有怎样的反应。你最喜欢的 NFL 球队以 30：3 领先，你很确信，本场比赛已经十拿九稳赢定了。突然之间，对手展开了激烈的还击，把比分打到了 30：27，你陷入了惊慌。不过最终，你喜欢的球队还是取得了胜利，离开体育馆时你或许感觉有些恍惚，与其说你有扬眉吐气、大获全胜的感觉，倒不如说你长舒了一口气，“谢天谢地”。对方球队的球迷或许会因为觉得功亏一篑而失望。

现在换一种情况来对比。两队作战陷入胶着状态，打了好几个小时。两队轮流领先。局面瞬息万变，紧张感逐渐升级。随着结束时间临近，比分以 27：27 打平，你喜欢的球队前传直达，投进了决定性的三分球。

两场比赛以完全相同的比分 30：27 结束。人们常说：“赢就是赢。”“赢得再难看也是赢。”“大比分获胜并不会让你在积分榜多得几分。”还是那句话，你喜欢的球队怎样赢球是无关紧要的，就像我们卖股票、卖房子的时候一样，过去是怎样并不重要。但站在球迷的角度，我们知道事实并非如此。最后关头的三分球决定了一场势均力敌的比赛。如果是我们喜欢的球队赢了，我们会扯着喉咙喝彩，跟身边的人击掌欢呼。可如果我们喜欢的球队输了，我们会沮丧，会把沙发垫子朝着电视扔出去。

“我们怎么得到这样的结果”之所以重要，是因为随着比赛的进行，我们会相应地调整损益期待。比赛打成 30：3，我们会觉得胜券在握，觉得这是板上钉钉的事情，一如球队站在 1 码线前尝试首轮进攻，觉得肯定会达阵一样。如果它受到威胁，我们就觉得要损失本来以为是自己的东西了。我们对损失的痛恨，超过了我们对收益的喜爱。本来是稳赢的球，勉勉强强才保住。这有什么好高兴的？

在一场势均力敌的比赛里，每个回合都可能决定生死，我们无法进行心理上的损益核算。我们绝不会认为自己一定会赢，但也从不认为自己一定会输。所以，当收益最终降临，它带来了狂喜。这是意外之喜。而如果最终输了，我们会沮丧万分。买选号彩票时也会出现同样的现象。你选了号，一个号也对不上。哦，好吧！你无所谓地就这么算了。现在想象一下，开奖时前 5 个数字都中了，再中一个数字，就能赢下 2.5 亿美元！最后一个数字来了……呃……不一样。唉！在这两种情形下，你都输了。归根结底都是一回事，可到了最后关头才揭晓结果，你对损失的感觉会强烈得多。

让我们来看看 1968 年耶鲁对哈佛的年度橄榄球比赛上发生了些什么，两所大学无不自夸地称之为“那一场生死之战”。耶鲁队带着全美第一的排名和比分 8∶0 的历史纪录，外加 16 场比赛连胜的成绩骄傲地进入了比赛。球队的四分卫布雷恩·道林（Brian Dowling）是整个校园里块头最大的家伙，他的学弟，著名漫画家加里·特鲁多（Garry Trudeau）在漫画《杜恩斯比利》(*Doonesbury*）里创造的 B.D. 这个角色，就是以道林为原型的。关于道林的传说是：自从 6 年级以来，他就未曾输过一场比赛。耶鲁队的其他明星还包括卡尔文·希尔（Calvin Hill），未来达拉斯牛仔队的明星跑卫，再后来生了一个篮球明星儿子格兰特·希尔（Grant Hill)。哈佛队也以不败纪录进入了比赛。获胜的队伍除了能获得吹牛的权利，还将捧回常春藤联盟冠军。

耶鲁队控制了场上局面，距比赛结束时间不到一分钟时，仍以 29∶13 的比分领先。耶鲁队的球迷们觉得收益是理所当然的了，哈佛队球迷认定自己要遭受损失了。可接下来发生了不可思议的事情。哈佛队抢回了一个漏球，在不太可能的场面下实现达阵。既然输无可输，它尝试了两分转换，竟然成功了，比分变成了 29∶21。一如哈佛体育场里的每个人所料，哈佛队尝试短踢，耶鲁队回传时漏球，哈佛队在中场把球抢了回来。这时候，耶鲁队球迷预期胜利的兴奋被损失的念头削弱了不少，而哈佛队铁杆粉丝们对失败的懊恼也被这迟来的突进抵消了一点。

哈佛队有条不紊地带球前冲。在比赛最终回合的混战里，哈佛队四分卫手足并用，绝望地把球朝底线区的角落扔出去。哈佛队的接球手把球截住，带球达阵。这下比分变成了 29 : 27。比赛的最终回合，哈佛队一字排开准备两分转换时，体育场上的学生们沸腾了。哈佛队四分卫用快传突破了耶鲁队的防守，目标接球手接住了球：29 : 29。哈佛队在比赛最终的 42 秒拿下了 16 分，因为没有加时赛，双方以平局收场。

自然，哈佛队的球员、球迷和校友欣喜若狂。耶鲁一方则近乎崩溃。且慢，比赛不是打平了么？难道双方不应该感受到同等的痛苦和喜悦吗？话虽是这么说，可这就跟雷曼兄弟公司一位前高管曾在账面上拥有过 9 位数的身家，后来买强力球彩票中了 500 万美元的奖金，也只觉得马马虎虎一样。结果是怎么来的很重要。

本场比赛时隔 40 年之后，哈佛大学出身的纪录片导演凯文·拉弗蒂（Kevin Rafferty）重温了当天下午，追问了它对所有相关人的影响。他的灵感部分来自他的父亲，后者曾是 20 世纪 40 年代耶鲁大学的橄榄球队员，参加过二战，但却形容 1968 年 11 月的那个星期六是“这辈子最糟糕的一天”。那场比赛里的许多球员日后在商业、法律、医学等领域闯出了一番辉煌的事业，甚至在演艺界也有佼佼者，如哈佛的常春藤联盟阻截球员汤米·李·琼斯。但对大部分人而言，40 年后，那场比赛的记忆仍然鲜活生动，在情绪上掀起刺痛。

这部电影的标题《哈佛以 29 : 29 击败耶鲁》来自哈佛校报，干净利落地总结了损失厌恶原理。

SCORECASTING

第05章

靠进攻也能夺冠

防守真的比进攻重要吗

“夺冠靠防守”，这几乎成了赛场上的铁律。其实，为了赢得比赛，进攻和防守都很重要。在NBA季后赛中，防守好的球队获胜概率是54.4%，进攻好的球队获胜概率是54.8%。不过进攻时打进一球的收益，比不上防守不好而让对方打进一球的损失。“防守！防守！”就是对失分的厌恶。

乔丹说，夺冠靠防守

这一刻终于来了。1991 年 6 月，迈克尔·乔丹率领芝加哥公牛队夺下 NBA 总冠军，当之无愧地成为那个时代（不，说是任何时代也不为过）最优秀的球员。当他第一次捧起奖杯时，乔丹解释了公牛队夺冠的奥秘。在任何参加过团队比赛的人听来，这话都很熟悉。“我们是靠防守夺冠的。”乔丹说。这或许是体育用语里最常被人引用的一句话，可因为出自乔丹之口，便成了众福音之首。

1996 年，公牛队击败了西雅图超音速队，再次赢得冠军。此时，乔丹已经拿到了 4 枚冠军戒指，可他对公牛队夺冠的分析还是跟之前一样。“这说明，靠防守才能夺冠。”他说。一年之后，公牛队击败了犹他爵士队，乔丹的这种观点愈发坚定：“毫无疑问，夺冠要靠防守。”1998 年，公牛队实现“三连冠”，乔丹断言，“夺冠靠防守，这再明显不过了”。

防守的重要性不言而喻，以至于要进行争论的话似乎也只能围绕“防守到何种程度”展开。几年前，《洛杉矶时报》的一位专栏作家宣称：“夺冠靠防守，尤其是在冰球上。”《康特拉科斯塔时报》（*Contra Costa Times*）的一位同行持不同观点，他写道：“夺冠靠防守，尤其是在橄榄球上。”《费城询问报》（*Philadelphia Inquirer*）的一位作家说得更是具体，“夺冠靠防守，尤其是在橄榄球超级碗比赛上”。弗吉尼亚联邦大学队的篮球教练不同意，“夺冠靠防守，尤其是篮球上”。而按照加拿大曲棍球教练、英式足球教练和澳大利亚橄榄球教练的说法，不管什么比赛，夺冠都靠防守。

这种观点，从陈词滥调演变成了运动赛场上的铁律。但实际情况真的是这样吗？

防守很重要，进攻也很重要

我们发现，说到赢得总冠军，或者推而广之地说赢得体育比赛，进攻和防守其实占据着相同的分量。

截止到2010年，在总共44届NFL超级碗大赛中，防守好的球队（按该赛季失分统计）赢了29次，进攻好的球队赢了24次。[①] 防守略微占优势，但优势很微弱，跟随机概率差不太多。常规赛期间一直是防守前五的球队，夺下超级碗冠军的次数是多少？28次。进攻排

① 需要注意的是，两者相加之和为53，意味着某些年份的超级碗里的一支球队在攻防两端都比另一支球队强。事实上，在19届超级碗比赛中，都出现了这样的情形。而这些球队有14次赢得了超级碗。

名前五的球队，夺下超级碗冠军的次数又是多少呢？27 次。基本上是平手。[①]

但我们探讨的只有 44 场比赛，所以，现在我们把样本量扩大。过去 44 个赛季里，NFL 共有 407 场季后赛。防守更好的球队赢了 58% 的场次，进攻更好的球队赢了 62% 的场次。解释同上，获胜的球队有时防守好进攻也好，所以两个数字加起来超过了 100%。进攻更好的球队略占优势，但基本上还是扯平了。总的来说，防守排名前五的球队赢了 195 场季后赛，进攻排名前五的球队赢了 192 场季后赛。在近 10 000 场常规赛中，防守更好的球队赢了 66.5% 的场次，进攻更好的球队赢了 67.4% 的场次。防守更好的球队略占优势，但差异极小。

但也许"夺冠靠防守"这句话的意思是，防守的必要性强于进攻。或许，一支球队依靠二流进攻能赢比赛，但靠二流的防守就赢不了？事实证明，这个说法也站不住脚。防守排名居下游的球队有三次夺下了超级碗，而进攻排名居下游的球队只有两次夺冠。赢得超级碗的球队，防守排名最低的是 2006 年的印第安纳波利斯小马队，那年它的防守排名是第 19 名。他们靠排在前三名的进攻抵消了这一劣势。进攻排名最低又赢得隆巴迪奖杯（即超级碗奖杯）的球队是哪支呢？2000 年的巴尔的摩乌鸦队，它的进攻排第 19 位，防守则排在第一位。看起来，在 NFL，进攻或者防守格外出色的球队，都能赢得冠军。但这无法说明哪个方面更重要。

那么，进攻最好的球队碰上防守最好的球队（比如 2006 年的小马队跟 2000 年的巴尔的摩乌鸦队交手），结果会是怎样呢？事实上，有 27 届

---

① 其实，常规赛里防守第一的球队，有 15 次赢得了超级碗冠军，进攻排名第一的球队，只有 8 次夺冠。尽管这似乎说明防守占优势，但这两个数字还不足以在统计学上表现出差异。再者，考虑到防守前五的球队赢得冠军的次数并不比进攻前五的球队多，这也意味着进攻排在第二到第五名的球队赢得的超级碗比防守排名类似的球队多。但还是那句话，这些差异在统计上并不明显。

超级碗冠军比赛，是进攻前五的球队与防守前五的球队过招。进攻最好的球队赢了 13 次，而防守最好的球队赢了 14 次。还是平局。

在 NBA，两相比较，防守也不见得就是成功的先决条件（抱歉了，乔丹）。从 1947 年到 2010 年的 64 个 NBA 总冠军里，有 9 个是常规赛里防守最好的球队，有 7 个是进攻最好的球队，仍然差不多。在季后赛中，防守更好的球队获胜概率是 54.4%，而进攻更好的球队获胜概率是 54.8%，实在是难分高下。在近 5 万场的常规赛中，防守更好的球队赢的次数也并不比进攻更好的球队多。冰球联赛北美职业冰球联赛的结果也一样。不管是在斯坦利杯夺冠的，还是在季后赛里打赢的，或是在常规赛里胜出的，防守最佳的球队都并不比进攻最佳的球队更多。

棒球分析起来有点棘手，因为"防守"包括了投球，而较之其他 8 名球员在场上的努力和风险，投球更多地取决于投手丘上的那个人。不过，说防守是夺冠必不可少的条件，并没有太多证据。在过去 100 届世界大赛中，防守更好的球队赢了 44 次，进攻更好的球队赢了 54 次。在所有的季后赛中，防守更好的球队胜率为 50.8%，进攻更好的球队胜率为 51.8%。非常平均。

好吧，但防守是不是能带给弱旅更多机会呢？防守型队伍是不是更容易打出冷门？通过统计筛选，我们发现，答案是否定的。我们算出，在常规赛、季后赛和总冠军赛里，弱旅球队长于防守并不比长于进攻更容易赢。

"防守！防守！"就是对失分的厌恶

既然防守对获胜的重要意义并不强于进攻，为什么从世界少年棒球赛教练到播音员到迈克尔·乔丹都坚持给它唱赞歌呢？因为，进球的美德没必要多说。不需要建立激励机制鼓励球员多进球、多跳投、多跑垒或者多达阵。而球迷们大声高呼“防守！防守！”而不是“进攻！进攻！”也自有原因。进攻好玩，魅力四射。防守呢？不怎么光鲜，没什么荣耀。是谁拿到了耐克鞋的合同和其他广告的代言，是得分球员，还是防守球员？今天人们常常哀叹说，“体育中心文化”①浓墨重彩地渲染扣篮和全垒打，却忽视了篮板球和有效传球，只可惜，体育界从来如此。以下哪些名字更叫人耳熟能详？是 NFL 历史上排名前 5 的顶尖达阵高手：杰里·赖斯（Jerry Rice）、艾米特·史密斯（Emmitt Smith）、拉达尼安·汤姆林森（LaDainian Tomlinson）、兰迪·莫斯（Randy Moss）和特雷尔·欧文斯（Terrell Owens）？还是排名前 5 的拦截高手：保罗·克劳斯（Paul Krause）、埃姆伦·腾内尔（Emlen Tunnell）、罗德·伍德森（Rod Woodson）、迪克·莱恩（Dick Lane）和肯·赖利（Ken Riley）？

球员，尤其是年轻的球员，需要激励才能积极防守。如果球队放弃一分或一个篮板，防守球员就会遭到指责；但如果他们干得好，却很少能得到赞许，而不管它对比赛的进展有多重要。想想迈克尔·乔丹吧。只要他在场上，就不必担心公牛队能否得分。这样一来，芝加哥的成功最终取决于球队是否努力争夺篮板，进行篮下拼抢和截断传球。乔丹必须鼓励队友投入到所谓的“脏活累活”里，进行强悍的防守。他频繁地重复“夺冠靠防守”，其实是在聪明地鼓励队友，肯定他们的工作意义。至于乔丹本人，他的攻防都是一流的。

但可能还有些其他的因素在发挥作用。回到损失厌恶上：我们对损失

① “体育中心”，是 ESPN 电视台每天的体育新闻节目，会精选当天全美职业赛事的精彩画面，球员以上这个节目为荣。——编者注

的痛恨，远超我们对收益的喜爱。进攻，是运动员寻求收益，他们争取得分，加大优势或减少劣势，改变记分牌上的数字；防守，是运动员努力阻止对方球队得分，保留己方分数，或不让分数发生变化。如果比赛采用不同的结构，防守带给人的感受或许也会有所不同。试想一下，如果每场比赛不是从 0：0 开始，而是从 25：25 的分数开始，球队要做的就是让对方球队的分数往下减。按理说，损失厌恶或许会发生作用，激发更好的防守，一如面对潜在的杆数损失，老虎伍兹打标准杆比打小鸟球打得更好。

但结论是：防守并不比进攻更重要。夺冠并不总是靠防守。在几乎所有的体育运动中，你都需要高超的进攻，或者高超的防守，两者兼备更好。与其总是挂着“夺冠靠防守”的陈词滥调，大胆直言的教练这么说或许更恰当：“防守不够令人振奋，也并不比进攻更重要。但反正我还是鼓励大家好好防守。”虽然这不太够振作球队士气。

SCORECASTING

第06章

盖帽的价值

为什么霍华德232次盖帽的价值低于邓肯的149次

篮球场上的每一次盖帽，都会赢得一片叫好声。但是，不同的盖帽价值也不同。把对方的快攻上篮盖死的价值最大，因为对方球队几乎肯定能得分。我们之所以看重盖帽次数而不是盖帽价值，原因很简单：数数容易，测量价值难。

约翰·赫伊津哈（John Huizinga）的父亲曾入选过旧金山 49 人队，后效力于加拿大橄榄球联盟的卡尔加里牛仔队（Calgary Stampeders）。赫伊津哈的儿子在大学打过棒球。但是，赫伊津哈本人一直对篮球情有独钟。他小时候崇拜比尔·拉塞尔（Bill Russell），青春期的大把光阴都在圣迭戈的健身房里打三人篮球。赫伊津哈的身高蹿到了 1.91 米，在加利福尼亚州的波莫纳学院打后卫。后来，他当上了教授，并最终成为芝加哥大学布斯商学院的院长。然而，赫伊津哈从来没有放弃自己的篮球梦想，他一直在电子游戏《梦幻联盟》里管理着一支队伍，叫凯尔特亡灵队，而且他花了数不清的时间观看 NBA 比赛。

2002 年 NBA 选秀之前，有个同事知道赫伊津哈超爱篮球，便邀他观看一名中国顶级候选球员在芝加哥的训练。

“姚明？”赫伊津哈问道。

“是啊。”同事说。这人是芝加哥大学的统计学教授。

赫伊津哈大惑不解。他知道姚明，这是一位来自中国的大中锋，身高2.29米，预计会成为选秀上的第一顺位候选人。

“我们怎么去？”赫伊津哈问同事。

“简单。”统计学教授解释说。他的MBA学生章明基，是姚明的朋友，负责训练事宜，可以带他们去。

走进芝加哥市中心一家光线昏暗的健身房，身边是帕特·赖利（Pat Riley），赫伊津哈看着姚明当着几个NBA球探、高管和教练展示自己让人眼花缭乱的球技。“那是个很棒的下午，”赫伊津哈说，“我还以为事情就这么结束了。”但章明基邀赫伊津哈一起吃饭。赫伊津哈不懂中文，但他懂篮球，而且他知道有关谈判的一切。用餐结束时，众人提议让赫伊津哈来当姚明的经纪人。

于是，昔日的芝加哥大学教授约翰·赫伊津哈就这么当上了休斯敦火箭队的大中锋（可以说是全球最受欢迎的篮球选手）的经纪人，一干就是近十年。赫伊津哈说：“这也意味着，我看过比你想象中要多得多的NBA篮球赛。”

不同的盖帽，不同的价值

在这个过程中，赫伊津哈逐渐注意到关于篮球的盖帽有件奇怪的事情。他认为，有些盖帽的价值高，有些却偏低。把快攻上篮盖死很有价值，因为对方球队几乎肯定能得分。如果队友接住了盖帽，反过去快攻到对方半场（用流行专栏作家比尔·西蒙斯的说法，这叫“拉塞尔快攻”），那就更有价值了。毕竟，这不仅可以防止对手得分，还能给自己的球队带来两分。对比来看，要是盖死的球是对方球员在进攻时间限制快到的时候投出的歪歪斜斜的球，或者三分远投，又或者一记重拍盖帽把球打到了看台上，结果让对方球队继续持球，这样的盖帽就不怎么有价值了。

赫伊津哈计算，如果考虑到盖帽的情境，球迷和教练们对 NBA 的顶尖盖帽手们或许会有不同的看法。他和体育统计学家桑迪·韦尔（Sandy Weil）研究了 NBA 过去 7 个赛季每一场比赛的数据，以被盖帽的球的类型（投篮被盖或上篮被盖）为关注点，同时也关注盖帽带来的结果（给队友创造了机会或把球盖出了界）。他们估计，对带球上篮或“非跳投”的球盖帽，对球队的价值约为 1.5 分。如果没有盖帽，对手大多会得分或制造犯规，平均得 1.5 分。对于跳投，进篮得分的概率低，盖帽的价值仅为 1 分。诸如此类。

赫伊津哈和韦尔还为每一次盖帽的结果分配了价值。盖帽后球回到对手手中，设为一个基准值；盖帽但球出界，对手仍获持球权，但必须重新带球上场，价值略高；盖帽并让球落到队友手中，价值最高。最后，他们检测了干扰球，对球队来说，这种不成功的“盖帽”价值最低，因为它不仅会让对方球队稳得 2 分，有时还会导致犯规，让对方得 3 分。

赫伊津哈和韦尔发现，如果根据盖帽的价值来对球员排名，把盖帽的类型和带来的结果考虑进去，NBA 顶尖盖帽手的名单（该名单排名只考虑盖帽次数）就会大不一样。举一个最突出的例子，在 2008—2009 赛季，奥兰多魔术队天才的肌肉派中锋德怀特·霍华德盖帽 232 次，显然，这是他赢得 NBA 最有价值球员奖的重要因素。然而，他的盖帽带来的实际价值并不高，按赫伊津哈和韦尔的算法，其价值低于圣安东尼奥马刺队蒂姆·邓肯的149次盖帽。何以如此呢？原来，霍华德经常盖帽时把球扣到看台上，而邓肯则大多会把球传给队友。更重要的是，霍华德的干扰球犯规比邓肯多得多。事实上，邓肯尽管频频盖帽，但已经有三个赛季没出过干扰球了。霍华德虽然比邓肯多盖帽83次，但平均每次盖帽只为魔术队带来0.53分，而邓肯平均每次盖帽为马刺队带来了1.12分。

如果按照盖帽分值而非绝对数量来对顶尖盖帽手重新排名，邓肯就是当之无愧的真正精英中锋。虽然他从来没有在NBA里当过盖帽王，但在我们的标准下，过去10年中，他4次拿下了盖帽最高分。相比之下，以分值作为排名基础，德怀特·霍华德的最佳名次仅为第15名。密尔沃基雄鹿队的中锋安德鲁·博古特（Andrew Bogut）在盖帽上并不特别出名，但他的盖帽创造了价值。达拉斯小牛队的大块头埃里克·丹皮尔（Erick Dampier）却并非如此。而姚明，正好处在中间。

表6-1和表6-2按每次盖帽的分值，列出了NBA 2002—2009年10位最有价值和价值最低的盖帽手。蒂姆·邓肯在10次最有价值盖帽成绩里占了4次，而在10次价值最低盖帽成绩里，德怀特·霍华德出现了三次。

当然，球员盖帽的总价值是盖帽次数乘以每次盖帽的价值。如果你所有的盖帽都是最有价值的“拉塞尔快攻”，但你每年盖帽的次数不多，你的得分也不会很高。同样，如果你盖帽很多，但大部分盖帽不是特别有价值，那么对球队也没太大用处。

表 6-1　　2002—2009 年十大有价值盖帽成绩

球员	赛季	盖帽次数	每次盖帽的价值
蒂姆·邓肯	**2008**	**149**	**1.12**
安德鲁·博古特	2008	137	1.10
拉绍·内斯特洛维奇	2003	117	1.09
扎伊德鲁纳斯·伊尔戈斯卡斯	2006	136	1.08
本·华莱士	2007	156	1.07
本·华莱士	2008	120	1.07
蒂姆·邓肯	**2005**	**171**	**1.06**
克里斯·卡曼	2006	110	1.05
蒂姆·邓肯	**2006**	**162**	**1.05**
蒂姆·邓肯	**2009**	**126**	**1.05**

表 6-2　　2002—2009 年十大低价值盖帽成绩

球员	赛季	盖帽次数	每次盖帽的价值
德怀特·霍华德	**2008**	**232**	**0.53**
埃里克·丹皮尔	2003	165	0.60
斯特罗迈尔·斯威夫特	2003	119	0.63
埃里克·丹皮尔	2004	146	0.66
塞缪尔·戴勒姆波特	2004	220	0.66
德怀特·霍华德	**2007**	**181**	**0.67**
塞缪尔·戴勒姆波特	2007	201	0.67
乔尔·普尔兹比拉	2005	200	0.67
沙奎尔·奥尼尔	2009	120	0.68
德怀特·霍华德	**2009**	**191**	**0.69**

尽管这项研究试图涵盖尽量多的因素，但赫伊津哈和韦尔欣然承认，它并不完美。比方说，该研究并未涵盖如下情况：盖帽手采用过分咄咄逼人的打法，会增加犯规次数；或者，在盖帽手离开队友，准备把球拍掉的时候，有可能增加进攻篮板（如果投篮的队伍重新夺回球的话）。这项研究也未考虑威胁因素的存在：仅仅因为盖帽手在场，能够阻止多少次对手的投篮；又有多少次，他使得投篮手改变投篮的角度和轨迹。尽管如此，该研究强调，不是所有的盖帽作用都一样。归根结底，最关键的是盖帽行为的价值，而非盖帽行为本身。

我们为什么如此看重盖帽次数

这就引发了一个问题：为什么我们以及 NBA 看重的是盖帽的次数而不是盖帽的价值呢？答案很简单：数数容易，测量价值难。在生活和工作的许多方面，我们总能看到这种现象。人计算数量（容易），却不测量重要性（难），于是有时会做出错误的决策。我们奖励全勤，但却很少问得奖者在学校学得怎么样。律师事务所的小律师晋升为合伙人，大多靠的是为客户工作了最长时间，但他们的工作真的干得最出色吗？我们常常太看重拥有多少股票，却对另一个重要问题考虑不足：这些股票的价值如何？

体育运动同样充斥着单纯基于数字而忽视了对应价值的排名。举例来说，半场结束前拼死一搏贪图侥幸的“万福玛利亚长传”[①]，其价值就远低于第 44 届超级碗决赛第四节时特雷西·波尔特（Tracy Porter）抄截佩？

① 原文为 Hail Mary pass，是 NFL 一种成功率低的向前长距离传球，通常在比赛将近结束时使用。——译者注

顿·曼宁的传球（这个抄截终结了比赛）。但统计数据无法做出这样的区分。冰球比赛中一个空网进球（即一支球队快要输球时撤下守门员，好派上另外一名球员展开进攻）的价值，和加时赛中的决定性进球不可同日而语。然而，统计数据也说不清两者的区别。精明的球队总经理可以识别并利用这种信息，根据它获取和转让人才，这就像投资经理寻找并买入价值被低估的证券、卖出价值被高估的证券一样。

2009—2010 赛季结束后，霍华德连续第二年被评为 NBA 最佳防守球员。投票结果一边倒：122 张第一选票里，霍华德拿到了 110 张。霍华德在每场比赛的篮板球（13.2 个）和盖帽（2.78 次）上冠绝 NBA，他是 NBA 从 1973 —1974 赛季开始跟踪盖帽次数以来第一个在这两项上连续两年拿第一的球员。但如果考虑到盖帽的价值而不是单纯看盖帽的次数，投票肯定会更接近。霍华德的教练斯坦·范·甘迪（Stan Van Gundy）指出："我认为人们看到了盖帽也看到了篮板球，但我想，只有真正敏锐的观察者才看得出他在防守上为我们做的其他事情。"

但其他敏锐的观察者如果根据价值而非数量做判断的话，恐怕会得出一个不太讨人喜欢的结论。

SCORECASTING

第 07 章

凑整的诱惑

为什么0.299与0.300的差别那么大

研究发现，把价格定为比整数值低一点点，有着极大的心理价值。买一件物品，花 9.99 美元比花 10 美元更让人愉快。有时，人又是整数的奴隶。对棒球队员来说，打击率 0.300 和赛季打点数上百，都是他们热切追求的目标。因为，这些里程碑数据会为他们赢得一份价值不菲的长期合同。

不管我们是在超市买电池，还是买一份超值套餐，甚至买房子，价格以9结尾的概率都很大。1.99美元的可乐，24 999美元的汽车，甚至小路上999 999美元的独栋别墅，都让我们看得几乎麻木。汽油的价格甚至会出现9厘钱的情况，也就是一分钱的9/10，比如一加仑（约为3.79升）无铅汽油卖2.999美元。毫无疑问，这是个彻头彻尾的愚蠢概念。花2.999美元买一加仑汽油，就是花了你3美元。跟定价就是3美元的整数比起来，你要买整整10加仑汽油才能省下钱来，而且只能省一分钱。

价格以9结尾跟价格为整数，两者在事实上并不存在有意义的区别，因为尾数毕竟只占购买价的一个零头，可对消费者进行测试后，人们发现：价格设得比整数值低一点点，有着极大的心理价值。就算理智的消费者意识到了这其中的荒谬性，付9.99美元仍然比付10美元更让他觉得愉快。考虑到营业税的话，两种情况你都得付出10美元以上，故这种感觉就更显得荒唐。在各种场合里，整数都是强大的激励因素，不管是要达到整数也好，还是要避免整数也好。

当时在沃顿商学院做教授的德温·波普（Devin Pope）和尤里·西蒙松（Uri Simonsohn）研究了数百万辆二手车的价格，发现了一件奇怪但又可预测的事情：如果汽车的行驶里程超过了10万英里，其价值就会急剧下降。一辆行驶了99 500英里的车或许能卖到5 000美元，但一旦该车（相同的年限、车型和车况）的里程表多转500公里，变成了10万英里，那它的价值就高台跳水了。[①] 为什么呢？因为二手车的买家们设了16万公里的标杆，汽车行驶里程超出这个数字的卖家就倒霉了。

两位经济学家又考察了珠宝市场，发现珠宝可以按整克拉卖，也可以按半克拉卖，但却几乎从不按0.9克拉卖。为什么呢？由于购物者设定了一个整数目标："我想给她买个至少两克拉的戒指。"哪怕只比这个数少一点点，他们也不想要。因为那么做，会让他们觉得自己送礼送得小里小气。

在研究人的行为过程中，波普和西蒙松发现，人是整数的奴隶。每年有超过100万的高中生参加SAT考试，将某个整数得分视为目标成绩。我们是怎么知道这一点的呢？2005年之前，SAT考试的得分以10为间隔，最低分是400，最高分为1 600。如果学生查到的分数以90结尾（如1 090、1 190、1 290等），那么，跟以整数结尾（如1 100、1 200、1 300等）的学生比起来，前者重考一次的可能性要高20%。两者的得分差异有可能只是因为一道题的对错，按波普和西蒙松的研究，这10分并不会给申请人的入学机会带来太大的变化。不过，许多青少年认为这意义重大，或许是因为他们以为学校会按整数划定录取线吧。决定重考与不重考的学生，最明显的区别在哪里呢？——看他们是得了990分，还是得了1 000分。

① 为了保留原始研究数据，在此使用英制单位。——编者注

打击率与球员行为

研究人员考察 MLB 球员的行为时，发现了最引人注目的结果。毫无疑问，棒球里充斥着各种“整数目标”。投手争取一个赛季赢 20 场。雄心勃勃的教练向球队提出挑战，希望他们赢取 100 场比赛。击球手拼了命也要避免臭名昭著的“门多萨线”，即 0.200 的打击率。但一个赛季打出 0.300 的打击率，绝对是最为神圣的标杆了。这是全明星和普通球员之间的分界线。在支持或反对某个位置的球手时，人们最常用这个数据做论证。毫不奇怪，它蕴含着巨大的经济价值。按我们的计算，两个其他方面差不多的球员，一个打击率是 0.299，另一个的打击率是 0.300，那么，两者的薪资差距最高可达 2%，根据 MLB 的薪水平均值，这也就约等于 13 万美元。请注意，虽然 MLB 的平均薪水是 340 万美元，但打击率为 0.300 的球员的薪水则将近 650 万美元。0.001 的打击率之差意味着，1 000 次出场击球只差了一次。

既然如此，达到 0.300 的打击率成了球员们最重要的一个目标也就不足为奇了。我们又是怎么知道这一点的呢？波普和西蒙松考察了 1975 年到 2009 年每个赛季最后一天打击率为 0.299 的击球手们。只要能多击中一个球，球员就能翻越 0.300 的标杆。但如果击球手被保送上垒的话，他的这次出场不会被统计，也不会被计为安打[①]，其平均打击率也自然没变化了。所以，这些打击率为 0.299 的击球手们是怎么做的呢？他们拼命挥棒，不折不扣地乱挥一气。

我们考察了相同的数据，以下是我们发现的结果。打击率为 0.300 的球员，在赛季最后一天的保送率为 14.5%，打击率为 0.298 的球员，在赛

① 打击率 = 安打次数 / 出场打击次数。击球员被保送时，上述公式的分子和分母都不发生变化。——编者注

季最后一天的保送率为 5.8%，但在赛季最后一次出场击球的时候，打击率为 0.299 的球手从未被保送过。在过去 25 年里，没有一个打击率为 0.299 的球员，在赛季最后一次上场击球时，被坏球保送上垒。①

图 7-1 突出显示了这些数字。请注意，它的峰尖形状，就像是心跳骤停患者的心电图一样。

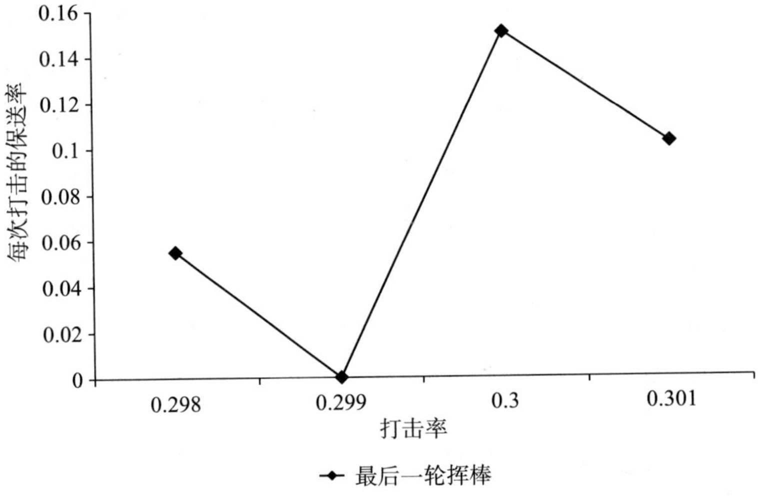

图 7-1　赛季最后打击时的保送率

如果我们考察赛季最后一场比赛之前（甚至最后一场比赛最后一轮登场挥棒之前）打击率略低于 0.300 和略高于此数的击球手保送的概率，可以看到两者没有任何明显差异。但到了最后一轮击球，这些球员便不顾一切地想要达到 0.300 的目标，他们拒绝接受坏球保送上垒，拼命挥棒希望拿到最后一击，让自己跨过那条线。图 7-2 突出了这一点，它甚至表明：在最后一场比赛之前，打击率为 0.299 的击球手保送率其实还略高于打击

① 打击率为 0.299 的球员在最后一次击球时，为了获得安打，即使是面对投手投出的坏球，也会强行挥棒。所以他们的数据要么因为打出安打而增加到了 0.300，要么因为出局而降至 0.298，但绝不会停在 0.299。——编者注

率为 0.301 的击球手。

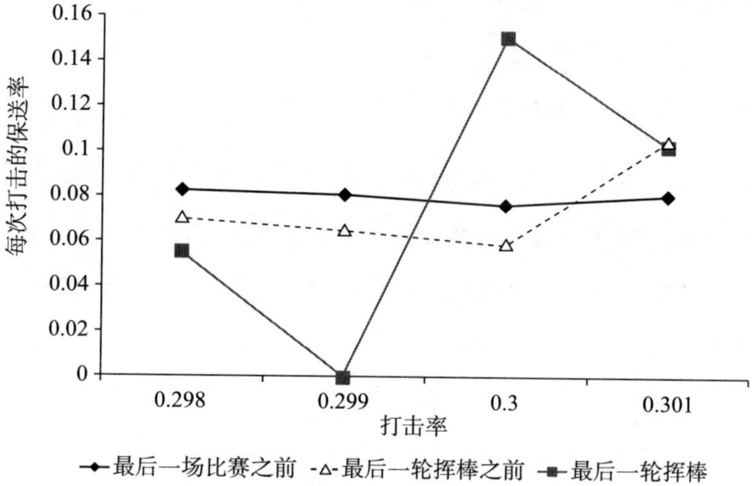

图 7-2 赛季最后一场比赛的保送率

更令人惊讶的是，当这些打击率为 0.299 的击球手挥棒的时候，他们干得非常成功。按波普和西蒙松的统计，赛季最后一轮登场击球，0.299 的击球手几乎能打出 0.430 的打击率。比较而言，在最后一轮击球时，0.300 的击球手只有 0.230 的打击率。你可能会问，既然 0.299 的击球手干得这么成功，为什么所有的击球手不干脆都采用狠命挥棒的策略呢？难道这不说明，在赛季其余时间，也应该采用这种方法吗？我们不这么看。一方面，这些 0.299 的击球手不接受保送，因此他们的上垒率明显比作风更保守的击球手要低。此外，如果每个击球手都在整个赛季里拼命挥棒，投手或许会做相应调整，改变投球策略，只投不该击打的垃圾球。

在赛季末达到 0.300 的打击率，还有一种做法是达到目标，接着就保持到底。显然，较之打击率为 0.299 的球员，已经打出 0.300 成绩的球手，在赛季最后一天有更大的概率会选择轮休。就算 0.300 的击球手参加比赛，在最后一轮登场时，他们找代打的概率也要高 34%。换句话说，超过 1/3 的时候，打击率为 0.300（即神圣的标杆）的球手会委托代打在最后一轮上场。这样，至少他的打击率不会下降！与此相反，一个打击率为 0.299 的击球手，在最后一轮挥棒时几乎绝不找人替换。

0.299 的球员疯狂地挥棒，0.300 的球员却不愿比赛，你大概猜得到由此带来的影响：赛季最后一场比赛打完，0.300 的击球手一下子比 0.299 的击球手多得多了。赛季最后一场比赛的前一天，0.299 和 0.300 的击球手所占百分比几乎一样，0.80% 的球员能达到 0.299，0.79% 的球员能达到 0.300。然而，赛季的最后一天之后，0.299 的击球手的比例下降了一半以上，跌至 0.40% 以下，而 0.300 的击球手比例则上升到 1.40%，差不多翻了倍。图 7-3 以图的形式列出了上述数据。

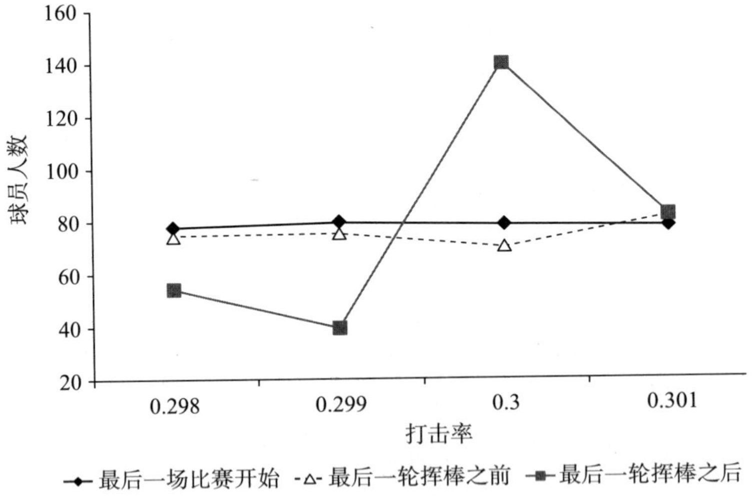

图 7-3　赛季最后一轮挥棒前后不同打击率的球员人数

起初，我们怀疑，在比赛无关紧要的时候，赛季最后一天投手们会不会串通一气，为对手们投出好打的慢球，以提高击球手的成绩。这叫人想起 1910 年棒球历史上最具争议性的击球竞赛来。那一年，查尔莫斯汽车公司承诺要奖给打击率排名第一的球手一辆汽车。进入赛季最后一场比赛前，泰·柯布（Ty Cobb）领先了 9 个百分点，和今天一部分球员选择的做法一样，他这一天没有出场，以保住自己的领先优势。柯布是个卑鄙小人，恶毒的种族主义者，他的大部分同胞球员，包括他自己的队友，都不喜欢他。克利夫兰队的内野手纳帕·拉乔伊（Nap Lajoie）在打击率排名中居第二位，比柯布受欢迎得多。在赛季的最后一天，克利夫兰队对阵圣路易斯布朗队，拉乔伊在一天两赛的比赛里 8 击 8 中，包括 7 个恰好“落”在临时出任左外野手的三垒手面前，当天的比赛场地左外野距离较短，所以布朗队主教练特意作了这个安排。当拉乔伊打出一记“牺牲打”却安全上垒时①，圣路易斯布朗队厚着脸皮利诱记分员“重做考虑”。裁判拒绝了，而试图行贿的球队高管们被终身踢出了棒球圈。尽管在赛季的最后一天得到了对手们的慷慨（或者说串谋）送球，拉乔伊还是以 0.384 的成绩输给了成绩为 0.385 的柯布。

在赛季最后一天的投手和 0.299 的击球手之间，我们并未找到存在类似串谋的证据。就算投手都知道，他们面对的击球手就在 0.300 的门槛之下，也没有迹象显示他们投出的是注定会被击中的“肉球”。从追踪每一球的位置、速度、运动和类型的 Pitch f/x 数据来看，我们发现，投手在赛季末面对打击率略低于 0.300 的击球手，他投出的球的位置、运动、速度、类型或其他任何可测量的特征，都不存在明显差异。投手要么不知道击球手只比 0.300 差一点，要么就是压根不在乎。在赛季最后一场比赛里，不管是面对 0.299 的击球手，还是面对 0.300 的击球手，他们投球的方式都

① 为了掩护队友跑垒，击球手有时会选择击出“牺牲打”，牺牲自己使队友更接近本垒，在某些情况下，击球员并未“牺牲”而是上到垒，棒球规则规定，这种情形也不会为击球手计一次安打，而是计一次“牺牲打”。——编者注

一样。

可数据也说明了不一样的地方在哪儿：打击率 0.299 的击球手挥棒更频繁，他们站着不动听裁判判定好坏球的情况少，而是挥棒多，失误也多，哪怕面临三坏球计分时也是如此。在最后一轮登场击球时，他们想方设法地逃避保送。于是，他们击中了更多的球。相比之下，0.300 的击球手获得更多保送，碰到三坏球计分也不再挥棒。

为什么球员如此看重打点过百

当然，0.300 的标杆不是球员们唯一想要达到的整数。打点（runs batted in，简称 RBI）过百是另一个令人垂涎的目标，这里，我们发现了同样的模式，许多球员以 100 打点结束赛季，而以 99 打点结束的球员寥寥无几。同样，区别大多来自赛季的最后一场比赛，甚至最后一场比赛的最后一轮出场。最主要的便是，球员们尽量长时间地留在场上，以实现 100 打点，让数据产生了倾斜。如果把最后一轮出场的数据删掉，那么，99 打点的球员和 100 打点的球员在总人数中所占比例相当。

击出 19、29（或者 39、49）个全垒打的球员也存在同样的模式。球员千方百计地想要闯过整数大关，所以，在最后一轮出场时，他们“奋力挥棒”。多亏了这最后一轮出场时的努力，打出 20、30（或者 40、50）个全垒打的球员一下子就比打出 19、29（或者 39、49）的球员多得多了。

希望在赛季里赢 20 场的投手，也有类似的现象。到了赛季快结束时，教练甚至会让先发投手去投后援，以提高其获胜总数。正如 0.300 与 0.299 的击球手的数量情况一样，我们发现，年复一年，赢 20 场的投手总是比赢 19 场的投手要多。

就跟实现 0.300 的打击率一样，从未来薪水的角度来看，达到 100 打点、30 个全垒打或者赢 20 场比赛，都意味着真金白银。球队、东家和总教练，全都更看重较高的整数。从这方面看，球员在最后一轮出场时千方百计地达到这些数字，或许是理性的经济行为，响应了球队提供的激励措施。

我们还注意到了一些别的东西。上述数据，以及研究中涉及的数据，只追溯到了 1975 年，这期间执行的是自由球员制度。① 我们又看了一下执行自由球员制度之前（即 20 世纪 70 年代以前）的数据。我们发现，在自由球员时代之前，打出整数的球员跟刚好差一点点到整数的球员，人数差异并不明显，这再一次表明：球员只是在响应整数带来的经济诱惑。

让人不解的是，为什么体育的世界那么重视整数。你甚至可以主张，不应该太看重整数，因为球员可以靠耍花招达到整数。在赛季末尾一场无关紧要的比赛里最后一轮出场时多击中了一次球，终于实现了 0.300 的打击率；或者，为了维持已经过线的打击率，在最后一场比赛里坐替补席。为这样的球员支付额外的薪水真的合理吗？ 0.300 和 0.299 的击球手之间的区别可谓微不足道。在整个赛季里，只要多一个变向的滚地球，多一个打进内场的小飞球，多一个随机反弹球，或者多一次裁判的慷慨判断，就可以翻过那个门槛。我们认为，0.300 和 0.301 的击球手被高估了，0.298 和 0.299 的击球手被低估了。对冲基金经理会发现这是一个“套利”机会，

① 自由球员制度允许球员在合同到期后跟其他球队谈判、签合同。在执行此制度之前，球队可以援引“保留条款”，反复续订球员的合同一年甚或一年以上，而且球员不得终止履行合同。

他会卖掉被高估的资产，买入被低估的资产。精明的总教练或许也考虑做同样的事情：用打击率 0.300 的球员交换一个只比 0.300 差一点的球员，这样可以节省好几万美元的薪水，却又不影响球队的击球表现。

里程碑数据的意义

想看球员因为整数而极大获益的例子吗？2003 年，博比·阿布雷乌（Bobby Abreu）当时还在不起眼的费城人队，进入赛季最后一场比赛时，打击率是 0.299，有 20 个全垒打，打点为 99，在两项神圣的标杆前还差一点点。费城人队老早就被淘汰出了季后赛，面对的是几个星期前夺得全国联赛东部地区冠军的亚特兰大勇士队。第一局，阿布雷乌向一垒打出一个内场滚地球后被杀出局，让跑者上了三垒，这样他该赛季的打点就上了 100。可被杀出局又让他的打击率降到了 0.298 6（576 次挥棒，172 次击中）。第三局快结束时他再次上场，一个人站在赛场中央，又击出一分，让该赛季的打击率上到了 0.300。还没来得及再挥棒，他就被叫出了比赛。

一年后的 2004 年，阿布雷乌又一次以 0.299 的打击率进入赛季最后一场比赛，而费城人队也又一次在季后赛里出局。他第一次出场时，打出一个二垒安打，该赛季打击率上了 0.300（172/573）。不过，他本赛季还拿了 29 个全垒打，于是他继续参加比赛，想打出 30 个全垒打。第一局之后，他得到了一次缓冲机会，哪怕出局仍然可以保住自己 0.300 的打击率。如果他没击中，他的打击率会降到 0.299 7，即 574 次挥棒，172 击中，经四舍五入，仍为 0.300。到了第三局末尾，阿布雷乌对着一记 8 字投球狠狠抽击，打出了本赛季的第 30 个全垒打，打击率也涨到了 0.301。接下来他怎么做的？你猜对了。他在再次上场前离开了比赛。

博比·阿布雷乌参加过十多次完整的 MLB 赛季，有 5 个赛季以刚好 20 个或者 30 个全垒打结束，7 个赛季拿下了 100 至 105 打点，没有一个赛季的打点是在 95 到 99 之间的。这样说吧，翻过标杆对他的合同谈判完全没坏处。2002 年，他拿到了一份 6 400 万美元的 5 年期合同，外加了 300 万美元的签约奖金。而他之前的合同，超过三年才挣 1 420 万美元。

运动员和球迷们同样非常关心职业统计数据的里程碑。没有哪个优秀的棒球选手想要以 999 打点或 299 次投球胜利结束自己的职业生涯。伯尼·马克 2003 年的喜剧电影可不是无缘无故就叫《三千大佬》（*Mr. 3000*）而不叫《2999 大佬》的。而全垒打，似乎是得到最多关注的职业数据。每当一名球员接近全垒打总数的某条基准线时，里程碑就变成了磨刀石。2010 年夏天，洋基队颇有争议性的强打王亚历克斯·罗德里格斯（Alex Rodriguez），在总计 8 641 次挥棒中击出了自己的第 599 次全垒打，差不多每 14.4 次就能打出一个全垒打来。然而，到 2010 年 8 月 4 日，他足足挥了 47 次棒之后，才最终打出了自己的第 600 个全垒打（他从 499 到 500 个全垒打，也挥了 29 次棒）。然而，打出第 600 个全垒打后，罗德里格斯在接下来的 5 场比赛里连续安打，之后的 10 天里，他击出了自己的第 601、602、603 和 604 个全垒打。可为什么从 599 到 600，就比从 598 到 599，或者从 600 到 601 更重要呢？

你或许已经猜到，不光只有棒球界推崇整数。在 NFL，冲千码是每一名跑卫都努力想实现的基准线。在人们心目中，冲过千码的球员比冲过 990 码的球员更有价值，因此，在赛季最后一场比赛时，如果跑卫此前冲过的码数只比 1 000 码略低，自然会比通常情况更多地持球（最后一场比赛平均持球 18.3 次，通常的平均值是 14.7 次），比通常情况冲刺更多码数（最后一场比赛平均冲刺 78 码，通常的平均值是 62.5 码）。而已经冲过

1 000 码的球员，在最后一场比赛中的表现跟平常一样（持球 15.5 次，冲刺 67.2 码），低于那些差一点点冲破 1 000 码的球员。

多一分钱收益的报表更漂亮

当然，职业体育中的部分此类现象，是被奖金等激励措施推动的。虽然大多数运动和球队都不怎么欣赏合同中的奖励条款，因为如果球员冲破统计数据标杆就可获得奖励，那么他们可能会把个人利益放在球队利益之上，但要是球员突破了某个极限，在未来的合同里确实能有所收益。现在的问题是，这些基准标杆有些什么特别之处呢？冲过 1 000 码真的比冲过 999 码更有价值吗？整数的诱惑制造了人为的障碍，让我们对整数标杆过分强调和高估，对总教练来说，则让他们低估了那些只比标杆低一点点的球员。

体育之外的领域同样如此。金融市场或许为我们提供了数字目标最极端的例子。每个财政季度，企业都会公布盈利数字，用来跟华尔街分析师普遍预期的目标收益相比。如果你每股收益打破了收益预期，哪怕只高一两分钱，你的股价也会上涨。如果你没能达标，股价就会暴跌。但显然，目标数字只是一个估计值，失误的概率极大。超过它，或者只差一点点未能达到，完全是运气好坏造成的，换句话说，也就是随机性带来的结果。长期而言，差几分钱没达到季度目标无关紧要，不是吗？

试试去跟企业高管说这套。在每个季度公布的数以万计的业绩报告及盈利预测中，只有极少数企业会差上几分钱。一如志向高远的 0.300 击球手，每年都有数量庞大的企业恰到好处地达到目标，或是超过目标一分钱。它们是怎么做到这一点的呢？嗯……会计准则包括了一定的自由裁量权，扣除费用、报告收入、资产贬值等等，都可以稍作调整来改变账本底线。如果盈利有可能差一点点，企业可以把税收减免用到这个季度，或是把新设备的费用放到下一年，好拉高这一年的收益。图 7-4 来自圣路易斯华盛顿大学的理查德·弗兰克尔（Richard Frankel）、孙岩（Yan Sun，音译）以及杜克大学的威拉姆·马耶（William Mayew），他们在一份学术报告里强调了这一现象。他们绘制了企业盈利"出意外"（也就是实际盈利数字跟分析师的普遍预期有差异）的频数分布图，发现太大比例的企业恰好达到了目标，收益零意外。此外还有比例极高的企业收益刚好比目标收益多一分钱。与此相反，差一分钱达标的企业极少极少。从统计的角度来看，这太过离奇。随机性表明，差一分钱达标的企业应该跟比标准多一分钱或刚好达标的企业一样多。

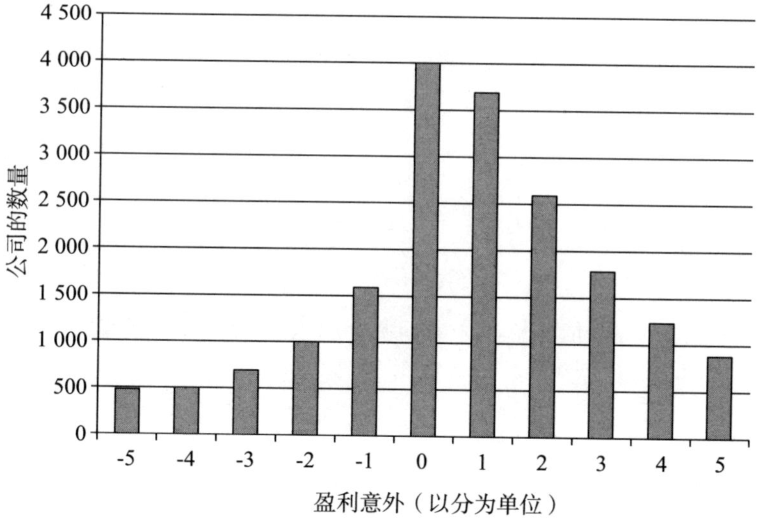

图 7-4　企业季度盈利出意外的频数

如果你觉得这幅图看起来挺眼熟，它确实跟用打击率 0.300 的击球手对比打击率 0.299 的击球手所绘制的图很类似。企业跟职业运动员一样，持续地努力“管理”（或者说操纵）绩效数字。运动员每年都在赛季快结束的时候这么做，企业则在投资人及分析师对自己进行评估前的每个季度这么做。

从前，金融市场上的投资者，就跟体育总教练一样，似乎是一个人在战斗。比目标差一分钱，你的股价就直线下降；超过目标一分钱，你的股价就上涨。不过，投资者也明白了这其中的奥妙。今天，恰好达到收益目标还不够。股票价格会下降。为什么？因为投资者已经懂得，刚好达到目标，或许意味着该企业想尽了一切办法让自己的盈利数字变得好看。换个说法也就是：真实情况恐怕不如盈利数字那么漂亮，正如许多侥幸超过 0.300 打击率的球员一样，恐怕是在用平均成绩来掩饰自己的实际表现。等到了发工资和赛季后球员交换的时候，总教练和东家都会长个心眼。

SCORECASTING

第 08 章

黑人橄榄球教练越来越差了吗

原来这是好消息

黑人想在 NFL 里做教练曾是一件很难的事儿。2003 年，NFL 开始实行“鲁尼规则”，规定球队在聘任主教练时，至少要有一名少数族裔候选人。此后，黑人教练才逐渐多了起来。在新政策下，黑人教练表现如何呢？——比前辈们要差一些。这说明球场上有了越来越多的黑人教练，他们的成绩跟白人教练也相差无几了。

NFL 教练

就算不从事后之明的角度看，托尼·邓吉似乎也算得上是 NFL 球队主教练的完美代表。他人很沉静，自尊心强，做事坚定灵活，严厉但也富有同情心，对自己的工作、家庭和信仰都全情投入。球员们尊敬他，助手渴望成为他那样的人，就连媒体里的教条主义者谈起他时也喜形于色。匹兹堡钢人队跻身名人堂的角卫梅尔·布朗特（Mel Blount），20 世纪 70 年代末跟邓吉打过比赛。“在那时候就能看出来，”布朗特说，“托尼天生就是要做 NFL 主教练的人。”

在 NFL 忍辱负重当了很长很长时间（很多人都认为长得过了头）的助理之后，邓吉，一位非洲裔美国人，终于盼到了机会。1996 年，坦帕湾海盗队聘请他当主教练。虽然邓吉为自己做了很好的开脱，但当时他确实没能把自己的激情和敬业精神转变成球队的胜利。在 6 个赛季里，邓吉的球队打赢了一半以上的比赛，他 4 次把海盗队带入了季后赛，但一打入这个阶段，球队就苦苦挣扎。2001 年季后赛以 9：31 的成绩败给费城老鹰队之后两天，邓吉被解除了主教练之职。而接下来的一个赛季，他的继任者乔恩·格鲁登（Jon Gruden）率领球队赢回了超级碗，似乎也证明海盗队的这个决策十分英明。

邓吉被炒后，NFL 的非洲裔主教练就只剩两个了，大约占总教练人数的 6%。表面上看，这是一个令人沮丧的数字，尤其当你想到非洲裔美国人在 NFL 球员里占近 3/4 的话。这也跟所谓的“小年”没有关系。1990 年和 1991 年，NFL 只有一名非洲裔主教练，1992—1995 年有两名，1996—1999 年有三名，2002 年有两名。许多人对此感到震惊，认为这是错的，光看统计数据不足以说明偏差。毕竟，你可以很轻松地反驳：白人球员所占比例那么小，从统计上看更加反常。这跟足球界的英超联赛没什么不同，75% 的教练都是英国人，但大多数球员都并非来自英格兰。

然而，极具争议性的律师约翰尼·科克伦[①]与另一位人权活动律师赛勒斯·迈赫里（Cyrus Mehri）一起，决定向 NFL的招聘实践发起挑战。当时，科克伦和迈赫里在一桩案件上共事，目标是可口可乐公司的偏见用工行为。在可口可乐案件的调查过程中，他们认识了宾夕法尼亚大学专攻劳动经济学的社会学家贾尼丝·马登（Janice Madden）。马登利用统计模型证明女性并不像可口可乐公司说的那样不擅长销售。科克伦和迈赫里心生一念：或许，马登可以对 NFL 教练进行类似的研究。

虽然贾尼丝·马登跟 NFL 前教练、NFL 热门评论员、视频游戏主持人约翰·马登（John Madden）拥有同样的姓氏，但前者对橄榄球的了解

① Johnnie Cochran，他是名噪一时的 O. J. 辛普森杀妻案的辩护律师，在辛普森一案中，他指着警方采集的血手套这一重要的涉案证据辩护说：“这双手套根本就不合辛普森的手。”最终促成了辛普森在刑事起诉中被无罪释放。

也仅限于此了。贾尼丝·马登不是狂热球迷，她的丈夫买过费城老鹰队的季票，但到了星期天，她宁愿丈夫待在家里。尽管如此，她接受了科克伦和迈赫里的提议："如果你们把数据一起发给我，我可以免费帮你们试试看。"他们照做了，贾尼丝·马登也信守了承诺。

贾尼丝·马登发现，1990—2002 年间，从统计数据上看，NFL 的非洲裔美国教练远比白人教练成功，每个赛季平均而言要赢 9 场以上的比赛，白人教练的平均成绩是赢 8 场。黑人教练带着自己的球队打入季后赛的概率是 69%，白人教练为 39%。就职的第一个赛季，黑人教练带球队打入季后赛的概率是 71%，白人新手教练的概率仅为 23%。很明显，黑人教练首先就得特别出色才能为自己赢得一份工作。

也许有人会说，黑人教练本来就去的是更好的球队，也就是更有能力积极追求人才的球队。贾尼丝·马登重新做了研究，对球队的质量做了控制。非洲裔教练仍然明显胜过白人同行。在马登想来，就算这不算是确凿的证据，至少也强烈暗示 NFL 球队的教练招聘大有可疑之处。如果非洲裔美籍橄榄球教练是按公平原则被录取的，他们的表现不该跟白人教练一样才对吗？非洲裔教练胜负纪录更好的事实说明，黑人当上教练的门槛要高得多。

贾尼丝·马登公开研究结果之后，遭到了猛烈批评。NFL 提出，她的样本量实在太小（很多赛季都只有两名黑人教练），在统计学上站不住脚。那这是谁的错呢？她想不通。全美体育律师大会上，一位 NFL 高管否定了贾尼丝·马登的研究，说如果她研究的是"名叫迈克的教练"和"名字不叫迈克的教练"的成绩，也能得出差不多的结果。出于好奇，贾尼丝·马登真的做了这样的研究，发现情况并非如此。

鲁尼规则

不过，马登这位橄榄球知识不多的女性社会学家所做的工作也在相当程度上促使NFL改变了行事方式。2003年，NFL实行了所谓的“鲁尼规则”。钢人队的进步派老板丹·鲁尼（Dan Rooney）主持了委员会，调查该问题，因此该规则以他的名字命名。按照新规定，在填补主教练空缺时，球队至少要面试一名少数族裔申请人。否则，球队就要面临严厉处罚。

2003年，NFL对底特律雄狮队罚款20万美元，因为球队没面试任何其他候选人就聘请了史蒂夫·马留奇（Steve Mariucci）做教练（马留奇的执教成绩是15胜28负，到第三个赛季时被解雇）。此举一出，NFL达成了目的。到2005年，NFL共有6位非洲裔主教练了，包括邓吉在内，当时他受雇于印第安纳波利斯小马队。

那么，在新政策下，非洲裔教练表现如何呢？比前辈们要糟糕。老实说，是糟糕得多。从2003年到现在，非洲裔教练们的平均胜率跟白人教练相同了，即每赛季胜8场比赛。他们现在率领球队打入季后赛的概率降低了。他们刚执教的赛季成绩特别不稳定，比白人教练在执教第一赛季的成绩要差，失败的场次更多。例如，2008年，马尔温·刘易斯（Marvin Lewis）执教辛辛那提猛虎队，4胜11负1平，只比克利夫兰布朗队（4胜12负）的罗密欧·克雷内尔（Romeo Crennel）好一点点。不过，刘易斯和克雷内尔比中西部地区赫尔曼·爱德华兹（Herman Edwards）还是好得多，后者执教的堪萨斯城酋长队打出了2胜14负的糟糕成绩。

有必要指出，克雷内尔和爱德华兹被炒掉了。猛虎队则让刘易斯继续执教，次年，也就是2009年，刘易斯拿下了NFL“年度最佳教练”的称号，带着辛辛那提队拿到了 10 胜 6 负的赛季好成绩。可随着非洲裔教练输掉更多的比赛，马登和其他支持者反倒满意地点起了头。“跌下云端”恰恰是“鲁尼规则”发挥作用的结果：它表明聘请非洲裔教练的标准跟白人同行变得一样了。“如果非洲裔教练不曾失败，那就意味着，跟失败的白人教练有着同等天赋的非洲裔美国人根本没机会当上教练，”马登说，“看到非洲裔教练失败，表示他们跟白人教练一样了，不必非得是超级巨星才能获得教练工作。”

越来越多的超级碗戒指

开除邓吉、换上乔恩·格鲁登的坦帕湾海盗队后来怎么样了呢？2009 年，球队管理层放弃了格鲁登，换上了时年 32 岁的黑人拉希姆·莫里斯（Raheem Morris），莫里斯当时是球队的防守后卫教练，从未当过任何级别球队的主教练。虽然没有人承认，但在鲁尼规则生效之前，没人会当真以为莫里斯也算合格的候选人。在莫里斯执教的第一个赛季，海盗队大败而归，成绩为 3 胜 13 负。

失败的浪潮中也有辉煌。在 2006 年的超级碗大赛上，邓吉率队迎战洛维·史密斯（Lovie Smith）执教的芝加哥熊队，这是美国重大职业赛事上两名非洲裔教练的第二次交手，在 NFL 历史上则是第一次。邓吉最终为自己赢得了一枚超级碗戒指。两年后，发起鲁尼规则的匹兹堡钢人队夺下了当年的超级碗，成了一个“行善事有好报”的例子。球队的教练是邓吉的弟子，迈克·汤姆林（Mike Tomlin）。没错，他就是“一个叫迈克的教练”。他同时也是一位非洲裔美国人。

SCORECASTING

第 09 章

舒服的主场

主场优势的惯常解释站得住脚吗

主场优势确实存在：棒球比赛主场胜率是 54%，橄榄球比赛主场胜率是 58%，NBA 主场胜率高达 63%！主场优势存在的原因是什么？通常的答案是：主场观众的支持、客队承受的舟车劳顿之苦、有利的赛程和更适合主队的天气。但统计数据告诉我们，这些所谓的主场优势都不存在。寻找真正的主场优势，还要另辟蹊径。

这是一场早已被人彻底遗忘的NBA常规赛：处在各队乱战的赛季中间时段，比赛时间又恰好在一个星期的中间。上阵的双方分别是波特兰开拓者队和圣安东尼奥马刺队。2009年2月25日的傍晚，一辆载有波特兰队大部分球员的大巴车来到了圣安东尼奥AT & T中心下客点。想来，这大概是联赛里唯一一个略微带着些室内竞技表演气息的赛场了。前一天晚上，开拓者队在休斯敦打输了比赛。球员们戴着耳机，步履维艰地穿过竞技场的地下通道，一副出公差职员筋疲力尽的茫然样子。

你可以说，他们本来就是出公差的职员。赛场之下，他们无非是企业的受薪雇员，虽然对球员们来说，赛场之下的时候太少。他们离家千里，睡在陌生的床上，拿着不菲的每日津贴，吃着酒店客房提供的乏味食物，盯着一连串陌生人的面孔。众所周知，这就是出公差的真相：哪怕你搭乘的是头等舱，它也仍然不是你的家。要知道开拓者队的老板是亿万富翁，微软公司的联合创始人保罗·艾伦（Paul Allen）。

开拓者队和马刺队当时的成绩相差不远。由于伤病缠身，马刺队的三位明星球员里少了两个，蒂姆·邓肯（Tim Duncan）和马努·吉诺比利（Manu Ginobili）都不在场，只留下灵活的控球后卫托尼·帕克（Tony Parker）和一队普通球员。但这似乎并不打紧。拉斯维加斯的博彩行业预测马刺队会以 9 分的大比分胜出。马刺队的电视广播也响着乐观的前奏："蒂姆不在？马努不在？没关系！"比赛开场前，开拓者队助理教练坐在记分员的桌子边，实事求是地说，"这场见鬼的比赛我们怎么也打不赢的。"

听到这些过分有利于马刺队而不利于开拓者队的言论，人们免不了奇怪：难道说球队一离开主场，篮球规则就会有所不同吗？是篮筐的高度不一样？还是投球入篮的得分不一样？开拓者队本来完全有理由充满自信和乐观情绪，因为此前两队胜负记录相当，此刻的马刺队则缺兵少将。可恰恰相反，开拓者队充满了失败情绪，总觉得必败无疑，就像是保守的共和党政治候选人到旧金山去竞选时的丧气模样。

话又说回来，或许这种集体恐惧和厌烦也事出有因。如果说，几乎所有的传统运动智慧都可以被否定或加以解构，可至少主场优势是板上钉钉的事实。它的存在无可否认，且始终如一，前后一致。往回看几十年，所有水平档次的运动项目，从日本棒球到巴西足球再到大学篮球，主场打比赛的球队，大多数时候都能赢。

让事实说话

表 9-1 按照从大到小的顺序，记录了分布于 40 多个国家的 19 种不同的运动大联盟的主场优势，时间也尽我们所能追溯回最远。

表 9-1 主场优势

	主场球队的比赛胜率（%）	年限	过去 10 年主场球队的比赛胜率（%）
足球			
美国职业足球大联盟（MLS）	69.1	2002—2009	69.1
意甲联赛	67.0	1993—2009	65.7
中美洲足球赛	65.2	2001—2009	65.2
西甲联赛	65.0	1993—2009	64.3
南美洲足球赛	63.6	2003—2009	63.6
英超联赛	63.1	1993—2009	63.0
欧洲杯	61.9	2000—2009	61.9
亚洲杯 / 非洲杯	60.0	2005—2009	60.0
篮球			
美国大学体育协会篮球联赛	69.1	1947—2009	68.8
NBA	62.7	1946—2009	60.5
美国女子职业篮球联赛	61.7	2003—2009	61.7
板球			
国际板球赛	60.1	1877—2009	57.4
英式橄榄球			
国际橄榄球赛	58.0	1871—2009	56.9
冰球			
NHL	59.0	1917—2009	55.7
美式橄榄球			
美国大学体育协会橄榄球联赛	64.1	1869—2009	63.0
NFL	57.6	1966—2009	57.3
美国室内橄榄球联赛	56.0	1987—2008	56.5
棒球			
MLB	54.1	1903—2009	53.9
日本职业棒球联赛	53.3	1998—2009	53.6

主场优势在所有体育比赛里都存在，只是程度略有不同。在 MLB，主队获胜概率是 54%，在美职篮接近 63%，在橄榄球联赛接近 58%，在冰球联赛是 59%。大学篮球队的主场胜率高达 69%，大学橄榄球的主

场优势也同样给人留下深刻印象，胜率是 64%。在欧洲、南北美洲、亚洲、非洲等地区 24 个不同国家的 43 种职业足球联赛[①]（数据涵盖了 66 000 多场比赛）中，主场胜率是 62.4%。在超过 125 个国家的几乎每一场英式橄榄球比赛（数据可追溯回 1871 年）中，主场胜率是 58%。国际板球大赛可追溯回 1877 年，涵盖了 10 个国家的比赛，主场胜率是 60%。

体育赛事随着时间的推移发生了各种剧烈的变化：篮球引入了三分投篮线；棒球增加了指定击球手；橄榄球球员所戴头盔不断升级，材质也不再是皮革。可主场优势却几乎始终存在。在 100 多个棒球赛季中，从来没有哪一次客场球队赢下比主场球队更多的比赛。主队胜率最低的一个赛季是 1923 年，为 50.7%；胜率最高的一个赛季是 1931 年，为 58.1%。

在 NBA、NHL 和国际足球联赛的每一个赛季，主队赢的比赛加起来都比客队更多。在 NFL 44 个赛季里，有 43 个赛季的主队胜率在 50.8% 以上。唯一反常的一年是 1968 年，主队居然没赢一半以上的比赛，主要是因为那个赛季有 5 场平局。在大学生橄榄球的 140 个赛季里，从来没有哪一年主队胜率低于客队。每一种体育比赛的主场优势也非常稳定：过去 10 年的主队胜率跟过去 50 年甚至 100 年差不多完全一样。

主场优势还有另一个奇怪的特点，在任何一种体育比赛当中，不管比赛在什么地方进行，它基本上都是一样的。日本职业棒球联赛的主场优势，跟 MLB 的主场优势几乎完全相同。室内橄榄球的主场优势，跟 NFL 基本上一样。NBA 的主场胜率，跟美国女子职业篮球联赛相同。职业足球比赛有着最大的主场优势，欧洲三大联赛（英超、西甲和意甲）的主队

① 包括了下列国家的每一种联赛：乌拉圭、澳大利亚、巴拉圭、苏格兰、日本、南非、英国、阿根廷、荷兰、西班牙、希腊、德国、智利、墨西哥、意大利、洪都拉斯、俄罗斯、哥斯达黎加、巴西、法国、萨尔瓦多、秘鲁、委内瑞拉和美国。

获胜概率接近 65%。纵观 24 个不同国家的 40 种其他足球联赛，主场优势也达到 63% 左右。所有这些统计数据只涉及了各比赛常规赛的成绩，但季后赛的数据也差不多完全一样。①

有些运动甚至在设置上就给主队留出了优势。在棒球比赛中，主队最后挥棒，所以它挥棒的时候总是准确地知道自己还要得多少分才能打赢比赛，进而能够制定相应的策略。但请注意，在各种主要运动当中，棒球的主场优势最小，所以这算不上主要的原因。

另一种考察主场优势的方法是，看看有多少球队在主场获胜的比赛比在客场更多。在 NBA，98.6% 的球队主场表现都比客场更好。这意味着，在大多数赛季，所有 NBA 球队的主场表现都比客场更好。以开拓者队与马刺队的比赛为例，开拓者队的主场表现是 23 胜 5 负，客场表现是 12 胜 16 负，主场胜率是 82%，客场胜率是 43%。在 2008—2009 赛季，整个联赛中只有一支球队的客场表现好于主场，也就是弱旅明尼苏达森林狼队，确切地说，它是无论在哪儿表现都同样糟糕才对：主场是 11 胜 30 负，客场是 13 胜 28 负。大部分球队每年的情况跟芝加哥公牛队那个赛季的表现差不多，主场 28 胜 13 负，客场刚好反过来，13 胜 28 负。同样，在冰球和足球领域，90% 以上的球队主场表现好于客场。即使在 NFL 和 MLB，即主场胜率最低的两大联赛，也有 3/4 以上的球队主场表现更好。

---

① 季后赛必须考虑的一个问题是：球队通常都经过了层层筛选，优秀的球队更多地打主场，糟糕的队伍更多地打客场。光是从这个原因看，我们就能料到季后赛里主队更常取胜。也就是说，主队比不管在哪儿打比赛时的正常情况下会赢更多的比赛。因此，为准确计算季后赛的主场优势，我们必须调整球队的质量。具体而言也就是：如果 A 队主场迎战 B 队且 A 队是一支好的球队，那么我们就先要算出，如果是在中立赛场上比赛，A 队的预期胜率是多少，再将预期胜率与 A 队在主场迎战 B 队的实际胜率做比较。结果是什么样的呢？如果调整队伍的质量，季后赛的主场优势几乎跟常规赛完全一样：在 MLB 是 54%，在 NBA 是 61%，在 NFL 是 57%，在 NHL 是 57%。还是老样子，这些数字前后非常一致。

很常见地，联盟在季后赛里以“主场优势”奖励常规赛中表现最优秀的球队，鼓励他们打赢那些赛季中期的沉闷比赛。季后赛的球队公开主张以“客场扯平”为目标，本质上也就是承认在客场打赢多场比赛的可能性不大。碰到球队在比赛最后几秒钟只有小幅差距的时候，有句老话甚至这么说：“争取主场打平，客场打赢。”仔细想想这有多夸张，在相同的场面下，球队只根据比赛在哪儿进行来制定不同的策略。

在考虑主场优势的成因之前，不妨记住以下前提条件：有可观的经济激励促成球队尽量频繁地主场获胜。如果主队获胜，消费者，也就是买票来的球迷，会欢喜而归。主队发挥得越好，球迷们就越有可能买票、帽子和T恤，续订豪华套房的租约，喝定价高、掺了许多水而口味极淡的啤酒。主队打得越好，就越有可能引来企业购买赞助权，也更容易让当地电视网竞争投拍转播权。毕竟，很多体育营销都被“能跟冠军联名”这一期望所驱使。在圣安东尼奥，如果球迷老是失望地离开赛场，AT & T恐怕就不再会把自己的名字和标志贴满赛场，百威啤酒、雪碧、得州本地福特经销商、西南航空公司以及其他赞助商就不会包下T恤赠品、荧光棒和半场投篮比赛的费用了。

甚至可以说，联盟为主队获胜提供了激励。对大部分球队而言，观众人数和收入跟比赛的胜率同步上涨，跟主场胜率同步上涨的幅度更大。而每一支球队越是健康，它们所构成的整体就越强大。这是说联盟和高管们联手捣鬼，让比赛总是对主队有利吗？当然不是。但说他们希望利用一些微妙的举措，为主队带去些许合法的优势，这是否合情合理呢？显然是的。如果他们不这么做，那么反而不理性了。

主场优势存在这一事实无可否认。但为什么它存在？原因跟你想的大概不一样。让我们先从传统的解释开始，看看它们为什么不成立吧。

主场优势的四大惯常解释

主场观众的支持

让我们回到二月份圣安东尼奥的那天晚上。离开球只剩几分钟了，公共广播的播音员介绍了首发阵容。介绍开拓者队的是一个说话断断续续的单调嗓音，叫人想起广告末尾那不情不愿的免责声明。在零零落落的喝彩声中，5 名开拓者队的球员进入赛场，然后围成一圈加油鼓气。

接下来，是大家都热爱的圣安东尼奥的英雄们！灯光暗下来。闪光灯的灯影在地板上盘旋，音乐砰砰啪啪地响起。冷漠的播音员突然化身为热情得简直有点不自然的男低音电嗓："现在上场的是托尼·帕克和队友们！"球员上场接受雷鸣般的掌声，身着银黑相间裙子的妖娆啦啦队员们用美丽身体转起了圈儿。美国飞行员查尔斯·林德伯格（Charles Lindbergh）第一次成功完成单人不着陆飞行横跨大西洋，把飞机降落在巴黎的时候，也没受到过这样的豪华待遇。

比赛的第一个回合，开拓者队最优秀的球员布兰登·罗伊（Brandon Roy）从底线投了个三分球，但失手了。马刺队控制了场面，帕克持球。他一一绕过了开拓者队的防守队员，最终优雅地扬起了右手投球，与此同时，一位晚了一步的开拓者后卫阻拦他犯规。球投进了，广播里又一次有力地叫出了"托尼·帕克"。帕克罚球，管风琴响起，人群疯狂了，球也投进了。在一片"防守"的喝彩中，开拓者队一次又一次地投球不中。在一片"哒哒哒哒哒哒……冲啊"的喝彩中，马刺队一次又一次地灌了篮。仅仅两分钟后，马刺队就以 7∶2 领先，18 672 名球迷欢天喜地。

这一切都经得起推敲，对不对？有欢呼有掌声，赞歌为你而唱，广播系统里播放着你最喜欢的歌，赛前介绍你的时候还放着烟花（NBA 赛场上有时真的会放烟花呢），你会发挥得更出色，这显然合乎逻辑。反过来说，常识认为，你罚球的时候，陌生人成群结队地朝你起哄，你的表现会更差。就算冷嘲热讽和噪音没能打扰你，去过费城的运动员们也可以作证：你打球时朝你扔电池，趁你抽筋时喝倒彩，也不会让你表现更好的。

不过，尽管马刺队打败了开拓者队，但那恐怕并不是因为人群，不是因为那声势浩大的介绍，甚至也不是因为银光闪闪的啦啦队员，这些都不是直接的影响因素。我们发现，球迷对球员的影响非常小。大部分人以为自己是刺激球队的关键，是球队里不上场的“第六人”，但其实不然。脸上涂着粉彩的球迷，还有他们竖起来指向天空的泡沫手指头模型，这全都没用？杜克大学能言善辩会喊号子、穿着泳衣跳舞的啦啦队学生方阵，这也全都没用？虽说“老 K”教练[①]从不这么认为，但遗憾的是，这些对赛场上的运动员全都没太大影响。

我们又是怎么知道这一点的呢？检测观众支持的作用存在一个问题：球迷的所有举动，不光是球员和球迷之间的事情，还关系到防守球员、其他队友、防守球员的队友以及裁判。我们该怎样把球迷效应从所有这些其他有可能影响到球员的潜在因素中隔离开来呢？我们要看看比赛中和所有其他这些因素隔离的环节，比如罚球。罚球是一名球员（即罚球球员）与试图分他心、扰乱他的球迷之间的单独互动。此外，所有的罚球投篮都是标准化的，不管比赛在哪儿进行，球员都是站在离篮框 4.6 米远的地方，朝着高三米的篮框投篮。

在 NBA 过去 20 年的历史里（共计 23 000 多场比赛），客队的罚球命

① 指迈克·沙舍夫斯基，是美国知名篮球学府杜克大学的篮球主教练，曾培养出多名 NBA 球星。——译者注

中率是 75.9%，主队的也是 75.9%，连小数点后面的数字都一模一样。这些投篮命中率在比赛的各阶段中有什么不同吗？比如是在第四节，还是在加时赛比分被追平的时候？毫无不同。即使双方势均力敌，主场球迷想要尽全力让对方球员分心、为主队加油打气的时候，投篮命中率也一样。果然，在圣安东尼奥的开拓者队虽然打得十分艰难，但他们的 17 个罚球里投中了 15 个（命中率达 88.2%），哪怕球迷们就在篮框背后喊叫、挥手。相反，马刺队的命中率仅为 75%。要说人群对 NBA 球员比赛表现有什么重大影响，证据太不明确了。

其他的运动如何呢？冰球领域有一个差不多等同于罚球的规则，我们可以用它来衡量人群对球员的潜在影响。从 2005—2006 赛季开始，NHL 通过了“点球”规则，以解决常规赛季比赛中标准加时赛之后比分仍持平的赛事。罚点球时，每支球队选择三名球员，在守门员的防守下逐一射门，进球最多的球队获胜。足球比赛在赛末碰到平局时也有类似的点球规则。

2005 年到 2009 年执行 NFL 点球规则的 624 场比赛当中，主队获胜 308 场（49.4%），客队获胜 316 场（50.6%）。点球显然是在比赛最重要的关头进行的，照常理来说，这种时候人群参与感最强，闹腾得最激烈，然而在点球中 NHL 比赛中一般都很明显的主场优势反而不见了。主场比赛时，射手们并不比在客场上更成功。而当他们不成功的时候，那也不是因为守门员在主场的表现比在客场更出色。点球大战时，射手的主场成功率是 33.3%，客场成功率是 33.5%，守门员的守门成功率是主场 51.5%，客场 51.6%。还有大约 15% 的概率主客场的射手都完全射空了球。如果说，冰球球迷在比赛平局最紧要的关头都不能为对方球员造成不利影响或为主队球员带来有利影响，那么，说他们的支持在赛事进行当中（比如第二节）无关紧要，是不是比较合理呢？国际足球比赛的点球大赛里也会出现主场优势消失的类似情形。[①]

在橄榄球赛场上，我们可以看一看弃踢手和踢球手，两者虽然并不跟其他选手完全隔离，但也相差无几了。事实证明，主客场的弃踢手，每次弃踢的码数都一样（约 41.5 码）。同样，主客场的踢球手站在相同位置的射门成功率、追加得分准确率也都一样（平均约为 72%）。

当然，弃踢手和踢球手仅仅是球队里的两名球员，你可能怀疑两者持球的时间都不曾长到会受狂热人群影响的程度。这想法倒也正常。遗憾的是，橄榄球比赛里找不到其他孤立的活动可以用来测量场外人群对场内球员的影响了。不过，我们可以考察一些攻防统计数据，看看主队的表现比客队好在哪里。我们发现，这些优势可以来自许多地方，当然也包括场外人群。事实证明，NFL 球队的确是在主场表现更好。他们不光冲锋更多次（既然主场球队大多领先，这也没什么好奇怪的），而且每次冲锋还获得了更多码数。相比之下，客队比主队传球更多，因为前者通常落后，需要尽快追上分数。但有趣的是，客队传球也略微好过主队。天晓得为什么呢！ NFL 四分卫在客场表现比在主场好。虽然我们以为人群的嘈杂声浪会让客队四分卫分心，让其队友听不见四分卫发出的命令，但这似乎并未影响四分卫的表现。因此，至少从比赛的这个方面来看，很难说人群的嘈杂声音对主场的成功有多大的贡献。

在棒球比赛中，可以用来衡量人群影响力的最接近的目标是投手。不是看他的好坏球计分（好坏球是受击球手、裁判、比赛局面所影响的），而是看他投的球的速度、运动和位置。得益于 Pitch f/x，我们拿到了数据。

① 虽然点球仅在比赛平局、两队势均力敌时（即点球成功率为一半对一半时）才出现，但加时赛也同样如此。在加时赛，球队同样是平局，可此时明显存在主场优势。

计算机生成投球的位置、投手出手时球的高度、球离开投手的手时的飞行速度以及它飞越垒板时的速度、球在水平和垂直两个方向改变的角度（或者说球从原始路径飞往垒板时的偏离度）。棒球研究人员和棒球数据分析员们一直忙着收集数据。谁投出的沉球（Sinker，棒球中变速球的一种投法）最棘手？红袜队王牌乔希・贝克特（Josh Beckett）的快球和他的变速球有什么不同？顺便说一句，他的变速球的运动跟他的快球一样多，这是贝克特成功的一大因素。

我们拿到了过去三年的这些数据，覆盖了 200 万个投球，用来解答一个不同的问题：在主客场上投手投球真的有什么不同吗？在 Pitch f/x 数据出现之前，你是没法真正回答这个问题的。你只能问，投手在主客场投球带来的结果（即好球或坏球）有什么不同。但还是那句话，投球的结果依赖于投球的选择、击球手的反应、裁判的反应以及比赛的局面。现在，有了 Pitch f/x 数据，我们可以直接地问：当乔希・贝克特在主场投出一个快球时，他在球的速度、运动、位置等方面，是不是都比他在客场时表现更好呢？

跟 NBA 球员罚球的情况差不多，平均而言，MLB 投手在主客场的准确率基本上差不多，主场投出的球在好球区的概率是 44.3%，客场是 44.5%。主客场投球飞出好球区 3.8 厘米以外的概率也都一样（46.5%）。即使是最极端的投球，也就是球远离好球区，或是球直接扔到了空地上，这些情况的出现频率，客场也并不比主场更多。[①]除了主客场准确率相当之外，不管在哪里比赛，投手投出的球速（球飞越垒板时的平均时速是 140 公里）和球的运动也没有区别。我们根据 Pitch f/x 数据，把球分成变速球、快球、弧线球、四缝线快速球、叉指快速球、切球、沉球、滑球和

① 为了避免你太过好奇，附带说明一下：投手把球投到空地上的情况，在主客场的出现频率均为 1.5%。

指关节球，并再次重复了上述分析，发现同一位投手投出的同一类球，不管在主场还是客场，速度、运动和位置都没有区别。我们又检验了第一局与靠后的赛局，还是没有差别。我们测试了不同的投球计分，也毫无区别。我们甚至检测了不同的比赛局面，还是没有区别。就主客场我们可以测量的维度，投手投球都没有区别，这表明不管是观众还是球场的光线都不影响其表现。

我们也可以用 Pitch f/x 数据测算主客场对击球手是否有影响。要把让击球手在主场表现更出色的所有因素都加以控制，这几乎不可能，但我们可以观察主客场上相同的投球（即具有相同速度、位置和运动的投球）以控制很多因素。纽约大都会队的明星三垒手戴维·赖特（David Wright），在 2：2 计分时击中一个齐腰高、位于垒板正中央的、时速 145 公里的快球，他在得到观众支持的主场表现比在被观众抱以嘘声的客场更好吗？

位置对房地产商来说可能是关键，但对击中棒球来说，一般而言，MLB 的球员并不在乎地理位置。球员朝着好球区里飞来的球挥出球棒，他击中这个球的概率，在主客场是完全一致的。对好球区之外的球，击球手的表现在主客场也完全一样。他们朝着同样的球挥棒的概率，在主场并不比在客场更低；他们在主场朝着好球挥棒的能力，也并没有表现得更强。

当然，人群有可能影响的是比赛的其他方面，即给主队打气，让其防守得更好，鼓励他们付出更大的努力。我们无法排除这一点，也无法将有关这些方面的群体效应与同时存在的其他因素隔离开来进行测量。我们可以观察到的是，在能够“关闭”或控制其他影响因素的情况下，人群似乎并未表现出什么作用。如果说，在这些隔离情况下人群并没有影响，那么，说它在其他情况下能产生多大影响，至少可以存疑。

你是说，球迷们“嘿！打呀，打呀，挥出去！”的喝彩声没用？很遗憾，有没有你们的声浪，击球手都会同样地挥棒。就像不管你们是喝彩还是喝倒彩，他都会同样地罚球、射门、朝着守门员佯攻一样。

客队要承受舟车劳顿之苦

第一节比赛结束时，马刺队悠然领先，比分为 29：20。开拓者队投篮不佳，精神失误太多，防守上明显迟缓。他们回防太慢，盖帽时也三心二意，对罚球区的态度就像是对斑马线人行道：就是不怎么在乎，随便！开拓者队的主教练纳特·麦克米伦（Nade McMillan）事后评论说，自己的球员们“总是慢一步”。

可谁能责怪他们呢？前一天晚上，开拓者队在休斯敦比赛，之后登上了飞机，后半夜才降落在圣安东尼奥，搭乘大巴车从私人飞机跑道前往酒店。一些球员说，他们直到天亮才睡着。凡是搭乘过“红眼”航班的人都可以证明，出行的折磨——坐得全身发僵、不习惯位置、时间的变化，可够身体受的。更何况，在赛季当中，一支 NBA 球队简直就像是随机弹跳的乒乓球，一个晚上飞到印第安纳波利斯，下一个晚上去凤凰城，再过几晚又到达拉斯。你的生理节奏彻底被扰乱，你的免疫系统也可能辜负你。在酒店，任何东西都有可能叫你睡得不安生，比如枕头疙疙瘩瘩、在迷你酒吧里不合时宜地喝多了、闹钟响得不是时候。说运动员们睡在自己喜欢的枕头里，早晨从自己的床上醒来，比早晨才飞到比赛当地的球员们表现好，听起来挺有道理。尤其是开拓者队离 NBA 里其他每一支球队的主场都特别远，要飞很长时间，感谢西雅图超音速队竟然重新把总部设在了俄克拉何马城。

然而，我们要提出，出行并不特别重要。出行的折磨确实存在，但它们不是主场优势的根本原因所在。为什么这么说呢？我们可以考察来自同一（或邻近）城市的球队的比赛，比如 NBA 里洛杉矶湖人队跟洛杉矶快船队的比赛（这两支球队共享同一赛场），或是 NHL 里的纽约游骑兵队对阵纽约岛人队或者新泽西魔鬼队。这些比赛并不存在“出行的折磨”。每个人都在自己的自然时区，睡在自己的床上。然而，如果你观察这些“同城”比赛，你会发现，主场球队仍然拥有跟其他城市球队比赛时的优势。同样，客队前往更遥远的城市，输得也并不更频繁。比方说，控制了对手的质量之后，圣安东尼奥马刺队到邻近的地方去跟达拉斯小牛队、休斯敦火箭队交手，表现也并不比到更遥远的波士顿、多伦多和迈阿密更好。

我们可以在 NHL 中更进一步，考察远距离出行且还要跨越国境线的比赛，比如美国队到加拿大比赛，或者加拿大队到美国比赛，这样的比赛往往需要磋商报关，履行其他手续，增加出行的痛苦。然而，美国队并未在外来的加拿大队前表现出极大的主场优势，反过来也一样，哪怕客队来自最遥远的地方。

在 MLB 里，出行的折磨也并不是个明显的问题。和 NBA 及 NHL 一样，同一地区两支球队的比赛，比如芝加哥小熊队和白袜队，纽约洋基队和大都会队，洛杉矶道奇队和天使队，旧金山巨人队和奥克兰运动家队，主队的胜率跟通常情况完全一样。我们知道，主场优势在过去 100 年间是始终一致的：1903 年到 1909 年的胜率，跟 2003 年到 2009 年基本上一样。这表明，不管是搭乘专用喷气式飞机、吃着专门供应的三餐、睡着高支纱的床单、有平板电视可看，还是搭乘着晃晃悠悠的大巴车，球队的表现都一样，前一种情况胜率并不比后者更高。要么，出行并不是主场优势的原因，要么，球队就需要反思一下购买专机、供应专机餐饮是否有必要了。

出行的折磨在 NFL 的主场优势里也并没有扮演太重要的角色。球队每周只打一场比赛，一般比赛前几天就会出发，提前适应新环境。与其他运动一样，地理位置靠近的球队，比如奥克兰袭击者队与旧金山 49 人队，纽约巨人队与纽约喷气机队，巴尔的摩乌鸦队与华盛顿红皮队，这些球队之间的比赛，主场优势也维持在正常水平。

最后，我们注意到，足球的主场优势在荷兰、哥斯达黎加和萨尔瓦多等疆土面积小、出行距离很短的国家，跟在美国、俄罗斯、澳大利亚、巴西等面积庞大的国家一样。这就从另一个角度再次说明，出行并不是个太大的因素。

对主队有利的赛程安排

到半场时，开拓者队领先马刺队三分。如果说两队都显得很疲惫（用篮球行话来说，这叫“缺乏脚力”），原因倒也充足，前一晚两队都打过比赛。

48 分钟里来回跑动对体能提出了苛刻的要求，连续两晚全场都拼尽全力地打是极其困难的。比赛到第二个晚上，NBA 球队的胜率仅为 36% 左右。查尔斯·巴克利曾把第二晚的比赛叫作“用后就抛”。他非常坦诚地解释说：“你上场只是因为他们付钱叫你上场。但你要打心眼里知道，你赢不了。”

好吧，我们之前部分否定了“出行折磨”带来的影响。但大部分连续两晚都打比赛的是客队，这一点又怎么样呢？这对 NBA 的主场优势总有影响了吧？我们认为的确有影响。虽然马刺队和开拓者队前一晚都打了比赛，但客队连续两晚比赛的情况占了绝大多数。每个赛季，NBA 球队有

20 来场连续比赛，客队平均要打 14 场。光是这一条就足以影响 NBA 的主场优势了。按照我们的计算，相较于非连续比赛的客队正常胜率，这 14 场比赛的胜率仅为 36%。这意味着，因为这种连续的赛程安排，每个赛季客队会多输一两场比赛。换句话说，光是因为 NBA 的连续赛程安排，主队基本上就注定占了优势，能比客队多赢一两场比赛。

客队吃亏的地方并不仅仅是两晚连续比赛。主队不光连续比赛的时候，一般而言同一时间段（如过去三天、前一周甚至前两周）内比赛也更少。所有这一切都是在对客队敲丧钟。我们估计，NBA 比赛里 21% 左右的主场优势可以归结到赛事日程安排上。调整了这一赛程效应后，主场优势下降到了 60%。所以，NBA 主场优势，很大一部分原因都可以用 NBA 对赛程的安排来解释。

最近，NBA 内部在讨论，对一个赛季的比赛场次从 82 场减少到 75 场，但最终无果。什么样的比赛应该首先被取消呢？当然是臭名昭著的连续两晚客场比赛。

NBA 官方会告诉你，对一支球队的客场比赛做紧密安排，是为了尽量让出行合乎经济性。但不管是有意还是无意，它都对客队有着不利影响。NBA 希望主队获胜，不光只有这一条证据。举例来说，在主场开场赛，绝大多数球队都打的是弱势对手，这些对手不是本身就水平差，就是上一赛季成绩不好。看看萨克拉门托国王队和华盛顿奇才队就知道了，这是 2008—2009 赛季两支最糟糕的球队，到 2009—2010 赛季一开始，他们之间就打了 5 场客场比赛。

NBA 的一个老板说："要是球迷知道 NBA 是怎么安排比赛日程的就好了。球队先提交自己无法比赛的日子。比方说，场地里来了马戏团，或者 NHL 球队在使用赛场。接着 NBA 会挑选‘电视转播大受欢迎的热门比赛’，再找一个人靠着软件的少量帮助算出其他的赛程。球队都想拍这个人的马屁，因为我们知道，他比科比还擅长让我们输比赛！”

为了检验经济激励的作用，根据福布斯的数据，NBA 最有价值的球队中，能在赛程安排里得到少许偏爱待遇的，都是来自大市场的球队。没错，所有的球队在客场打的连续比赛都比在主场多，但来自最大市场的最有价值的球队打的连续比赛要少得多。

还记得每一支 NBA 球队，在大部分的赛季，哪怕是快船队，在主场的表现都比在客场更好吗？看一看 NBA 的赛程表，你就理解为什么是这样了。球队离开温暖的家，被制定赛程的人狠狠捶打，几乎不合乎任何逻辑顺序地在 4 个晚上打了三场比赛。

从这个角度看开拓者队对马刺队的比赛，其内在逻辑就变得清晰了。开拓者队不仅前一天晚上在休斯敦打了比赛（并且打输了），而且，跟马刺队比赛之前的那个星期也打了整整 4 场比赛，只有一天休息。与此同时，前一周，马刺队只打了三场比赛，最近的 4 天也没出行过。如果你考虑到连续客场比赛的次数，以及开拓者队上一周比马刺队的比赛次数更多，开拓者队获胜的概率就跌到了不足 1/3，“这场见鬼的比赛我们怎么也打不赢的”这句话说得也不算错了。

那么其他的运动项目怎么样呢？和在 NBA 一样，NHL 的球队也要经受连续两晚比赛的折磨，并且这样的比赛不成比例地安排给了客队。一如 NBA 对运动员的体能提出了苛刻的要求，NHL 的体能要求更是超乎寻常。在一个典型的赛季，客场球队会比主队多打 6 场连续比赛，换句话说也就是每个赛季每支球队的主场都能多胜一两场比赛。

棒球界的赛程安排问题不大，162 场比赛是根据 5 战 3 胜、7 战 4 胜、9 战 5 胜的规则安排的。如果球队出行，他们会待在客场城市，且连续比赛对运动员的体能要求较小。体力最为透支的球员是投手，每 5 场比赛只打一场。

NFL 是一个公开不懈争取公平的联盟赛事，在任何指定的星期天，你的球队有可能跟其他任何球队交手。因此，NFL 基本找不到带偏袒的赛程安排。就算是在主场开场赛上，最成功的 NFL 球队也得不到偏爱。事实上，我们还发现了相反的证据：前一个赛季表现好的 NFL 球队，在主场开场赛上有更大可能遭遇一支更优秀的对手，而不是一支上赛季表现糟糕的球队。

在大学体育运动领域，赛程安排对主场优势有重大的影响。大学的支持者希望让你相信，美国大学体育协会赛事中极高的主场胜率是狂热的校园精神、啦啦队和校乐队的鼓舞士气以及精力旺盛的年轻学生妙用诙谐的欢呼和嘲笑带来的结果。但大多数高校赛事的关注者大概猜得到是什么因素在极大程度上推动了较高的主场优势，那就是赛季初期弱旅的赛程安排。

最“热门”的比赛由美国大学体育协会和大会安排，而对季前赛的赛程时间表，学校一般可自主磋商。规模大的院校有动机在赛季之初抬高本校队伍的成绩。他们将赛程做对自己有利的安排，来自六“大”橄榄球联盟（即十大联盟、太平洋十校联盟、东南联盟、大西洋沿岸联盟、大十二联盟和大东区联盟）的球队，在主场开场赛上的胜率接近 90%。除了取悦观众（尤其是坐在黄金位置、头发花白的有钱捐赠者），赛季一开始胜率高，还能提高球队进入季后赛和锦标赛的概率，这些能带来直接的经济回报，一般而言，还能让校友的捐赠大幅提升。

规模小的学校跟着规模大的学校一起玩也是有好处的。一是提高收入。通常情况下，跟大型州立大学打比赛，比跟规模小的对手打比赛能带来更为丰厚的现金奖励。举例来说，佛罗里达州大西洋大学的橄榄球弱旅到克莱姆森大学打赛季揭幕战，获得了 50 万美元的费用。接着，大西洋大学又报告说，接下来的三场比赛他们去了堪萨斯州、俄克拉何马州和南卡罗来纳州，又挣了 132.5 万美元。光是这 4 场客场比赛，他们就差不多挣回了自己学校整个运动院系的年度运营费用。但这 4 场比赛，他们全都输掉了，总分数加起来是 193（主场球队）：20（自己球队）。

不是讽刺，和所有的弱队一样，小院校也巴不得能有机会“扬名立万”，爆冷胜出提升本校知名度。比如在 1982 年爆冷战胜拉尔夫·桑普森（Ralph Sampson）率领的头号强队弗吉尼亚篮球队之前，谁听说过什么夏威夷夏曼纳德大学呢？哪怕打败了，小院校也能出现在全国电视上，大大有利于招募潜在的新球员。而且，球员还能感受到自己离下一层次的比赛还有多远的距离（有时候甚至差得并不太远）。简而言之，一般来说人人都能从这种赛程安排里获得好处。

值得一提的是，安排一个“懦夫”对手，在经济上也有可能导致适得其反的结果，有时代价还相当惨烈。2007 年，当时在美国排名第五的密歇根大学橄榄球队打输了跟小队 I-AA 阿巴拉契亚州队的主场揭幕战。不管赛季后面表现如何，这场不光彩的失利彻底毁掉了密歇根大学队进入大碗比赛的一切机会，这就意味着失去丰厚的报酬，而且，在主场败得这么丢脸，显然对校友捐赠有不利影响。

我们发现，主场赛程的注水安排，大概占了大学主场优势原因的一半以上。如果我们调整了球队质量或考察由联盟方而非学校设定赛程的联盟球队之间的比赛，主场球队的胜率就从 64% 下跌到了 57%。令人难以置信的是，57% 这个数字几乎跟 NFL 和室内橄榄球主队的胜率完全一致。大学篮球的数据也差不多。美国大学生体育协会篮球比赛令人印象深刻的 69% 主场优势，有一多半可用赛季初期赛程注水来解释。控制了赛程偏爱、对手强弱之后，大学篮球的主场优势下降到 63%，跟 NBA 一样。

但赛程偏爱的作用也仅限于此了。它占了大学体育比赛主场优势原因的一半以上，也部分地解释了 NBA 和北美职业冰球联赛的主场优势。但在 MLB 和 NFL 以及国际足球领域，它完全无法解释主场优势。

更适合主队的天气

一如开拓者队教练的预言，马刺队在下半场拉开了优势，在几乎没什么竞争性的比赛里打得得心应手，比分为 99：84。从一开始，开拓者队就打得没有紧迫感，没有激情，2/3 的投篮都不中，防守迟缓刻板，就好像打定了要输的主意。赛后的更衣室并没有什么能叫人联想到绝望的场面。只不过是在明尼苏达州打一场比赛而已，客场之旅马上就要结束了。“再熬几天吧，小伙子们，”开拓者队的中锋格雷格·奥登（Greg Oden）说，“再过几天，我们就能回家了。”他当晚甚至没上场。

至于马刺队，他们基本上打得无可挑剔。他们拼抢得当，防卫得当，投篮准确。毫无疑问，比赛的明星是帕克，他在赛场上前后飞奔，35 分钟里得了 39 分。在接受采访时，马刺队主教练格雷格·波波维奇（Gregg Popovich）称赞帕克“再次成为赛场大人物”。开拓者队主教练纳特·麦克米伦形容帕克是“被我们吹飞起来的走鹃鸟。”

尽管帕克打得这么好，他自己也承认，他跟蒂姆·邓肯联手时才能充分发挥自己的能力。波波维奇除了执教球队，也是队伍的首席架构师，他决定让帕克为邓肯的内线做补充，这不仅让球队多次拿下NBA冠军，还为球队带来了巨大的回报。帕克是2001年选秀活动中第28位被选中的球员，也是近些年来NBA新秀中最被看走眼的一位。在做出人事决定的时候，波波维奇告诉我们，他会考虑许多因素：球员能融入球队的氛围吗？他们会花多少钱？在马刺队三大巨星的阴影下打球，他们的感觉如何？他们能否适应一个既没有洛杉矶的海滩，也没有纽约和迈阿密那样夜生活的“小地方”？

但他并不担心在AT & T中心球队要怎么打球。不管什么地方的比赛场地，篮框都离地面3.05米高，彼此相隔28.65米，罚球线在4.58米之外。在整个NBA，比赛场地都是标准化的。比赛始终是在气候条件受控制的室内赛场打。就连球场上贴花标签的放置，也必须符合联赛规定。NHL也一样，从方方面面来看，冰场就是冰场，哪儿的冰场都是一个样。

NFL的赛场都是120码长（包括底线区），大约53码宽，但气候和比赛条件差异很大。12月在加利福尼亚圣迭戈打一场比赛的环境，跟在纽约州布法罗市完全不一样。那么，橄榄球的主场优势，是因为主场球队适应当地气候所致吗？我们发现，不是这样。

广播评论员虽然经常说，来自热带地区的可怜球队，比如迈阿密海豚队，或者圣迭戈闪电队，到了绿湾朗博球场的“冻土”上就脚步踉跄，到了布法罗或者和克利夫兰的湖畔球场也冷得够呛，但我们发现，气候条件基本上跟主场优势没什么相关性。如果NFL球队利用了自己主场的气候优势，我们应该能观察到，来自寒冷地区的球队，赢下了绝大多数寒冷气候条件下的比赛；我们还应该能看到，一进入明显不同的气候，球队的表现就不好；最后，我们应该看到，“室内球队”对主场气候不敏感，因为他们是在控制了天气条件的室内比赛。不妨把最后一种情况看成是安慰剂试验。如果对照组不接受任何治疗、未吃任何药物也出现了同样的反应，那么，你就知道，导致该反应的不是药品，而是其他东西。同样，如果室内球队因为外界天气表现有所不同，那么影响结果的必然是其他因素。比方说，NFL 赛季进入尾声，来到 12 月的时候，气候往往更糟糕，而室内球队或许在赛季尾声时主场表现更好，这就跟天气毫无关系。

我们研究了从 1985 年到 2009 年 NFL 所有赛季接近 6 000 场比赛的数据，并将这些比赛与室外温度及风、雨、雪等气候条件匹配，我们发现，来自寒冷气候的球队，在天气特别寒冷时主场胜率也并不更高；与此相反，来自热带气候的球队，在气温热死人时主场胜率也并不更高。至于室内球队在极端天气下的主场胜率（我们的安慰剂试验）随天气变化的波动性，也并不比寒带或热带球队更大。即使考察最极端的情况，即来自温暖气候的球队在极端寒冷的天气下打比赛，或者来自寒冷天气的球队[①]在湿热气候条件下打比赛，也并没有发现什么反常效应。与传统观点相反，天气并未带给球队额外的主场优势。球队适不适合主场气候条件，对比赛结果也并没有太大影响。

棒球又怎么样呢？毕竟，这项运动的一大卖点是要在各种气候条件下打比赛，而且每一座比赛用的体育馆还都独一无二。主队球员更熟悉自己球场的特点，难道不能占些便宜吗？球队难道不会清点人手，调整出

① 来自寒冷天气的球队是布法罗队、匹兹堡队、纽约巨人队、纽约喷气机队、费城队、华盛顿队、巴尔的摩队、绿湾队、芝加哥队、丹佛队、新英格兰队、克利夫兰队、辛辛那提队和堪萨斯城队。室内球队意思很明显，其余的就是来自温暖地区的球队。请注意，有几支来自寒冷地区的球队是在室内打球的：明尼苏达队、印第安纳波利斯队、圣路易斯队和底特律队。我们还调整了每场比赛每支球队此前的胜率，以控制球队质量。

场阵容，以便安排更适合场地特点的球员吗？这些对棒球的主场优势都没影响？

嗯，既可以说是这样，也可以说不是这样。

举例来说，毫无疑问，波士顿红袜队在芬威球场打比赛肯定有优势。一如梭罗对瓦尔登湖的认识，红袜队的外野手也熟知“绿色怪物”，也就是它那出了名的 11.28 米高的左外野墙。跟对手不同，他们对球的回弹和角度以及风带来的影响很熟悉。红袜队的春训场地甚至预计修建一堵代替的“绿色怪物”，好让旗下的小联盟球手提前了解该墙壁的特点。同样，红袜队的击球手知道，“绿色怪物”虽然很高，却也相当单薄，它距离本垒大约 91.44 米，所以他们会相应地调整自己的挥棒。显然，这对波士顿的主场胜率有影响。

你或许还推测，棒球选手们熟悉自己主场的独特光线。主场击球手能更清楚地看到来球，客场投手控制力较差。但我们已经知道，一旦我们控制了其他因素（如投球计分、比赛局面等），球员在主场击球并不更准确，投手在客场投球也并不更差劲。因此，主队打赢更多比赛的原因不在这里。

棒球队在主场打赢更多的比赛，因为他们故意调整自己的出场球员，以适合球场特点，这个观点又怎么样呢？球队如果在右外野有个浅土丘的球场打球，就会招募更多左撇子击球手。球场面积特别大的球队，会招募更多出色的投手，以及跑动速度快的外野手。这对主场优势有多大的影响呢？

因为我们不可能把每一座球场方方面面的因素都考虑进去，再考虑各种类型的球员有多适合每一座球场，因此，我们只观察棒球中最显而易见的情况，也是有可能造成最大影响的情况，把球场分为“对击球手友好”型球场与“对投手友好”型球场。赛伯计量学界利用所有球队每个赛季在每个球场获得的总分、总打数、多垒安打数和本垒打数目，确定了哪些球场从历史数据看对击球手友好。接下来我们问：从击球手型场地来的球队击败客队的概率是否比从投手型场地来的球队击败客队的概率更高呢？如果来自击球手型场地的球队充斥着重炮型球手，我们是不是会看到他们击败客队的纪录远远高于来自投手型场地的球队呢？可惜，我们并未观察到此种情况。来自击球手型场地的球队击败客队的数量，跟来自投手型场地的主队一样高，击球率、本垒打、二垒安打、三垒安打、长打率和分数的差值全都一样。我们甚至发现，哪怕是击球手型球队主场迎战来自投球手友好型场地的球队，数据也没有差异，照推理前者应该会拥有更大的优势。

我们还考察了来自击球手型球场的球队离开主场时的表现。如果他们的出场阵容里有很多击球手，那么不管在哪儿比赛，他们的击球都应该比其他球队出色。另外，通过观察其他球场，我们也消除了其他任何主场优势，如观众、对主场的熟悉度以及出行因素。但我们发现，哪怕控制为同一球场，来自击球手型主场的球队到客场击球的表现，并不比来自投球手主场的球队到客场击球更好。也就是说，来自击球手型球场的科罗拉多落基山队到圣路易斯的布什体育场比赛，其击球表现跟来自投手型球场的纽约大都会队在同一场地的表现一样。

所有这些证据表明，要么，球队并没有按照主场球场来选择相应的球员，要么，这么做没有太大的差别。请记住，在各种体育运动中，主场优势最低的就是棒球。就算“根据球场选择球员”在某些情况下的确是一个影响因素，但它也无法从根本上解释主场优势这一现象。

我们应当补充的是，欺骗手法和“黑暗艺术”似乎也不太能解释主场优势的存在。在过去的年代，事情有所不同。比如，1900 年，客队辛辛那提红人队的游击手注意到，每一局，费城人队的三垒教练总是站在一个水坑里。游击手经调查发现，水坑下藏着一口木箱。原来，费城人队有一名替补捕手坐在外野看台，手持高倍镜头偷看客队的手势。接着，教练的木箱底下用电线连着一台蜂鸣器，而偷看的捕手就通过蜂鸣器敲打摩斯密码，向三垒教练传递客队要投什么球。教练又把信息传达给击球手。这就难怪费城人队主场比赛超过 2/3 都能打赢，而客场的胜率却不到一半了。

许多年来，其他主场球队也想方设法窃取客队的手势。也有好多年，主场场地管理员等客队到达本城后，会把赛场用水淹成沼泽地。波士顿凯尔特人队最出名的恶劣手法是加热客队的更衣室，这样到了下半场，房间里会热得像是在蒸桑拿。艾奥瓦大学橄榄球队曾吩咐把客队的更衣室刷成粉红色，希望能让对手感到消极而变得怯懦。这些招数管不管用，我们说不清（有可能并不管用），但因为标准化的联赛规则，对作弊行为的严厉惩戒，以及监控技术的发展，如今这类诡计是很难得逞了。

主场优势来自何处

那么，让我们盘点一下现在所掌握的情况：在主场时，棒球运动员并不见得打击更好、投球更出色；篮球运动员罚球并不更准确；冰球射门并不更多；橄榄球传球也并不更妙。主场球迷好像对主队没什么帮助，对客队也没什么损害。我们审视了“出行的折磨”，把这个因素也给划掉了。而且，虽然赛程安排对客队不利的因素能解释一部分的主场优势（尤其是大学体育比赛），但在许多运动项目里又不相干。每支队伍为主场选择独特的上场阵容这一个概念也站不住脚。

可既然主队始终如一地打赢更多场比赛，这些球队的球员显然是在某些方面比对手做得更好。还有什么因素带给了主队可观的优势呢？

多亏了NBA古怪的赛程安排，4个晚上之后，开拓者队和马刺队再次交手。圣安东尼奥的出色大个子邓肯已经恢复了健康，回到了主力阵容。既然邓肯坐替补板凳时马刺队都能以15分之差击败开拓者队，那么，现在他回到赛场上，马刺队一定能把开拓者队碾得粉碎。对吧？

可惜这一次，两队是在波特兰过招。这一次，开拓者队拥有了声音洪亮的高音喇叭广播员、舞蹈队和20 000名铁杆球迷；这一次，开拓者队投中了更多的罚球；这一次，马刺队犯规更多，失误更多；这一次，开拓者队以102∶84拿下比赛，比96小时之前那场比赛得分高出33分。

或许，这些运动员和教练在客场时采取失败主义态度是对的吧。

可这到底是为什么呢？

SCORECASTING

第 10 章

主场优势

是球迷的喝彩声和嘘声吗

在 NBA，判罚客队球员走步的次数要比主队球员高 15%，每场比赛主队罚球数比客队平均多 1 ~ 1.5 个。在西甲，如果主队落后，裁判给的伤停补时就会长一些。这些数据告诉我们：主场哨确实存在。研究结果表明，“从众效应”是裁判偏袒主队的根本原因。观看比赛的球迷越多，主场哨也更加明显。

主场哨确实存在

这一天几乎可谓完美。杰克·穆尔（Jack Moore）刚刚完成了自己在威斯康星大学二年级的学业，回到家准备跟亲朋好友过上几个星期的暑假。待在威斯康星州密西西比河边上的小镇特伦珀洛，杰克无忧无虑，有大把自由的时间。他干着一份棒球教练的工作，但比赛通常要到晚上才开始。2009 年 7 月 4 日的那个星期五，杰克心爱的密尔沃基酿酒人队在客场要跟对手芝加哥小熊队打一场比赛。

空调呜呜地吹着，杰克把有线电视转到地方体育台，靠在沙发上开始看。密尔沃基酿酒人队 2008 年赛季过得很神奇，赢了 90 场比赛，还打进了季后赛。休赛期间，密尔沃基队的王牌 C.C. 萨巴西亚（C. C. Sabathia）被纽约洋基队给挖走了。对小市场球队来说，这是一个熟悉得几乎让人麻木的命运，酿酒人队可付不起洋基队提出的 1.61 亿美元合同报价。对此，杰克觉得还好。他主修数学专业，知道经济的现实，也理解酿酒人队为什么出不起钱，挽留不住球星。而且，酿酒人队2009年的转型还算顺利，成了一支集聚精力充沛的年轻球员的有趣队伍。

本场比赛在里格利球场举行，是一次罕见的投手决斗：小熊队的王牌投手、当年赛扬奖[①]的候选人卡洛斯·桑布拉诺（Carlos Zambrano）对密尔沃基队的老将杰夫·苏潘（Jeff Suppan）。比赛进行了9局之后，陷入1∶1的平局，这让杰克觉得很欢喜。杰克读高中时是棒球选手，完全有能力欣赏低分局面。“它就是那种……”他回忆说，“能提醒你为什么这么热爱棒球的比赛。”

接着，到第10局的尾声，杰克平和自在的下午被毁掉了。酿酒人队让惯用右手的投手马克·迪菲利斯（Mark DiFelice）上场，后者前不久在32岁的“高龄”赢得了人生的第一场大联盟比赛。小熊队形成满垒时，迪菲利斯面对芝加哥队的三垒手杰克·福克斯（Jake Fox），这是个龙套选手，时而打大联盟，时而又落进小联盟。当时赛场上是满球计分，两人出局，里格利球场上球迷们喊声震天，迪菲利斯朝着福克斯连续投出四个球，福克斯都打出了界。接下来的一个球，迪菲利斯背过身子，投出了切球，福克斯站着没动，球从他身边一飞而过。一阵令人尴尬的沉默过后，本垒裁判比尔·威尔克（Bill Welke）从蹲着的地方弹了起来，却站着没什么表示。四坏球。这一分决定了赛局：小熊队两分，酿酒人队一分。

人群抓狂了。杰克大发雷霆。“整整5分钟，我都叫骂不停，全是那些不能写出来的脏字儿，”他说，“凡是懂棒球的人都知道，那是一个好球。”多年来，要是像杰克一样碰到这种情况，球迷们会喊叫着，争论那到底是好球还是坏球。但这是2009年，杰克对争论不感兴趣，他想要一

① Cy Young Award，是MLB每年颁给投手的一项荣耀。——译者注

个直接客观的答案。他火速点开浏览器，查找 Pitch f/x 数据。果然，迪菲利斯的投球很高，清清楚楚地位于好球区靠上方内侧。比赛结束后几分钟，19 岁的小伙子杰克证实了自己的怀疑。裁判判罚失当，让主队获胜。

每一个体育迷都坚信裁判做出了对自己喜欢的球队不利的判罚，而情绪最激烈的就是现场的主场球迷。他们的批评各式各样，有抖机灵的，"裁判，如果你再多长一只眼睛，好歹就算独眼龙了！"有粗鲁的，"裁判，你干脆跪下谢罪吧！因为你搞砸了这场比赛！"球迷有时单独表达不满，有时集体表达不满，比如齐声合唱："裁判下课！裁判下课！"在传说中文明的欧洲甚至有各种足球网站提供球迷叫骂大合唱的音频下载，供用户设为手机铃声。

我们发现裁判确实偏心，证实了多年来球迷的阴谋论。在裁判的偏袒中受害的一方，恰恰不是那些冲着他们恶毒叫骂的主场球迷。相反，裁判会袒护主队，现场的主场球迷越多，偏心就越严重。事实上，"裁判偏袒"就是为主场优势做了最大贡献的因素。在体育赛事的菜单上，"家乡菜"（即裁判对主队的偏心）占了很大一部分。

像这样的说法，最好有一定的支持，好在我们既然敢说，也就准备好了给予证明。我要提醒大家：这肯定会招来无数人的攻击。但我们坚持这一主张，而且我们也会带着你看完对这一主张的证明过程。我们认为这件事值得一做。

让我们先来确定如何衡量裁判的偏袒。你可以检验裁判判罚的准确率，以及针对主队和客队的判罚是否存在准确率上的差异。但这么做很难，因为它包含了大量的主观因素，以及对比赛局面的深刻认识。是真的犯规吗？是真的干扰传球吗？当时比赛中还发生了些什么情况？比赛飞速进行，比赛中球员的反应瞬息万变，控制所有有可能导致主客场判罚不一致的因素根本做不到。假设我们发现，较之主队，裁判对客队做了更多犯规的判罚（顺便提一句，这种情况很多），这是否表明裁判对主队偏心呢？也许，但不一定。如果是客队攻击性更强呢？毕竟，客队知道，从统计数据上看，自己更容易输。又或者，客队因为连续多晚比赛而筋疲力尽，没有力量展开恰当的防守，所以变成了推人、拉人、搡人呢？不管裁判是否偏心，他们就是有可能犯规更多，因此很难确定成因。裁判判客队更多犯规，是因为对客队存在偏差？还是因为球员打球打得马马虎虎、攻击性更强，让裁判不得不吹了更多犯规哨呢？又或者还有第三种因素同时导致了上述两种情况？

我们想要寻找一种由裁判控制且不受球员影响的比赛构成因素。我们在国际足球这一运动里找到了它。而此前，对国际足球明显的主场优势，我们没能成功解释。要不是一位认真的西班牙老奶奶多年来虔诚地观看周日晚间的比赛并对重要信息进行记录，我们恐怕是无法发现这种偏袒的。

在国际足球比赛中，裁判有权决定在比赛结束后增加额外的时间即“伤停补时”，以弥补因伤病、处罚、替补上场等意外情况导致的停赛时间。这额外的时间由主裁判自由裁量，在赛场之外的任何地方都没有记录或监控。

照理说，裁判应该尽力准确地判断意外暂停的累积总时长（这本身是一项主观判定），并补充在比赛最末。那么，裁判的裁量是否偏袒主队呢？如果是，则主队在比赛尾声时落后的话，他会延长这一时间；主队领先的话，他就会缩短这一时间。总之，他会故意延长或缩短比赛时间以提高主队的胜率。

伦敦经济学院教授纳特修·帕拉西奥斯 - 韦尔塔（Natxo Palacios-Huerta）的老母亲在她西班牙的家中观看比赛时，会用手写的方式记下相关情况。靠着这份笔记，纳特修跟芝加哥大学的另外两位同事路易斯·加里卡诺（Luis Garicano）和卡尼斯·普伦德加斯特（Canice Prendergast）一起研究裁判在比赛中的行为，这两位同事也是狂热足球迷。研究人员被自己发现的内幕震惊了。他们考察了西班牙顶级联赛西甲的 750 场比赛，确定在比赛势均力敌的时候，如果主队领先，裁判通常会缩短额外补时，以求尽快结束比赛；如果主队落后，裁判则会额外增加伤停补时，延长比赛时间。如果主队在常规时间内领先一分，那么伤停补时的平均长度仅为两分钟；而如果主队落后一分，伤停补时的平均时长则增加到四分钟——几乎是前一种情况的两倍。自然，如果比分是平局，不清楚是该为主队增加还是缩短时间，那么，平均补时长度为三分钟左右。

如果主队大幅领先或落后那会怎么样呢？在并不紧张的比赛里，完全不存在判罚偏差。不管主队是领先还是落后两球（甚至更多），额外的补时都大致相同。这合乎情理。裁判必须权衡偏袒的潜在得与失，他的声誉有可能受损，他可能会受到谴责，会受到媒体监督。比分太过悬殊，伤停补时也不太可能改变结果，因此并不会带来明显的好处，那又何必冒险尝试、承受损失呢？

这项研究还考察了 1998 年联赛调整比分结构之后发生了什么情况。之前，球队在积分榜上赢一场比赛可积两分（平局积一分，输则为零分），调整之后赢一场比赛可积三分。这种变化意味着，赢一场比赛突然比之前有价值多了，而胜出与平局之间的分差翻了倍。这跟裁判的伤停补时偏袒有什么关系呢？它会让裁判变得更偏心。特别是，对主队来说，相较于打平，保住胜局的意义更大了，因为裁判会相应地调整补时，以反映这些更大的利益。

西班牙并非个例。研究人员开始在其他联赛中寻找类似的裁判偏袒，由于国际足球在世界范围内都很受欢迎，这一点并非难事。他们发现，英超、意甲、德甲、苏格兰联赛甚至美国职业足球大联盟里，都有着完全相同的伤停补时偏袒。

如果裁判愿意为了主队的利益改变伤停补时，他们还会帮些什么忙来确保主队开心离场呢？我们发现，裁判还会做出更多对主队有利的判罚。有争议的罚球和射门往往不成比例地落到主队一方。我们考察了英超、西甲、意甲总共 15 000 多场欧洲足球比赛，发现哪怕是控制了两队处罚或犯规的次数，主队吃的红牌和黄牌也少得多。红牌黄牌的分配对比赛的结果影响很大。一张红牌会把犯规的球员罚下场，减少球队 7% 的胜率；黄牌是开红牌之前的严厉警告，有可能让吃黄牌的人发挥更加谨慎，减少了 2% 的胜率。这些都是重大影响。黄牌开给客队球员，意味着主队的胜率在没有其他任何因素的影响下，陡升到了 59%。再加上伤停补时、犯规、任意球等等，国际足球的主队胜率接近 63%，突然之间也显得没那么奇怪了。

但是，这种情况仅限于欧洲足球这一特定领域吗？美国的运动显然不存在同类的裁判偏袒，对吗？

还记得尽管存在明显的主队优势，运动员在主场击球、投球、罚球、射门得分或者传球方面，都不见得比在客场时表现得更好吗？这就引出了一个问题：主队是在什么地方做得更好，才实现了更高的胜率呢？

事实证明，在棒球比赛中，主客队最明显的差异在于，主队比客队的三振出局更少，而每打席保送数却多得多。导致这种局面的原因可能有很多。一种解释是主队的击球手击球更出色，或者是，客队投手的控制力较差。但是，这又跟我们之前观察到的结果（即在受控的孤立环境下，击球手、投球手不管是在主场还是在客场，击球和投球表现都一样）出现了矛盾。一如我们所见，MLB 的客队球员并不会因为出行的消耗而表现更糟糕。

好球坏球是裁判说了算。裁判会偏袒主队吗？既然击球、投球没有差异，那么，裁判偏袒可以解释在三振出局和保送数上的差异。

但三振出局和保送不是用来测量的正确统计指标，因为很多好球出现在击球手挥棒却没击中或者挥棒却把球打出界了的情况下。如果是这样，就无须裁判的判定。更合适的考察指标是裁定好坏球（called balls and strikes）。[①] 换句话说，就是只看击球手没挥棒的投球。结果，每一个裁定投球，主队击球手获得的裁定好球比客队击球手要少得多。

我们观察比赛不同阶段的裁定好坏球时，这一点表现得甚至更加明显。某些局面对比赛结果有着更加重大的影响。好在我们有了赛伯计量学这一工具，可以通过客观证据对棒球进行分析，这是评估特定局面重要性的一项有利工具。一位统计学大师汤姆·坦戈（Tom Tango）设计了一种名叫杠杆指数（Leverage Index，也译作“关键性指数”）的指标来衡量任一比赛局面的相对重要性。它的设想是，把每一种比赛局面以及该局面内有可能发生的每一种情况都考虑在内，看该局面下出现每一情况的可能性，每一情况对比赛的最终结果又有什么影响。把所有这些可能性、发生概率和对比赛的潜在影响加起来，你就能衡量当前局面有多重要了。杠

① 排除了故意保送的情况。

杆指数为 1，是平均局面；指数为 2，意味着该局面的重要性是前者的两倍。以下是两个极端的例子：第 9 局尾声落后 4 分，两人出局，无人上垒，这样的赛局没有多大悬念，转换成杠杆指数仅为 0.1，也就是说，这样的局面，重要性仅为平均局面的 1/10。第 9 局尾声落后一分，两人出局，满垒，比赛命悬一线，杠杆指数为 10.9，它的重要性几乎是平均赛局的 11 倍。

使用杠杆指数研究不同赛局下的裁定好坏球计分，我们发现，和足球裁判一样，在低杠杆率的局面下，也就是比赛结果没有太大悬念时，主队接到裁定好球更少而裁定坏球更多的优势就消失了。但如图 10-1 所示，如果局面极为关键，主队的裁定好球优势会出现大幅上涨。在不关键和平均赛局时，每一裁定投球，主队得到的好球裁定跟客队差不多，甚至略多；但当比赛陷入胶着局面时，事情就发生了戏剧性的变化，在关键的比赛局面，主队每裁定投球所得的好球裁定比客队少得多。

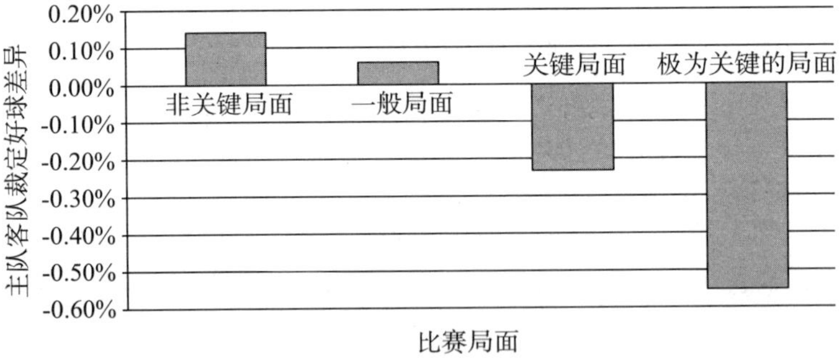

图 10-1 主客队击球手裁定投球中获好球裁定的百分比差异

这合乎情理。如果裁判要对主队表示偏袒，就会在最有价值的时候（也就是最能影响比赛结果的时候）这么做。你甚至可以这么说，在非关键局面，裁判有可能略微偏向客队，好让自己从整体上看显得很公平。

回想一下小熊队与酿酒人队的那场比赛，第 10 局的下半场，场上满垒、平局，主队杰克·福克斯击球。这是一个超级高杠杆局面。知道了统计数据以后，你大可以用自家的房子做赌注，断定裁判绝对不会判这个球是好球。果不其然。

让我们来看看其他要由裁判进行判定的领域，尤其是容易引发主场球迷反应的紧张场面。盗垒和双杀是两个很棒的例子。我们发现，虽然每一个体育场馆垒包之间的距离相同，主队盗垒和双杀的成功率往往更高，也就是说盗垒成功来自对主场的熟悉度。此外，在高杠杆的关键性局面下，主队靠一垒安打从二垒得分或靠“牺牲打”从三垒得分（多为赛场上激烈较量时）的成功率比客队高得多。可在非关键性局面时，两者的成功率就没有太大不同，甚至主队成功率还会略低。三垒教练请注意：如果这是一场势均力敌的比赛，而且你又在主场，使劲挥动胳膊派出跑垒员吧！

但裁判偏袒最关键的证据，或许来自一种以消除裁判偏袒为目的的专用工具。还记得 Pitch f/x 系统可以跟踪每一个投球的特点（包括位置）吗？该系统的前身，是 QuesTec 公司出品的“裁判信息系统”（Umpire Information System，UIS）数字技术。5 年前，MLB 安装了它，希望监控裁判的准确度。据 MLB 提供的数据，第一年，QuesTec 在 6 座球场开始运行，到 2008 年中断之前，11 座球场采用了该技术。[①]QuesTec 有两台摄像机安装在球场，另外两台安装在高处的看台，结合这 4 台摄像机的画面，跟踪球从什么地方飞过赛场，棒球管理高层用这种技术来判断裁判对好球区的感知是否符合现实。

① 按 MLB 的说法，先后在主场安装了 QuesTec 的 11 个球队分别是：亚利桑那响尾蛇队、波士顿红袜队、芝加哥白袜队、克利夫兰印第安人队、休斯敦太空人队、洛杉矶天使队、密尔沃基酿酒人队、纽约大都会队、纽约洋基队、奥克兰运动家队和坦帕湾光芒队。

我们同样使用 QuesTec 来评估裁判的准确度，只是方式略有不同。我们想知道，如果知道有摄像机在监控自己，同一位裁判的行为是否会有所不同。如果裁判知道自己受着监控，而其他一切条件保持不变，裁定好球的主场优势就消失了，那么，这就很明显地暗示了裁判偏袒的存在。想象一下，你拥有一家咖啡馆，桌上放着存钱罐，顾客可以捐钱，或者投入找回的零钱。你发现，每天营业结束之后，存钱罐都是空的。你推断，要么，是有一些顾客偷偷占便宜，把罐子里的钱偷走了；要么，是有员工在偷硬币。于是，你只跟员工说，你安装了一台隐蔽的摄像头。如果这下营业结束后钱罐变成满的了，你恐怕就能够相当肯定地得出结论：偷钱的是你的员工，不是顾客。

使用 QuesTec 的球场和没有使用它的球场里的所有投球中，来自前一类球场的投球约为 550 万个。比方说，我们考察的是太空人客场和红雀队（红雀队的主赛场未安装 QuesTec 设备）比赛中的所有裁定投球，以及红雀队客场和太空人队（太空人队的赛场安装有 QuesTec 设备）比赛中的所有裁定投球。

我们发现了什么结果呢？裁定好坏球偏向主队，但只存在于没有 QuesTec 的赛场，也就是裁判不受监控的地方。这一结果，跟裁判偏向主队导致好坏球差异的结论是一致的。我们还发现另一件惊人的事情。裁判知道 QuesTec 在监控自己时，不光不会做出对主队有利的好坏球裁定，还会给主队裁定更多的好球、更少的坏球。简单地说也就是，一旦裁判知道自己受监控，好坏球的主场优势就消失了，而且，这一优势还完全偏到了客队身上。

接着，我们又考察了低杠杆率（不关键）比赛点和高杠杆率（关键）

比赛点时的相同投球计分。相同的情况再次出现：如果赛场局面对比赛结果没有什么影响，就不存在有利于（或不利于）主队的偏袒。不管有没有 QuesTec，裁判的判罚都是平等的。但在击球有可能影响比赛时，我们发现，两种偏袒更加极端。也就是说，当比赛陷入紧张局面时，在没有 QuesTec 的赛场的主队得到大幅好坏球裁定优势，而在有 QuesTec 的赛场的主队得到更大的好坏球裁定劣势。

从现实的角度来说，如果裁判不受 QuesTec 监控，关键比赛局面下的主队击球手不挥棒时得到裁定好球的概率仅为 32%。而在相同的比赛局面下,客队击球手得到裁定好球的概率是 39%。这是个很大的差异。现在，在相同的比赛局面下，裁判受到 QuesTec 监控。此时，主队击球手获裁定好球的概率达到了 43%，客队击球手仅为 35%。

如果一支主赛场配备了监测技术的球队向我们征求意见，我们的第一条建议就是：拆掉 QuesTec，它会破坏你们的主场优势。如果知道这些数字，有几支球队会愿意安装 QuesTec？当然，如果我们是为 MLB 提供咨询，我们或许会鼓励他们强制要求所有赛场都安装该设备，或者至少告诉裁判，赛场上正在使用 QuesTec。如今的 MLB 基本上都这么做了。

我们还对比了体育场安装 QuesTec 前后的数据，也发现了相同的结果。主队客队的裁定坏球差异，在安装 QuesTec 之后大幅减小，在关键比赛局面时减小的幅度尤为显著。即使是同样的裁判也会因为 QuesTec 的存在与否做出不同表现，受监控时，他会对主队击球手做出更多好球裁定、更少的坏球裁定，不受监控时则反过来。

为什么一旦安装了 QuesTec 设备，好坏球裁定的主场优势（尤其是在关键比赛局面下）会彻底转向另一方呢？按常理来想，应该是主场优势消失、没有偏袒才对，结果，偏袒却落到了客队身上。我们怀疑，和足球裁判一样，棒球裁判必须要平衡有意或无意的偏袒带来的收益和成本。如果你知道自己正受着监控，你肯定希望消除一切别人认为你存在偏袒的观念。在比赛激烈进行时，任何感知到的偏袒，都会遭受更加严厉的审视。比赛的推进速度很快，时速为 153 公里的快球到底是落在垒板外角还是飞了出去一时难以确定，裁判兴许会表现得过度谨慎。因为担心被人指责偏袒主队，裁判似乎宁可朝着另一个方向犯错，尤其是在受到监控、事后可以严加分析的情况下。

我们发现的其他有利于主队的潜在裁判偏袒（比如盗垒、双杀等）又怎么样呢？不管是否存在 QuesTec，它们都保持一致。这也合乎情理。毕竟，QuesTec 只监视好球区。它对比赛的其他环节没有影响。裁定继续有利于主队，因为其他裁定没有“监控录像”。

如果 QuesTec 能确凿地证明 MLB 里的裁判偏袒主队，那么，Pitch f/x 就是杀手锏般的支持证据了。[①] 我们利用之前检验过的数百万计投球的 Pitch f/x 位置数据，提出了一连串的问题：如果投球确实飞出了好球区，裁判有多大的可能性对主队将之裁定为好球？主队击球时，裁定坏球又有多高的概率在事实上是落在好球区之内的（即激怒了酿酒人队铁杆粉丝杰克·穆尔的那种情形）？恰好落在好球区之内或之外的球又会怎么样？这些裁定给关键局面带来了怎样的变化？

图 10-2 显示的是，当球分别处于好球区正中间 7.62 厘米之内、好球区之外，以及距离好球区 3.81 厘米（比如刚好落在好球区的角落内外）时，

① 如今，每一座球场都设置了 Pitch f/x，因此，有人或许认为，这下对裁判的监控无所不在了。但 Pitch f/x 跟 QuesTec 不一样，它并不是用来评估绩效的。“随意监控一下裁判”跟“老板正式监督裁判”，这两者的区别可大了。

主客队击球手获裁判裁定为好球的百分比。我们针对两好球、三坏球和满球计分分别统计了数据。

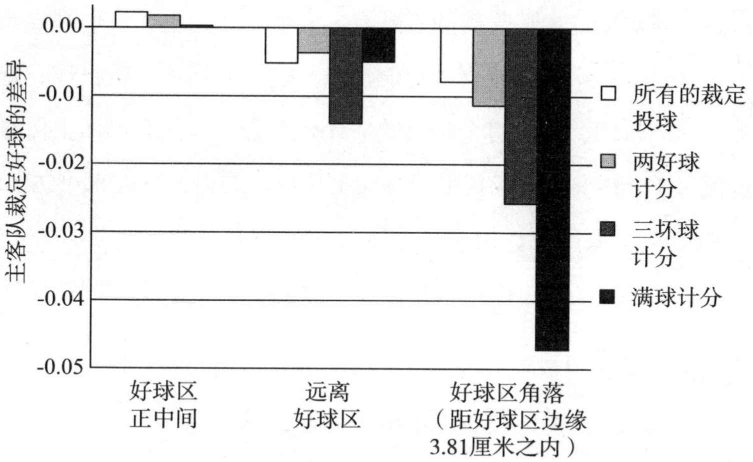

图 10-2 主客队击球手获裁定好球的百分比

请注意两点：(1)两好球计分、三坏球计分，尤其是满球计分时，主客队获裁定好球的差异最大。(2)对大多数模糊的投球，即落在角落上的球，主客队获裁定好球的差异最大。这是有道理的。在不那么模糊的投球上，裁判的自由裁量权较小。如果投球明显是好球，裁判肯定不愿意做出偏袒的裁定。事实上，对于在好球区的正中间的好球，裁判几乎毫无偏袒。不管前面站的是主队还是客队的击球手，裁判 99% 的时候都能正确地对这些投球做出裁定。对落在好球区之外的投球，裁判的回旋余地略多，并表现出对主队击球手的少许偏袒。而对裁判拥有自由裁量权最大的角落球，裁判对主队的偏袒最多。

在整个赛季中，得益于本垒裁判的偏袒，主队总共比客队能多得到 516 个裁定三振出局，还多 195 个保送。这还仅仅包括了终点投球

(terminal pitches)，即下一个裁定投球要么会导致三振，要么会保送。投球计分之前所做的错误裁定，会为主队带来更大的优势。

这些差异对棒球主场优势的贡献有多大呢？在这里，我们需要知道较之被三振又得到一次投球机会的价值，以及较之面临另一轮投球、直接得奖励上一垒的价值。这里有个粗略的估计。综合不同比赛局面下保送和三振的价值，每个赛季本垒裁判带给每支主场球队的得分加起来可达 7.3 分。听上去似乎不怎么可观，但主场球队每个赛季累计也只比客队多得 10.5 分而已。也就是说，在 MLB，2/3 的主场优势来自本垒裁判的错误裁定。

我们倒不是期望裁判表现完美，事实上，他们的好坏球裁定正确率是 85.6%。但他们似乎并不是随机犯错的，而是偏袒主队。

现在，我们既然知道裁定好坏球中存在偏袒，那么，对为什么主队有着更好的击球和投球数据，也就有另一番见解了。一如我们所见，球员在主场击球或者投球，都并不比客场更好。可如果你在本垒得到更有利的裁定，你的击球数据就得到了直接改善。间接影响也是有的。如果主队击球手受益于偏心的投球裁定，他们就能得到更有利的投球计分，在挥棒击球时也处在了更佳位置。而且，当主队球员处在这些局面之下，队友有更大的上垒概率，也有更多机会得分。总之，光是给主队击球手裁定更少的好球、更多的坏球这一点，就直接为 MLB 里主队的成功做了相当可观的贡献。

NFL 裁判偏袒的证据又来自什么地方呢？首先，让我们想一想，有什么东西是显而易见受穿条纹制服的裁判控制的呢？处罚。主队每场比赛所得的处罚比客队要少（大约每场比赛少半次左右），而且，每次受处罚时，罚的码数也更少。当然，这并不一定意味着裁判存在偏袒。客队有可能犯规更多，球风更生猛，打得更粗糙。但如果看看 NFL 比赛中更关键的局面（跟棒球里的杠杆指数或投球计分类似），我们就能发现，处罚偏袒简直可谓夸张。事实证明，更有价值的处罚，尤其是能带来第一档进攻（first down）的处罚，同样更有利于主队。

NFL 赛事中裁判影响最有力的证据来自于即时回放的引入，这让裁判、球迷、球员和媒体有了审视赛场裁决的机会，也有了向这些裁决提出申诉的机会。即时回放带来的第一次申诉出现在 1999 年，和棒球里 QuesTec 带来的结果一样，自此以后，NFL 中主队的胜率出现下滑，从 58.5%（1985—1998 年）降到了 56%（1999—2008 年），主场优势的降幅达到 29.4%。请记住，主场优势只存在于 50% 以上。

这是巧合么？我们可以先来看看控球权转换（turnover）。这里，裁判要发挥相当大的影响力，因为他们要确定是否存在掉球。接下来，他们要决定由哪支球队持球。在没有即时回放之前，主队在控球权上享受 8% 的优势，失球频率远远少于客队。即时回放的出现带来了对错误裁决的申诉，控球权优势立刻少了一半。

我们也可以对掉球换手（即持球权转换）以及掉球保留（即原来持球的球队继续持球）做一下区别。主队掉球的频率，实际上并不比客队更少。换句话说，主队在“照顾球”上，并不比客队更好或者更糟。他们只是更少掉球脱手。然而，有了即时回放之后，主队掉球换手的优势竟神奇地消失了，而掉球的频率则保持不变。主队有可能跟从前一样掉球，但现在，客队能够向裁决申诉了，于是主队就没法像过去那样保住持球权了。

在势均力敌的比赛当中，裁判的决定有可能事关胜负，而围观的人群又真正地投入时，主队在重新拿回失掉的球方面稳稳当当地占了 12% 的优势。引入即时回放后，这种优势彻底消失了。

处罚又怎么样呢？在这方面，即时回放的用处有限，因为球队不能向处罚裁决（或不处罚的裁决）提出申诉。但如果考察有了即时回放之后主客队处罚差异的变化，那么，我们就有了可供对照的安慰剂试验了。照理说，处罚不应该有任何的变化。果然，事实上也没有。有了即时回放之后，主客队所得的处罚次数和处罚码数之差没有大幅变化。这有助于确认一点：正是即时回放（而不是其他因素）推动了 NFL 近年来主队在控球权转换和胜率上的变化。

如果裁判偏袒带来了这些模式，而即时回放减轻了这些偏袒，我们应当看到客队利用即时回放对裁决申诉时成功率更高。换句话说，如果客队真的比主队吃了更多糟糕的裁决，那么靠着即时回放，就能推翻更多这类裁决。我们考察了 2005—2009 年间近 1 300 次即时回放后的申诉，检验主客队申诉的成功率。

结果是什么样的呢？事实证明，客队确实比主队有更高概率推翻裁决，但优势并不大（37% 对 35%）。两者都比裁判申诉成功率略高（33%），裁判申诉指的是激烈比赛上下半场的最后两分钟由裁判发起的申诉。不过，这些统计数字具有误导性，因为正如我们在棒球和足球中所见，要是比赛结果一望而知，裁判不太可能做出带偏袒的裁决。那么，如果主队落后，情况是什么样的呢？主队落后的时候，由主队发起的申诉成功率为 28.4%，而客队发起的申诉成功率是 40.0%。因此，客队领先的时候似乎遭到了更多糟糕的裁决，而此时，糟糕的裁决对主队最有价值。

裁判偏袒能解释大部分的橄榄球主场优势吗？绝对可以。引入即时回放之后，主队优势大幅下滑。然而，每支球队每场比赛仅能靠即时回放获得最多三次的申诉机会，而且仅限于特定的赛况。肯定还存在无法满足申诉的条件但又有利于主队的裁决，如处罚。橄榄球主队有着更好的进攻数据（如冲锋更成功、持球时间更长），很可能就是获得的有利裁决更多、处罚更少、持球权转换更少带来的结果。如果你在主场比赛，觉得自己不太可能遭到处罚裁决，你兴许会倾向于展开更凶猛的拦截，更积极地挑战接球员。

还记得 NBA 主客队从罚球线投篮的表现相同吗？但主队罚球比客队更多——每场比赛平均多罚球 1 ~ 1.5 个。为什么呢？因为客队被判更多次犯规，尤其是投篮犯规。客队还被判更多的失误和更多的违例。这些差异有可能是因为客队球风更猛、技术更粗糙所致，而客队球风更猛、技术更粗糙，则有可能是因为 NBA 不合理的赛程安排让客队更疲惫所致。但这些差异，也跟裁判偏袒是一致的。

为区分到底是客队打球马虎还是裁判偏袒主队，让我们仔细来看看主客队出现的犯规、失误和违例的类型。某些犯规、失误和违例对裁判的自由裁量权和判断要求更高。举例来说，在高度不确定的局面和激烈的较量当中，裁判必须进行判断，这样的裁决有着更大的影响力。与此相对应的，则是一些模糊性较低的情况，比如 24 秒违例，所有人都可以轻松地监控，因为必须在 24 秒内投篮，而且球必须触碰赛场上的两个篮框，一旦超时，玻璃背板上就会亮起红灯。

如果这些差异是客队打法粗糙、攻击性更强所导致的，那么，不管犯规、失误和违例有多么模糊，多么不确定，多么需要裁判的判断力，犯规的次数也不会发生变化。如果你打得不好，你可能是在比赛的诸多方面都打得不好。

我们考察了要求裁判判断多和少的裁决，看看主场优势是否相同。争抢球犯规和进攻犯规似乎是最模糊的、争议最大的两种类型。多年担任NBA 裁判、现已退休的特德·伯恩哈特帮我们进行了分析。“阻挡犯规与带球撞人犯规，是最难做出的裁决了。”他说。结果，争抢球犯规和进攻犯规有利于主队一边的概率是其他个人犯规的两倍。我们还可以观察那些更有价值的犯规，比如会导致持球权变化的犯规。这类犯规判罚有利于主队的概率，几乎是不会导致持球权变化的犯规判罚的 4 倍。

失误和违例又怎么样呢？因为超过投篮时间造成的违例，并不特别模糊、特别具有争议性，主客队之间没有区别。发界外球 5 秒违例，也非常明确,因为人人都可以计算（尽管裁判可以比别人算得长一点或者短一点，因为 5 秒时间并没有计时器显示），主客队也没有太大差异，事实上，主队的 5 秒违例还多一点。

但是，如果我们看看最模糊、最需要判断力的违例，比如运球翻腕（palming）和带球走步（traveling），主客队的差异就太大了。客队球员因走步判罚的概率比主队球员高 15%。模糊的犯规和违例会落到有利于主队的方向，明确的犯规和违例则不然。这很难用客队打法粗糙来解释，但裁判偏袒则肯定会带来这样的结果。

要证实 NBA 中的裁判偏袒很困难，因为背景太重要，篮球中一些最具争议性的“裁决”其实是“不裁决”，即裁判未做裁决。但证据似乎显示裁判偏向主队。如果足球、棒球和橄榄球里的偏袒如此明显，那么怀疑NBA 裁判容易受到相同的影响是否合理呢？

还记得波特兰开拓者队在工作日的客场打得乏味十足，败给了圣安东尼奥马刺队吗？在圣安东尼奥的客场上，开拓者队犯了 13 次规，马刺队犯了 14 次，两队各有 6 次失误。但如果我们观察那些裁判有着更大影响的犯规和失误，可以看出：开拓者队因争抢球犯规被吹哨的次数是马刺队的两倍；开拓者的 6 次失误里有 5 次是裁判做的判断性裁决（一次走步，两次模糊的界外失球，一次进攻干扰球，还有一次可疑的用脚踢球）。相比之下，马刺队的 6 次失误都很明确（5 次传球失误，一次进攻时间违例）。此外，对开拓者队不利的裁决更多，带来了有利于马刺队的持球变化。这样一看，马刺队获胜或许也就没那么叫人吃惊了。

再想想短短几个晚上后，两队再次相遇，只是这一回在波特兰。开拓者队以 18 分的优势取胜。主队获得的优势同样存在，只是这一回受益的是开拓者队。马刺队被吹了 25 次犯规哨和 16 次失误哨，相比之下，开拓者队则有 18 次犯规和 13 次失误。犯规和失误的类型更加惊人。在马刺队客场的这 16 次失误里，有 11 次属于模糊的那种，包括几个有争议的界外失球，还有两名马刺队球员甚至被吹了运球翻腕。为了让各位了解一下 NBA 赛场上吹运球翻腕哨是多么罕见的情况，这里多说一句：平均而言，每 5 场或 6 场比赛才会出现一次翻腕判罚。在开拓者队的 13 次失误中，10 次非常明确，还有两次是进攻时间违例和传球失误（抄截或掷出界外）。赛场上出现了 10 次球掷出界外的情况，8 次被判给了开拓者队。带来持球权变化的犯规判罚，也更多地有利于开拓者队了。如果我们把两场比赛的数据加起来，模糊失误判罚有利于主队的情况占 85%，模糊犯规被归咎于客队一方的情况占 72%，主队总共以高出 33 分的优势胜出。

那么，NBA 有多少主场优势来自裁判偏袒呢？如果我们把罚球次数差异归结为裁判偏袒，这在每场比赛平均占 0.8 分。光是这一点，就几乎占了 NBA 主场优势（每场比赛 3.4 分优势）的 1/4。如果我们把更模糊的失误次数差异也归结到裁判身上，并计算这些失误的价值，这又占了主场优势的 1/4。再把其他部分犯规差异算到裁判头上，再加上这些犯规对比赛的影响（除了罚球），3/4 的主队优势都得到了解释。请记住，赛程安排能解释大约 21% 的 NBA 主场优势。所有这些加起来，差不多就是 NBA 所有的主场优势了。

长话短说，裁判偏袒很可能是篮球运动主场优势的主要原因。而如果裁判会在失误和犯规上作出对主队有利的裁决，我们可以假设，在其他我们看不到或者无法衡量的裁决上，他们也会做出有利于主队的选择。

NHL 的情况又怎么样呢？现在，你可能已经猜到我们发现了些什么。在冰球赛场，主队受到的判罚比客队少 20%，每次判罚的罚时也较短。换句话说，主队不光受到较少的惩罚，而且犯规所受的惩罚也较轻。最终的结果是，每场比赛，主队比客队获得的以多打少①的时间平均要长两分半。多一个人，更容易射门得分。这是一个巨大的优势。为方便读者们理解，这里再补充一点：平均来看，NHL 球队在两分钟的以多打少时长里有 20% 的概率能打进一球。如果你把以多打少的优势乘以 20% 的成功率（每两分钟），就算出了主队所得的优势：每场比赛 0.25 个进球。而 NHL 中主客队的平均分差是 0.30，那么光是这一点就占了冰球主场优势的 80% 以上。

但判罚差异是裁判偏袒带来的吗？我们重复了跟 NBA 相同的检验，考察了较为模糊的裁决（抱人、钩人、横杆推档、板墙挤贴和绊人），发现这些判罚全都冲着对主队有利的方向。较为明确的裁决，如冰场上人太多、护具不合规范、把球打向看台以拖延比赛、打斗等，则不存在太多的主队偏袒。这再一次证明了是因为裁判偏袒，而不是因为客队疲惫或打法粗糙。

---

① power play，指的是对方有球员被小罚出场 2 ~ 5 分钟，另一支球队以多打少。——译者注

另外，不要忘了我们前面讨论过的点球大战。请记住，在点球大战中，我们并未发现主场优势。并非巧合的是，基本上，这是比赛中唯一一个裁判无法发挥作用的环节。

我们所发现的裁判偏袒主队的事实令人不安，而裁判偏袒有可能是每一种运动都存在主场优势的主要原因，这一点更令人不安。但裁判为什么偏袒主队呢？

从众效应，主场哨的根本原因

首先让我们明确一点：裁判偏袒主队是因为有什么阴谋指示他们这么做的吗？尤其考虑到联赛有着经济诱因刺激主队获胜的前提。绝对不是。我们深信，就算没法个个担保，但绝大多数的裁判都是正直的专业人士，两袖清风，不受贿赂，自觉地尽全力确保比赛公平。从方方面面来看，他们的工作做得很出色。

可惜，他们都无法做到不受人类心理的影响，而我们认为这正是偏袒主队的原因所在。尽管球迷们有着相反的看法，但归根结底，裁判也是人。心理学发现，社会影响力是一股强大的力量，可以在当事人完全没意识时影响其行为和决定。心理学家把这种影响力叫作“从众”（conformity），因为它会使当事人的意见顺从群体的意见。这种影响力可能来自社会压力，或来自一种模糊的环境，在此种环境下，人努力寻找来自群体的信息。

1935 年，心理学家穆扎费尔·谢里夫（Muzafer Sherif）做了一项从众实验，朝着黑暗、没有其他特征的环境里投射了一个小光点。由于人眼的运作方式，光点似乎是在移动，但移动的幅度无法确定，单个的观察者要根据自己设定的参考帧来判断光点运动的幅度和方向。所以，每一个人看到的“运动”都是不同的，且运动的幅度也不同。

当研究人员要被试分别评估光移动了多远时，一如所料，人们给出的回答差异极大。接着，研究人员又把被试分为三人一组进行复查。小组的人选是测试人员精心安排的：有两个人在先前单独评测时，对光运动的估计非常类似，而另一个人单独评测时的估计则非常不同。小组里的每一个人都要大声说出自己认为光运动了多远。谢里夫经过大量测试发现，小组最终会给出一个共同的估计。单独测试时估计有别于另外两人的被试，加入小组后，遵从了大多数人的意见。

更重要的是，在事后接受询问时，最初估计非常不同的那个人现在认为自己先前的估计是错误的。也就是说，该被试并不是屈服于社会压力，表达了自己并不相信的事情，相反，是这个人对光点运动的实际感知发生了变化。实验表明，把人放在一个模棱两可的情况下，这个人会观察其他人以求得到指引或额外信息，帮助自己做出“正确”的决定。

谢里夫做了上述研究之后，社会心理学先驱所罗门·阿希（Solomon Asch）进行了一项实验。他让参与者看两张卡片，判断右边卡片上 A、B、C 三条线段中的哪一条跟左边卡片上的线段最接近，如图 10-3 所示。

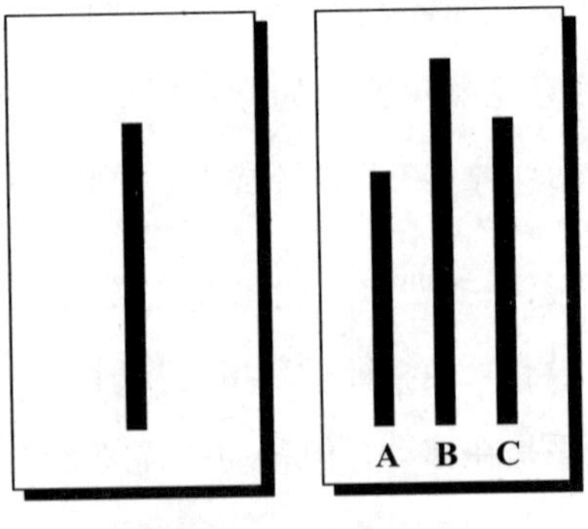

图 10-3　找出长度最接近的线段

你可能猜得到，答案是 C。可实验要求参与者们在小组环境下做出这一评估。阿希把一个不知情的被试跟另外 7 个“共谋者”（也就是演员）放在同一房间。他事先告诉演员们该怎么做。房间里的每个人都给出自己的答案，“真正”的参与者在倒数第二个给出答案。大多数情况下，被试至少会有一次屈从于大多数人的意见，哪怕他内心有所怀疑。

研究人员问被试为什么哪怕觉得答案有错还遵从了群体意见，大多数参与者说，他们并不真心相信大家的答案，他们选择跟别人保持一致，是因为害怕遭到嘲笑，或是被看作“怪人”。不过，也有少数几个人说自己真心认为小组的答案是正确的。阿希还发现，被试在做这样的决定时感受到了巨大的压力，给出一个与众人不同的回答会引起焦虑，哪怕他们知道自己才是对的。

这里要强调，人从众有两个原因，一是他们想融入群体，二是他们认为群体比自己更明智。有道理，对不对？如果有人要你做一个决定，你又拿捏不准答案，难道你不会寻找其他线索或信号以改进答案？难道你不会根据他人作答时有信心与否来权衡其答案的可靠性？在学校里考完一场特别难的试，有谁不曾去问过其他同学某一道试题的答案，并尤其看重班里成绩最好的那些同学的回答？

现在，回到裁判身上。当人类面临着巨大的压力时，比如在离一群吆喝、嘲弄、大呼小叫的狂热观众几步之远的地方做出关键的裁决，想要减轻压力是很自然的。不管是否自觉，裁判进行快速判断、做出有利于主队的裁决能够缓解部分压力。在尝试做出正确裁决时，他们也可能根据人群寻找线索，尤其是在不确定的情况下。他们拿不准时速 153 公里的快球是否越过了好球区，但在下意识里，观众的反应或许是一个改变其感知的有用信号。

心理学表明，如果信念受环境而改变，裁判并不一定是有意识地偏袒主队，而只是在做自己认为正确的事情。只不过，他们的感知发生了变化。尝试做出正确裁决时，他们遵从了更大的群体的意见，被成千上万见证了同一场面的人的看法左右了。心理学里有一句老话，“我信什么就能看到什么。”我们可以有把握地认为，裁判并非有意厚此薄彼。他们甚至根本没有意识到这一点，这只是人的自然反应。

还请记住，除了充满激情、有时还义愤填膺的球迷所带来的焦虑，裁判还会承受来自主管和上司的压力。裁判通过种种微妙或不微妙的途径，接受了“联盟有经济诱因希望主队表现好”的暗示。如果你被迫要做一个艰难、不确定又必须迅速做出的决定，你的老板发出了微妙但明确无误的信息：A 结果比 B 结果更可取，你倾向于采取怎样的行动呢？

让我们从心理学以及人类从众倾向的角度来看看之前对裁判所下的结论。足球比赛中的伤停补时恐怕是对社会压力的回应，即渴望取悦群众，在某些情况下也是为了保护个人安全。棒球里的好坏球差异以及篮球里犯规和失误的类似差异，可能是在社会压力下“信息整合”的结果，即以群体为线索解决不确定或模棱两可的局面。

如果果真如此，心理学表明，群体的规模，以及情况的不确定及模糊程度，都有可能带来区别。因此，群众越多，形势越模糊，主队偏袒越厉害。之前，我们已经介绍过，裁决越模糊、主队优势越厉害的种种情况，如棒球里时速 145 公里的投球落在好球区的角落，橄榄球里的失球，篮球里的带球走步以及冰球里可疑的阻截。

人群规模的重要作用

人群的规模又会带来怎样的影响呢？回想一下最初对西甲联赛的研究。研究人员发现，人群越多，加时的偏袒越明显。同样，对英超、意甲、德甲和美国职业足球大联盟的研究也发现，观众上座率越高，裁判的偏袒越明显。最有趣的研究或许来自德国，这里许多足球场都设有跑道作为分割线，分开了看台和赛场。在这些场馆中，裁判跟球迷离得更远。你猜怎么着？在这些场馆里，裁判对主队的偏袒减半，但在没有跑道的其他德国联赛场馆里则不变。在我们研究的三大欧洲足球联赛中，与主队相比，上座率同样对客队所得红黄牌数量有着显著影响。其他的研究也把观众上座率和处罚、犯规挂了钩，结果表明主队偏袒随人群的规模而增强。

在棒球比赛中，裁判是否会判主队更多的保送，而判客队更多的三振呢？研究结果表明，在观众上座率高时，这种情况经常出现，而在观众上座率低时就不是这样了。在观众上座率最高的五分之一场次和最低的五分之一场次的比赛中，主队由于主场哨而获得的三振和保送优势，详见图 10-4。在上座率最低的比赛中，实际上并不存在主队的三振或保送优势，但是在整个赛季上座率最高的五分之一场次的比赛中，主队的三振和保送优势就占到了一半以上。在观众上座率最高的比赛中，主队比客队的三振数少了 263 个。由于主场哨的存在，相对于观众上座率最低的比赛，观众上座率最高的比赛中主队保送数多了 93 个。

在 NBA，人群的大小也影响了主客队差异，尤其是比较模糊的裁决。还记得主队球员被判走步的概率要比客队低 15% 吧？可考察观众上座率垫底的 5 场比赛，这一差别降到了 6%。再看上座率最高的比赛，主队被判走步的概率比客队低 28%。

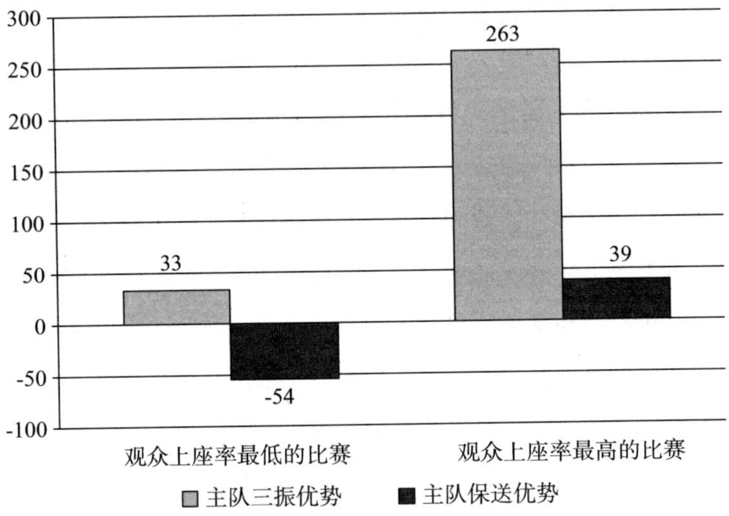

图 10-4　观众上座率高和低的比赛中裁判不正确裁决带给主队的三振和保送优势

在 NHL，人群越大，不利于客队的处罚、犯规和模糊裁决越多。还是一样，裁决越是模糊，效应越明显。即便是在大多数比赛门票都贩卖一空的 NFL，处罚和失误的主客队差异也随观众规模的加大而增加。基本上，在几乎所有的体育赛事中，在几乎所有凭借裁判自由裁量权所做的裁决中，人群越大，主场优势就越明显。

事实上，在观众上座率最低的各类比赛中，主场优势几乎消失。在 MLB，如果你考察 20% 观众最少的比赛，主场优势仅为 50.7%。换句话说，观众少，主客队赢球的概率就一样了。而在 20% 观众最多的比赛里，MLB 的主队胜率为 55%。在 NBA 观众最少的比赛里，主队胜率只有 55%，而在观众最多的比赛中，胜率则达 69%。在北美职业冰球联赛，观众最少的比赛主队胜率只有 52%，观众人数最多的比赛胜率则达 60%。而在欧洲足球，观众人数最少的比赛主队胜率为 57%，观众最多的比赛主队胜率是惊人的 78%。

且慢，你可能会说。这难道不是挺合乎情理的吗？说到底，蹩脚的球队吸引不了观众，所以观众最少的比赛往往是在最糟糕的球队之间进行的。别考虑什么裁判偏袒，就看积分榜好了。你大概以为匹兹堡海盗队或者布鲁克林篮网队打赢的主场比赛比波士顿红袜队或者洛杉矶湖人队要少。没错，但即便调整了球队的实力，我们仍然看到了类似的效应。此外，球队的实力并不像你想得那么重要，因为一支烂球队主场迎击一支好球队时，观众往往爆满。当勒布朗·詹姆斯和迈阿密热火队前往孟菲斯或密尔沃基的客场时，看台上挤满了观众。观众人数最少的比赛一般在两支蹩脚球队间进行，而观众人数最多的比赛，是两支了不起的球队过招。所以，从事实上看，在上述两种情况下，球队的能力没有太大区别。

还不信服我们对裁判偏袒的心理解释吗？让我们再来看 2001 年进行的一场研究。研究人员录下足球比赛的视频，重点放在比赛中的铲球，并将之展示给两组裁判。给第一组裁判看时，铲球伴随着观众的嘈杂声浪；给第二组裁判看时，铲球画面一样，但却将嘈杂的声浪静音了。研究人员请两组裁判对所见铲球进行裁决。观看铲球且听到了观众嘈杂声的裁判更容易对铲球做出和观众一样的判断。也就是说，不利于主队的铲球（即观众高声抱怨的铲球）更容易被裁判视为犯规，而主队发起的铲球被判犯规的概率则较低。观看静音的铲球画面的裁判并未表现出偏袒。

你大概已经猜出哪一组裁判所做的裁决与赛场上裁判们所做的裁决是一致的了。没错，就是那些听到了观众嘈杂声的裁判。不仅如此，据说这些裁判还对自己的裁决感到更为焦虑、更缺乏把握，这也跟其从人群感受到的压力相一致。可想而知，在实际的赛场上，裁判感受到的压力会有多强烈。

但对人群影响裁判说服力最强的证据，恐怕来自完全没有球迷在场的比赛。2007 年 2 月 2 日，意大利卡塔尼亚足球俱乐部和巴勒莫足球俱乐部的球迷之间发生了冲突。事件发生后，意大利政府要求所有赛场条件达不到安保标准的球队在主场比赛时不得有观众在场。来自瑞典的两位经济学家兼狂热的足球迷佩尔·彼得松 - 利德布姆（Per Pettersson-Lidbom）和迈克尔·普利克斯（Michael Priks）收集了其后共 21 场看台空空的足球比赛的数据。

他们发现的结果相当有趣。主队在没有观众的条件下比赛，通常该有的犯规率和黄牌红牌方面的优势彻底消失了。研究人员观察相同球队配备同一组裁判，发现没有观众的话，偏袒主队的有利裁决下跌了 23% 到 70%，跌幅视裁决的类型而定，犯规裁决下跌 23%，黄牌下跌 26%，红牌下跌 70%。也就是说，相同的裁判在同一个球场监督相同的两支球队，其行为会因观众在场和不在场而出现明显不同。

经济学家还观察了球员的行为，他们发现，跟裁判不同，不管是在有球迷大喊大叫的体育馆，还是在安静空旷的体育馆，球员们的表现似乎都没什么不同。主客队的球员射门命中的比例一样，传球的准确度一样，铲球的次数也跟通常一样。没有了观众，好像并未对他们的表现造成任何影响。这跟我们在 NBA 罚球的射手、冰球罚球和 MLB 棒球击球手及投手身上观察到的情况一致，人群似乎对运动员没太大影响。

所以，我们断言：裁判因为社会影响而造成的偏袒不光确实存在，更是导致主场优势的主要原因。

任何对主场优势的解释都必须面对三个问题，我们就从这里入手好了。这三个问题分别是：为什么各类运动的主场优势有所不同？为什么同一种运动不管在哪里比赛，主场优势都相同？为什么主场优势不随着时间推移发生太大变化？

回答第一个问题，如果主场优势主要是因为裁判，那么显然应该是，裁判在一些运动里比在另一些运动里更重要或者说影响力更大，前者，比如主场优势最大的足球；后者，比如主场优势最小的棒球。事实恰好如此。在足球比赛中，裁判对比赛结果有着巨大的影响。一次额外的点球、任意球或者犯规，可以轻易地决定比赛，因为很多时候，只要进一个球，两队的胜负就定了。篮球是主队优势第二高的运动，裁判几乎每一轮都会裁决犯规。与此相反，在棒球里，裁判的角色相对于其他运动是很有限的。大多数回合和大多数裁决都相当明确，本垒打就是本垒打，球要么越过垒墙，要么没有。大多数封杀都一清二楚。虽然，裁判有权裁决好坏球，但一半的时间击球手都会挥棒，因此也就无须裁判判断了。

此外，我们认为会影响裁判判断的人群的大小，在主场优势最大的运动里有着更大的影响力。观众规模在主场优势最大的足球中最为重要，在主队胜率最低的棒球中影响最小，在其他的运动中则介于两者之间。这也跟裁判在一些运动（如足球）中比另一些运动（如棒球）中更重要的看法相吻合。

回答第二个问题，裁判偏袒还解释了为什么同一种运动不管在哪里比赛，主场优势都相同。无论是在美国还是在日本打棒球，在 NBA、美国女子职业篮球联赛还是美国大学体育协会打篮球，在法国还是南非踢足球，无论比赛在哪里举行，规则以及裁判扮演的角色，基本上都是一样的，而裁判的角色这一点更为重要。

最后，回答第三个问题，裁判偏袒还解释了为什么主队成功率一个世纪以来都没有改变。虽然运动会随着时间调整规则，升高或降低投手墩，引入进攻时间限制和三分投球线，裁判在比赛中扮演的角色却并未有太大变化。裁判仍然负责裁决好坏球，裁决犯规和罚球，一个多世纪以来，这些裁决都由人类完成，因此无一不受人类心理影响。

虽然我们将永远无法衡量或检验裁判做的所有决定，但如果我们发现有一些判断存在偏袒，那么很有可能，我们没有观察的另一些判断也是存在偏袒的。

根据我们现在所掌握的知识，让我们重温一下小熊队与酿酒人队的比赛，这场 10 局比赛毁掉了杰克 · 穆尔闲散暑假的一天。光是浏览传统的技术统计，观察体育中心的赛事亮点，你推演不出什么结论。但浏览 Pitch f/x 结果后，可以清楚地看到，裁判错误地裁决第 10 局末尾 3 : 2 计分时的球为坏球，让主队小熊队得到了获胜的一分，整个下午裁判不利于客队酿酒人队的种种判断在此刻积聚到了顶峰。

从 Pitch f/x 来看，小熊队击球手没有挥棒的 25 记投球均是好球。不过，其中有近 1/3 都被裁判错误地裁决为坏球。而酿酒人队没有挥棒的 32 记落在好球区的投球里，只有 1/4 被错误地裁决为坏球。“对方有优势啊，小熊队。”在小熊队击球手有三个坏球的高杠杆局面时，哪怕球落在好球区，也没有一个球被裁决为好球，当然也包括了比赛的最后一球。但酿酒人队击球手面对三坏球计分时，每一个落在好球区的球都被裁决为好球，而落在好球区之外的球也有一半被裁决为好球。“对方有大大的优势啊，小熊队。”

总体来看，酿酒人队被剥夺了三次应得的保送，而小熊队则因坏球被裁决成好球多得了两次保送（包括决胜的那一次）。换算成在加赛决胜局以 2：1 获胜的比赛，这相当于差了 5 名跑垒员呢。

最后一点：还记得吗，裁判越是靠近观众，就越是可能偏袒主队。在大联盟里，里格利球场的界外区最小，所以裁判跟坐立不安的本地观众靠得非常近。还请记住，观众上座率也对主场优势有影响。里格利球场可容纳 41 118 名球迷，一般都是满座。事实上，尽管小熊队长期在赛季里表现不佳，但他们的主场胜率高达 54%，高于 MLB 的平均水平。只可惜他们的客场表现太糟糕。那个特别的下午吸引了 41 204 名观众，场馆爆满，有些观众只能站着看完整场比赛。

如果芝加哥的观众们朝着球员大声呼喊，这影响不了比赛结果。可要是他们朝着裁判大呼小叫，嗯……故事就完全不一样了。

SCORECASTING

第 11 章

球星很重要，团队协作也重要

Team中只有“m”和“e”，但Win中肯定有“I”

一个球队的获胜，究竟是球星重要，还是团队协作重要？统计数据告诉我们：只要拥有一位 NBA 排名前五的最有价值球员，球队的胜率就能达到 64%！从这一点上看，球星的重要作用显而易见。不过，乔丹的“夺冠靠防守”这句名言，也从另外一个角度诠释了团队协作的重要性。

拥有一名 top5 等于 64% 的胜率

在得出“夺冠不见得全靠防守”的结论之后，我们决定再考察体育运动领域里的另一句陈词滥调。小运动员还不到能独立穿上球鞋、套上夹克的年纪，人们就不约而同地教导他们：“球队里没有大写的‘我’。”当然了，这堂拼写课的目的是要强调团队合作的美德，表明团结一致的重要性，以及追求个人荣誉的不利影响。但它是否准确地概括了现实情况呢？

篮球领域无疑是这句老掉牙的话最常出现的地方。如果我们排出过去 20 年最顶尖的五六位 NBA 球员，名单里大概会包括迈克尔·乔丹、科比·布莱恩特、蒂姆·邓肯、沙奎尔·奥尼尔、哈基姆·奥拉朱旺和勒布朗·詹姆斯。如果球队里没有大写的我，这些明星就无关紧要了。一支有 5 名球员为了共同的目标克制自我、升华自我，从整体上就像是交响乐队的球队能够比一支打起球来只顾着自己的全明星球队表现出色，这种情况其实很少。自 1991 年以来的每一年，上述球员里至少有一人能出现在

NBA 总决赛。再往回拉 10 年，把拉里·伯德和“魔术师”约翰逊加进去，那么，过去 30 年里，除了一年之外，这最顶尖的 8 名球员年年都至少有一人打入了 NBA 总决赛。换句话说，极少数最杰出的球员带着他们的球队拿下了绝大多数的 NBA 总冠军。如果球队里没有一名历史上最出色的球员，那么它就拿不下冠军，只有一次例外。

我们想知道，一支没有超级明星的 NBA 球队拿下总冠军、打入总决赛或者打入季后赛的可能性有多大。我们可以用各种方式定义超级球星，比如第一阵容的全明星，获最有价值球员投票最多的前 5 名，或者薪水最高的前 5 名。定义随你选，关系不太大。图 11-1 是我们在 NBA 中发现的情况，描述了拥有特定数量超级球星的球队赢得总冠军、打入总决赛以及打入季后赛的概率。

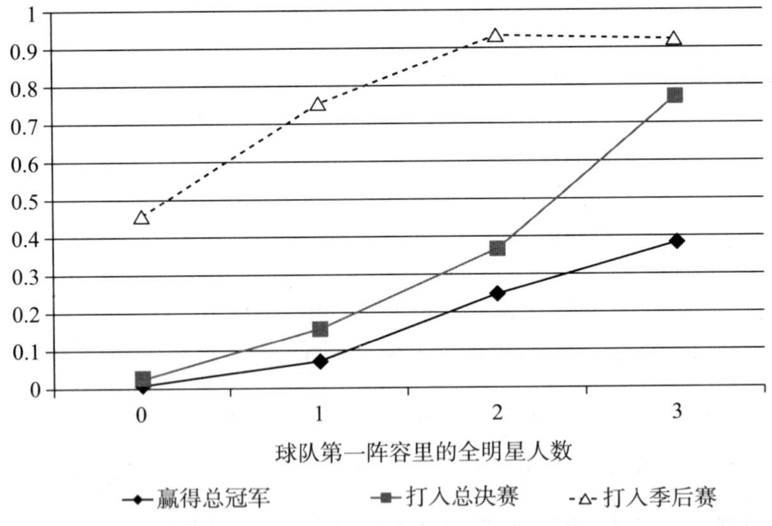

图 11-1　球队里超级球星的数量对比赛结果的影响打入总决赛或打入季后赛的概率

一支花名册上没有全明星球员的队伍，基本上没有赢得 NBA 总冠军的可能性，确切地说只有 0.9% 的概率。85% 以上的 NBA 总决赛里至少有一名超级球星参加，90% 以上的 NBA 总冠军属于一支拥有超级球星的球队。图 11-1 还显示，有了超级球星，球队获得总冠军的概率就大幅提高，这并不足为奇。有一名第一阵容全明星球员，可让球队拿下总冠军的机会提升到 7.1%，打入总决赛的机会提升到 16%。如果一支球队幸运地拥有两名第一阵容全明星球员，拿下总冠军的概率是 25%，打入总决赛的概率是 37%。如果球队罕见地拥有了三名第一阵容全明星，就有 39% 的概率可赢得总冠军，打入总决赛的概率是 77%。

如果我们考虑获最有价值球员投票最多的前 5 名球员，数据就更惊人了。一支球队只要拥有一名这样的球员，就代表有 15% 的机会拿下总冠军，31% 的机会进入总决赛。有两名这样的球员，球队就有 48% 的机会赢得总冠军，70% 的机会打入总决赛。

所以，2010 年夏天迈阿密热火队花重金请到勒布朗 · 詹姆斯时，球迷们高兴得发狂也就不足为奇了。当詹姆斯“把自己的才华带到了南方海滩”，加入了德文 · 韦德（Dwyane Wade）和克里斯 · 波什（Chris Bosh）的行列，热火队几乎等于是十拿九稳能进季后赛了。有了最有价值球员詹姆斯，外加另外两位全明星球员，热火有 98% 的可能性进入季后赛，70% 的可能性进入总决赛，36% 的可能性打赢所有队伍。

这在一定程度上站得住脚，对吧？超级球星通常都会集中在最优秀的篮球队。花名册上有第一阵容全明星球员的球队，平均胜率是 56%。有两名第一阵容全明星球员的球队，平均胜率是 63%。只要拥有一位排名前五的最有价值球员，球队的胜率就达到了 64%。从这个意义上来看，“球队里没有大写的我”这句老话很有问题。

有趣的地方来了。即使控制了球队的常规赛季胜率，拥有超级球星的球队在季后赛也做得明显更好。也就是说，就算排除掉球队常规赛季的成功，拥有一位排名前五的最有价值球员，能让球队赢得总冠军的概率提高12%，打进总决赛的概率提高23%。这表明超级球星在季后赛里特别宝贵，具有讽刺意味的是，这也正是教练、媒体、分析师着重强调“团队”的时候。

一支拥有5名团结球员的球队，真的表现比一支“1拖4”（1名超级球星加4名支持配合的球员）的球队更好吗？要检验这个想法，方法之一是从天赋的角度考察球队首发阵容的差距。把能力控制在相同水平，天赋平均分布的篮球队，表现比天赋分布更集中的球队更好吗？衡量天赋很困难，但薪水是个合理的评测指标。控制了球队的平均薪水和胜率之后，首发球员薪水差距更大的球队表现比薪水分布更平均的球队要糟糕吗？

事实上，我们发现的结果恰恰相反。球员天赋分布更集中的球队比分布更平均的球队有更高的概率能打入总决赛和赢得总冠军。这同样表明，球队拥有一名超级球星再加相对较弱的支持性球员，其表现比拥有5名优秀球员的队伍更好。

冰球以及足球同样如此。如果没有一个善射的得分射手，没有精于防守的守门员或门将，球队在季后赛就很难生存下去。MLB里或许也有个“大写的我（I）”，但其效应相对较弱，部分是因为球队规模更大，一名选手很难改变球队的整体构成。尽管如此，世界大赛的大部分冠军头衔和季后赛阵容仍然属于那些拥有少数超级巨星作为投手以及击球手的球队。不过，冠军队伍里没有第一阵容全明星球员的例子也有。还记得2003年的佛罗里达马林鱼队有哪位“球星”吗？2002年的洛杉矶天使队呢？但这也自有道理。尽管我们关注棒球运动里的个人成绩，除了5场比赛里只打一场的先发投手之外，其他任何球员都很难控制比赛。哪怕是最优秀的击球手，每隔 9 轮才轮得到拿一次球棒。

胜利归于团队

既然证据表明，在篮球、冰球和足球运动中，少数高天赋球员对成功极其重要，那为什么有这么多教练和评论员如此强调团队呢？或许这是因为，承认球星比其他队员加在一起都重要，会削弱其他队员的积极性。队友尽管不如球星宝贵，但仍有一定价值。球队需要他们抢篮板、传球、拦截、追球和防守。诚然，超级巨星能带来巨大的不同，但他不能一个人就做到。在这个意义上说，团队肯定很重要。

球星自己往往也能认识到这一微妙的平衡。还记得迈克尔·乔丹怎样不厌其烦地宣扬“夺冠靠防守”的传统智慧吗？这句话其实就是在为队友们镀金。不过，即使是乔丹也对“球队里没有大写的我”真理另有看法。他意识到，球员的天赋不见得全都生来平等。

2009 年，他登入篮球名人堂时做了一场讲演，对自己涡轮增压般的竞争动力做了许多揭示。他讲了一个故事：为了带领芝加哥公牛队走向胜利，他曾在一场比赛的后期连续得了 20 分。事后，公牛队资深助理教练特克斯·温特（Tex Winter）告诫他：“迈克尔，球队里没有大写的我。”乔丹回忆说，他当时看了看特克斯这样回答道：“可胜利里有一个大写的我[①]。你想要哪个？”

---

① 此处原文为“There's an I in win”，也是一语双关，单词“win”里有字母“i”，乔丹在这里的意思是，“获胜就是靠我的功劳”。——译者注

SCORECASTING

第12章

图表之外

让牛仔队成功的方法现在也不灵了

在NFL选秀大会上，如何交易选秀权是一门了不起的学问。1991年，达拉斯牛仔队精心绘制了一份选秀位置价值图。凭借这一“秘密武器”，达拉斯牛仔队在接下来的5年里赢得了三届超级碗冠军。不过，由于对选秀权靠前球员价值的高估，名噪一时的“秘密武器”现在也不灵了。

1991 年春，达拉斯牛仔队的总部里，大家的乐观情绪中隐约藏着一缕不安。这支 NFL 标志性球队最近被卖给来自阿肯色州的一位狂妄冒险家——杰里·琼斯（Jerry Jones）。琼斯冒着很大风险从石油和天然气的生意里赚到了财富，于 1989 年拿出了全部身家，用 1.4 亿美元买下了“牛仔们”，其中 6 500 万美元用来买球队，7 500 万美元用来买体育场。琼斯付了 9 000 万美元的现金，其余的用个人资产抵押贷款。他每天支付 40 000 美元的利息。银行家对他说，他是个疯子。他的父亲也说了同样的话，但不管怎么说，这可是达拉斯牛仔队。

琼斯当权之初，并未显示出日后的了不起。他上任的第一把火就是炒掉了球队的长期教练，备受尊敬的传奇人物汤姆·兰德里（Tom Landry），换上了风格截然相反的吉米·约翰逊（Jimmy Johnson）。约翰逊是个性情急躁的叛逆分子，从来没在 NFL 执教过。他是个新人，之前在迈阿密大学任职，取得过十分显赫但也极具争议性的成就。约翰逊是琼斯在阿肯色大学的老队友加铁哥们儿，这就够了。琼斯让约翰逊全权负责橄榄球事务，逼走了牛仔队聘请来的唯一总裁特克斯·施拉姆（Tex Schramm），而施拉姆在得克萨斯州有着深厚的根底。最糟糕的是，牛仔队在赛场上表现很差，琼斯买下球队的最初两个赛季，球队在32场比赛里只赢了8场。

团队运动的世界里盛行大锅饭，表现悲催的球队经常撞大运，于是牛仔队把希望放在选秀上了。最好的选秀权属于表现最差的球队，虽然这像是黄金落在傻瓜手里，可能完全没用。1991年，达拉斯队在选秀上如有神助：前四轮选秀可选10人，光是第一轮就能选5人，第一选秀权也在里头。约翰逊乐得合不拢嘴，“整个选秀都归我们了！”没有什么人反对他的说法。但如果说，这次选秀有望变成该球队的转折点，那么也可以说，它同样有可能成为琼斯个人的滑铁卢，“你早早地选了这么多人才，可仍然没法让球队走好运，有你好瞧的”。

由于新主人对投机很有热情，牛仔队进行的交易比NFL里其他任何球队都要多。琼斯买下球队的26个月里，牛仔队已经做了29笔交易，包括与明尼苏达维京人队那笔臭名昭著的“赫舍尔·沃克交易”（Herschel Walker trade），这笔交易一次性换了18名球员，与其说这是交易，倒不如说是盗窃行为。牛仔队用上了年纪的沃克和4次当季选秀权，换取了5名球员外加6次未来选秀权。20年之后，这仍然堪称不平衡交易的标杆。在那次交易之后的几年，牛仔队将付出巨额利息，但约翰逊回忆说，在当时，这让其他球队跟牛仔队做交意很警惕，害怕被占了同样的便宜。

然而，牛仔队手握很大的选择余地，按照逻辑应该会这么想：选秀日当天，其他球队会交易选秀权。这就引出了一个问题：在短时间内，约翰逊怎么知道其他球队提出的交换提议（比如用本队的第三轮选秀权换取绿湾队的第 5 轮和第 11 轮选秀权）是否更划算呢？“我没法太快评估出价值，”在选秀前跟达拉斯队的高管们开会时，约翰逊抱怨说，“没有谁做得到！”周围人频频点头。

牛仔队的高管兼少数股份持有者迈克·麦科伊尖着嗓子冒出来说：“让我试试能不能解决这个问题。”

牛仔队的“秘密武器”

1981 年，麦科伊还是阿肯色州的一名石油工程师，曾与琼斯合作组建了阿科马生产公司（Arkoma Production Company）。琼斯负责联系业务，麦科伊负责钻探。《公司》杂志（*Inc.*）曾经指出，他们针对其他公司都怀疑资源丰富但不愿投资开采的地点，建立并完善了一套低风险钻探策略。“夜猫”（指买来便宜，但难得带来回报的投机性油井）的成功率在 5% 左右。按《公司》杂志的说法，琼斯和麦科伊打了 2 000 口井，其中有 500 多口都赚了钱。1986 年，阿肯色州天然气公司阿克拉（Arkla）以 1.75 亿美元的价格买下了阿科马。此外，阿克拉的前负责人谢菲尔德·纳尔逊，1990 年竞选州长并败给了野心勃勃的在任州长比尔·克林顿。谢菲尔德败北的部分原因在于，他授权给琼斯和麦科伊的慷慨回报，存在重重的疑问。琼斯买下牛仔队之后，麦科伊加入了他。毕竟，琼斯常常夸麦科伊说：“他是我身边最聪明的一个家伙。”

量化选秀权这桩买卖又怎么样呢？麦科伊认为，自己一辈子都在解决数字谜题，努力让赔率朝自己有利的方向倾斜。这无非是重新应用到另一个领域罢了。他回忆说，自己当时在心里嘀咕：“这能有多难？”

事实证明，一点儿也不难。麦科伊让达拉斯队的人事部门整理一张清单，把选秀日之前 4 年 NFL 的所有交易都列出来。他为每一轮选秀的第一顺位选择权都随意分配一个值，接着用之前所有的选秀交易，提炼每一轮选秀的相对价值。麦科伊回忆说："问题的关键是创建出图形化的描述，根据 NFL 自身的行为，判断他们怎样对选秀权估值。我并不在乎这些选秀权的价值应该是怎样。"

麦科伊没有做任何主观判断，他只是根据现有的资料绘制数据点。经过两天他所谓的"顺藤摸瓜"和绘制，他拿出了一张表，在表中他为每一个选秀位置都分配了相应的数值。"那基本上就是一张价格表，"麦科伊说，"这就是沃尔玛对牛仔裤和牙膏做的事，只不过我运用到了橄榄球选手身上。"第一轮的第一顺位选择价值 X，最后一轮的最后一选（也就是俗称的"无关紧要先生"）价值 Y。每一个点各自价值多少，部分如表 12-1 所示。

表 12-1　麦科伊表中部分点的数值

第一轮，第一顺位选择权	3 000
第一轮，第二顺位选择权	2 600
第一轮，第 10 顺位选择权	1 300
第一轮，第 32 顺位选择权	590
第二轮，第一顺位选择权	580
第三轮，第一顺位选择权	265
第四轮，第一顺位选择权	112
最后一选	0.4

根据这张表，第一轮第一顺位选择权的价值（3 000），等于第 6 顺位选择权的价值（1 600）和第 8 顺位选择权的价值（1 400）加起来的值，比第一轮最后 4 次选择权的价值加起来（640 + 620 + 600 + 590 = 2 450）

还要多。

麦科伊很快就承认，这么计算很草率，算不上严格的计量经济学。但有了这张表，牛仔队满怀信心地来到了 1991 年的选秀日。每当其他球队提出交易，他们就会根据转换表做些计算，判断是否值得。如果“低于参考线”，那最好不予考虑；如果超过参考线，那恐怕就是占便宜。用第一轮的第一顺位选择权选中了拉塞尔·马里兰（Russell Maryland，约翰逊以前从迈阿密大学招募过来的防守截锋）之后，达拉斯队把自己第一轮另外两次选择权交换了出去。他们兜兜转转，拍板定夺，最终一举囊括了 17 名球员（包括三名最终打进全明星赛的选手）。那个周末结束之后，牛仔队的机密室里弥漫着乐观的情绪。当时的约翰逊喝了几瓶啤酒，对跟踪采访的《体育画报》记者说：“我们会好的，很好很好。在这间屋子里，没有任何人对此表示怀疑。外面的人怎么看我们，我一点也不在乎。”

果然，在随后的几年里，牛仔队重新回到了“美国之队”的光环之下。接下来的 5 年，达拉斯队赢得了三届超级碗，再次得到了幸运女神的垂青。

牛仔队在选秀日上非凡的成功，为这支球队成功转向做出了不小的贡献。绘制出那张表之后的 5 年里，达拉斯牛仔队选择了 15 名首发球员，5 名全明星球员。“有了它，”麦科伊说，“其他球队都害怕跟我们做交易了。”没过多久，杰里·琼斯就开始说这张表是牛仔队的秘密武器。

此外还有附带的好处。借助麦科伊的秘密武器，牛仔队发现，其他球队总是为人才多花了钱。“我们真想给这些球队打电话！”麦科伊说。举个例子，1999 年，新奥尔良圣徒队为了换回华盛顿红皮队的第一轮第 5 顺位选择权，以便拿下里基·威廉斯（Ricky Williams），换给红皮队自己的 8 次选择权，包括自己 1999 年的所有选择权。至少从表中的价值来看，新奥尔良队的买价贵得几乎滑稽，而牛仔队的作战室当然不会忽视这一点。[①]他们提醒自己：只要有可能，就跟新奥尔良队交易。

牛仔队的秘密武器没法永远保密，这几乎没法避免。因为牛仔队成了常胜将军，很自然地，他们的教练和协调员吸引到了其他球队的兴趣。在戴夫·瓦恩史提特（Dave Wannstedt）去执教芝加哥熊队以及诺夫·特纳（Norv Turner）到华盛顿红皮队出任主教练之前，肯定在打包行李时顺手复印了牛仔队的秘密武器。小牛队的球探和前线办公室员工也在前往其他球队时带上了这张表。不到10年，NFL里大多数甚至全部球队都有了一份偷来的“麦科伊表副本”。

1996年，琼斯把好朋友麦科伊的球队股权买了下来，尽管直到今天，两人都是亲密的朋友，在天然气投资上仍为商业伙伴。当时，牛仔队已经价值3亿美元，是琼斯买入价的两倍多。今天，华尔街对这支球队估值近20亿美元，比琼斯买入价的12倍还多。此刻，作为达拉斯队的投资人，麦科伊想起自己这一作品，还是忍不住偷笑。“我想这带来了公平竞争的环境，让交易变得更容易了，因为人人都可以参考图表遮好屁股了，”他说。接着他又神情颇为落寞地说：“但过上一阵，你就不能像我们过去那样占其他球队的便宜了。”

但也说不定，你或许仍然可以占便宜呢？毕竟，麦科伊的作品是对球队实际行为的映射，但球队并不一定应该那么做。他的表根据球队达成的实际交易，提供了选秀权的平均值，故此牛仔队可以判断某一交易是高于还是低于NFL其他球队对该球员的平均估值。但如果说，球队对选秀球

① 具有讽刺意味的是，华盛顿队白白浪费了这8次选秀权，效果很不好，一次又一次选砸了。与此同时，在说唱歌手“P师傅”（Master P）的引领下，威廉斯谈下了或许是体育史上最具讽刺意味的合同，交易里充斥着以成绩为基础的激励举措，而他又没能完成，结果为圣徒队省下了好几百万美元。因此，一笔本会变成新奥尔良队灾难的交易稍稍中和了一下，为双方都没带来什么好处。

员的平均估值根本就是错的呢？没错，现在每一支球队都有了该表的副本，但很少有球队重新核查麦科伊的估值，或是根据薪资上限的变动以及更重要的实际人选的表现升级图表。有人检查过第一顺位选中的球员真的像表中示意的那样，比第 8 顺位选中的球员优秀两倍吗？并没有。“我们是搞橄榄球的，不是数学专家，”一位高管说，“我们都在用杰里 · 琼斯的一位伙计做出来的这份文档，那好像是 20 世纪 80 年代末的事吧？现在你要还是这么做的话，恐怕就没那么明智了。”

理查德 · 塞勒的疑惑

绝对不那么明智，至少，按两位杰出的行为经济学家对 NFL 选秀所做的研究来看是如此。2004 年，芝加哥大学行为经济学教授理查德 · 塞勒以及耶鲁大学的凯德 · 马西（Cade Massey），观察了当年的 NFL 选秀。在第一顺位状元选时，圣迭戈电光队选择了四分卫伊莱 · 曼宁，他是 NFL 中最优秀的四分卫佩顿 · 曼宁的弟弟，NFL 老资格四分卫阿奇 · 曼宁（Archie Manning）的儿子。纽约巨人队手握第四顺位选择权，也在市场上寻找四分卫好手。他们对曼宁梦寐以求，认为他是最合适的人选，这不是什么秘密。

据《体育画报》著名撰稿人彼得 · 金（Peter King）的报道，当时，巨人队在 15 分钟的选择时间里，为两种极为不同的做法犯了愁。一种做法是跟圣迭队做交易，巨人队先用被认为是秀场里第二优秀的四分卫候选人菲利普 · 里弗斯（Philip Rivers）交换曼宁，同时放弃自己当年的第三轮第 65 轮的选择权，以及 2005 年选秀的第一和第五轮选择权。另一种做法是跟克利夫兰布朗队交换，后者拥有第 7 顺位选择权，也想要个四分卫。

在第 7 选时，巨人队大概可以挑上公认第三优秀的四分卫本·勒特利斯贝格尔（Ben Roethlisberger）。选择权后移，巨人队还可从布朗队换到当年的第二轮第 37 顺位选择权。

巨人选择了第一种做法，这意味着，他们认为伊莱·曼宁比本·勒特利斯贝格尔外加另 4 名球员都更有价值。事实证明，这跟表中的估值是完全一致的。

可在两位经济学家看来，这似乎是一个格外夸张的价格。他们想知道，这样的情况是不是特例。因为有可能，曼宁的优秀血统减少了风险，让他成了特别的案例。但他们收集了此前 13 年 NFL 选秀的数据，考察了选秀日当天所做交易以及对选秀状元支付的薪水（工资加奖金），发现曼宁的交易完全没什么特殊的地方。按照惯例或者说按规矩，要想得到当前或未来靠前的选秀权，球队会支付高昂的费用。此外，跟选中的球员签订合同，他们也会花上一大笔钱。

以曼宁为例，他不仅有效地让巨人队放弃了包括日后成为全明星线卫肖恩·梅里曼（Shoulne Merriman）在内的其他 4 名球员，自己也获得了 5 400 万美元的 6 年期合同。与此相比，勒特利斯贝格尔最终在第 11 顺位由匹兹堡钢人队选去，签下了 2 226 万美元的 6 年期合同。马西和塞勒发现，从历史上看，第一顺位被选下的球员，第一份合同里的薪水一般来说比第 11 顺位的球员多 80%！整整 80%！

马西和塞勒还发现，对选秀位置靠前的球员，球队始终一致地高估其价值，程度甚至叫人有点难以置信。不管是二手车、日用品还是房地产，市场总是在变的。说到底，有着不同需求、不同资源的不同的人总会做出不同的估值，你大概会想，橄榄球选手的市场充满了主观臆断和投机性，肯定也特别动荡。可到了 NFL 选秀上，几乎每一支球队都得出了相同的价值。不管环境怎样，也不管球队的需求怎样，球队总是为相同的选择权分配相同的价值。这是怎么回事？

原来，他们都用着迈克·麦科伊 1991 年绘制出的那张表！

为了验证自己的怀疑，即怀疑麦科伊表高估了排名靠前的选秀权的价值，马西和塞勒用球员的实际表现，比较了球队分配在选择权上的价值。他们从选择权及其放弃的球员上来看，也从薪水的角度来看。之后，两位经济学家又用这些数字，比较了为获得这些选秀排位靠前的球员所放弃的球员的实际表现。以曼宁为例，他在此后 5 年的表现，跟菲利普·里弗斯，以及巨人队为了得到曼宁而放弃给圣迭戈队的其他球员比起来如何呢？同样地，这些数字跟本·勒特利斯贝格尔的统计数据，以及巨人队本可从克利夫兰队那里得到的额外球员比起来又怎么样呢？

更一般地说，如果表上说，第一顺位选择相当于第 6 顺位选择加上第 8 顺位选择，又假设它说得不错，那么，第一顺位选中的球员的成绩，应当等同于第 6 顺位球员和第 8 顺位球员两人成绩的总和。两位经济学家考察了成为球队正式阵容的概率、首发次数以及进入全明星赛的可能性。

他们发现，平均而言，排位靠前的球员表现的确比排位靠后的球员要好，第一轮选择的球员成绩也比第二轮选择的球员要高，而后者又比第三轮选择的球员成绩要高，依此类推。绝对没有人告诉你，总体来看，第一轮选择的球员居然表现比第三轮的球员差，或者是第三轮球员的表现不如第 6 轮球员出色。

问题是，没有好到那么多。举个例子，从麦科伊表来看，第一轮第一顺位选中的球员大概相当于第 33 顺位（即第二轮第一顺位）球员的 5 倍。

但事实证明，平均而言，状元秀球员比第 33 顺位球员优秀不到两倍，而球队为状元球员付出的代价则是第 33 顺位球员的 4 到 5 倍。即便只看第一轮遴选，麦科伊表声称第 10 顺位球员不值第一顺位球员的一半，相应的，前者的薪水也只是后者的半数。但实际上，典型的第 10 顺位球员几乎跟典型的第一顺位球员同样出色。

即便只看球员在赛场上负责的位置，排名靠前的选手也被高估了。第一顺位四分卫或接球手比第二顺位、第三顺位四分卫或接球手好多少？好得并不太多。研究人员得出了如下结论：

- **在给定的位置上，第一顺位选择的球员比同一位置第二顺位选择的球员更优秀的概率仅为 53%，比打个平手稍微好那么一点点。**
- **在给定位置上，第一顺位选择的球员比同一位置第三顺位选择的球员更优秀的概率仅为 55%。**
- **在给定位置上，第一顺位选择的球员比同一位置第四顺位选择的球员更优秀的概率仅为 56%。**

换句话说，按首发次数来看，选择特定位置上公认最顶尖的球员，比选择该位置公认第四优秀的球员，仅能让成绩提高 6%。而且，就算是这个数据也是虚高的，因为状元球员得到更多首发机会的原因仅仅是因为，球队已经在他身上投入了太多的钱。然而，为了得到第一顺位的球员而不是第四顺位的球员，球队要付出四五倍的代价，不管从球员的角度来看还是从金钱的角度来看都是如此。回顾 2004 年的 NFL 选秀，伊莱·曼宁真的比菲利普·里弗斯出色 50%，比本·勒特利斯贝格尔优秀两倍吗？到了今天，这三人的排名高下如何，争议仍然很大。除开勒特利斯贝格尔烦人的周期性“人品问题”，大多数专家和球迷恐怕会以跟选秀名次相反的顺序来评估这三人如今的价值。你很难再说服任何人，曼宁明显比里弗斯或勒特利斯贝格尔更有价值，而且不管怎么说，他怎么也不可能比后两人优秀两倍。可年复一年，选秀的模式还是老样子。

在 NFL 选秀上签下状元，真的是走好运吗？从本质上看，它跟投硬币差不多，但又不是传统意义上的那种。投出了头像，你赢了一毛钱；投出了字，你损失了两毛五。马西和塞勒把结论推进了一步，他们认为，考虑到薪水因素，整个选秀的第一顺位球员并不比第二轮的第一顺位球员价值更高。顺便开个玩笑：假设选秀日那天，拿了状元签的球队登场，球迷们洋溢着旺盛的乐观情绪，却只听见播报员拖长声音喊道：“第一顺位选择，底特律雄狮队弃权。克利夫兰布朗队现在开始计时。”

马西和塞勒还发现了另一种高估形式：球队会为了在未来的选秀中往前排而付出巨大的代价。比方说，为了获得今年的一次首轮选秀权，球队要放弃明年甚至后年的两次首轮选秀权。今年获得一个额外的二轮选秀权，意味着放弃明年的一次首轮选秀权加二轮选秀权。教练和总经理们似乎太低估未来了。纵观所有这些交易，对未来的隐含折现率是 174%，也就是说，球队认为今天的选择权是来年同一顺位选择权价值的两倍还多，接近三倍！从利率的角度想想看。我们会有多少人按 174% 的年息找人借钱？高利贷都没这么夸张。

“赢家的诅咒”

为什么 NFL 球队认为靠前的选择权这么有价值呢？心理学能解释大部分原因。凡是看过《一掷千金》（*Deal or No Deal*）这套博彩电视节目的人，或者任何在易贝网或慈善拍卖活动上竞过标的人都知道，跟其他投标人竞争时，我们容易为一件东西或一项服务多花钱。我们知道 500 美元礼券的价值，我们会相应提高投标出价。这很简单。可如果项目的价值不确定呢？一件令人垂涎的艺术品或珠宝，价值是多少不清楚，但人人都在抢。这时候，真正的竞购战就开始了，结果就是人们多花了钱。为此甚至出现了一个专门的词：赢家的诅咒。

为了证明赢家的诅咒，一位经济学教授往信封里塞了一叠现金，告诉学生们，信封里的钱不到 100 美元。学生们对它竞标，获胜的标的金额全都远远超过了信封里的实际金额，有时候甚至超过了 100 美元！到上课的最后一天，教授用多出来的钱给其他学生买了披萨。NFL 选秀的状元签，本质就是投机，同样逃不掉赢家的诅咒。

为选秀多付钱还有另一个因素：人们一贯对自己的能力过于自信。在各种各样的环境下，人对自己的信心都强得超过应有的程度。曾有一项著名的研究，随机询问被试在驾驶水平上是否高于平均水平。3/4 的人都说自己是。同样地，75% ~ 95% 的基金经理、企业家和教师都认为自己在工作上“高于平均水平”。显然，不是每个人都能高于平均水平的，应该只有大约一半的人高于平均。有多少次，因为桌子对面的老板相信自己在 30 分钟的面试里找到了最合适的人选，他就靠直觉做出了聘用决定？医生凭借直觉而非遵循证据就提出了治疗方案，这种情况不是也很常见吗？他们就是觉得自己是对的。出于同样的道理，NFL 总经理，有时候还加上插手的老板，往往对自己评估人才的能力过分自信。他们相信自己的直觉。这倒并不完全是件坏事，但他们太自信，结果多花了钱。他们从不考虑数学，他们幻想自己会是例外。他们觉得自己对这个球员的看法是对的，一如每一位企业家都觉得自己的商业计划更出色，每一位基金经理都觉得自己选中的股票必涨！

高估源自直觉，也有助于解释为什么球队在今年的选秀上投入那么多，却对来年的前景投入那么少。在你面前的家伙是“一个千载难逢的球员”，这个说法，球队几乎在每一年的选秀上都会用上一次。明年的那家伙什么样，太抽象了。这种只看眼前的做法还有另一种解释：总经理和教练的任期往往比较短，此刻获胜是保住自己饭碗的必备条件。哪怕是短短一年，似乎也不在他们的考虑范围之内。

高估选秀权，并不局限于橄榄球领域。在 NBA，球队对今年选秀权的估值是明年同一位置选秀权的两到三倍。我们收集了 1982 年到 2011 年的 NBA 选秀数据，考察了本轮选秀权与未来选秀权之间的交易。我们发现，未来的选秀权通常会打巨大的折扣，高至 169%，跟 NFL 球队对未来选秀权的折现率大致相当。同样，这既可能是因为球队经理和教练太短视，也可能是因为球队高估眼前，低估看不到的未来。不过，NBA 首轮选择权的高估程度小，跟 NFL 简直没法比。这也有道理，毕竟，NBA 的选秀只有两轮。球员能力也更容易预测，要考虑的球员及所打位置较少，一个球员对球队的影响比橄榄球更大。棒球界的选秀不太重要，因为许多外国球员都以“自由球员”身份签约，即便如此，将来的选秀权也要打极大的折扣，首轮选秀权一样容易被高估。

真相是：评估人才，很难。有多难？想想伊莱·曼宁的哥哥佩顿·曼宁的故事吧。1998 年，佩顿·曼宁在巨大的欢呼声中进入 NFL 的选秀场。但是球队拿不准他到底会是第一个还是第二个被选中的四分卫。来自华盛顿的瑞安·利夫（Ryan Leaf）笼罩在同样巨大的光环下，NFL 许多球探也认为他会是更出色的候选人。利夫比曼宁个头更大更强壮，这是两项很容易衡量的指标，也得到了数据的支持，因此在众人眼中利夫是更优秀的运动员。虽然曼宁在田纳西州大学队的赛场上证明自己完全够格，但他从没能带着该大学的校队志愿者队拿到全国冠军，这也是一些人心存疑虑的原因。

圣迭戈闪电队起初拥有选秀首轮的第三顺位选择权，但它跟亚利桑那红雀队做了交易，换得了第二顺位选择权，以确保能从两名诱人的四分卫里抢下其一。他们送出了两次首轮选择权，一次二轮选择权，以及预备线卫帕特里克·萨普（Patrick Sapp）和三次打入全明星赛的埃里克·梅特卡夫（Eric Metcalf），就为了往前挪动一个位置！

最终，印第安纳波利斯小马队手持第一顺位选秀权，要走了曼宁。圣迭戈闪电队以第二顺位选择权拿下了利夫，签下了价值 3 125 万美元的 5 年期合同，包括 1 125 万美元稳拿的签约奖金。在当时，这算是付给新人的天价了，不过，后来又被小马队付给曼宁的钱超了过去，小马队为曼宁提供了一份 4 800 万美元的 6 年期合同，包括 1 160 万美元的签约奖金。

你大概还记得之后发生了什么样的事情。佩顿·曼宁成为 NFL 四分卫的宙斯，连续 4 次成为最有价值球员，也是历史上夺得此称号最多的球员，他获得了一届超级碗冠军，所向披靡地登入了橄榄球名人堂。而利夫呢？在我们撰写本书期间，他在得克萨斯州被指控犯了入室盗窃罪和吸毒罪，辩护成功才刚刚摆脱困境。他为非法获取处方药一事认罪，被判处缓刑。2009 年夏天，他刚从加拿大的戒毒所出来返回美国，就被海关人员逮捕了。2001 年，他打完了自己最后一场 NFL 比赛。他的职业生涯被打上了“没用”的标签：受伤，跟队友、教练和媒体的关系恶劣，从整体上来看缺乏敬业精神。利夫曾以手腕疼痛为由逃避训练，但报道说当天他还打过高尔夫。还有一次，他因为违令而停赛 4 场，期间球队吩咐他趁机恢复肩膀和手腕，又被人拍到他跟朋友打腰旗橄榄球的画面。

经过连续三个灾难性的赛季，闪电队违背惯例跟利夫解了约。碰到排名靠前的选秀球员表现不佳，球队一次又一次地无视经济学家所谓的沉没成本，继续对其进行投资，指望他来年扭转局面。球队给自己找理由说："我们为了得到他付出了那么多代价，我们必须把他留下，以求还本。"但钱已经没了，继续投资表现不佳的球员，只会让原本就做错了的决定变得更糟糕。你碰到过这种情况吗：订购了吃的东西，尝了一口，发现它难吃极了。有多少人会因为"既然钱已经花了"而继续把它吃完？又或者，有多少人会因为以 50 美元的价格买了一只股票，看到它现在只值 40 美元，明天还会跌到 30 美元，却坚持不卖？臭了的寿司真的会因为我们继续吃而变得好吃起来吗？沉底了的公司真的还有机会看到它的股价回到 50 美元吗？钱已经没了，我们不妨现在就割肉以减少损失。但我们很少这么做。人人都不甘心承认遭了损失，包括橄榄球队高管。

不过，闪电队还算从代价高昂的错误里汲取了教训。2000 年，他们还在为利夫的惨败恢复元气，以 1 胜 15 负的成绩打完了赛季，获得了 2001 年 NFL 选秀第一顺位选择权的"奖励"。他们把这次的选择权交给了亚特兰大猎鹰队，换回了首轮第五顺位选择权、一次三轮选择权，外加 2002 年的一次二轮选择权，还有外接手、回攻专家蒂姆·德怀特（Tim Dwight）。猎鹰队用状元签选下迈克尔·维克（Michael Vick）；闪电队用第五顺位选择了拉达尼安·汤姆林森，成了他那一代人里最风光的跑卫。为了满足对四分卫的需求，闪电队等到了第二轮的第一顺位选择权，签下了德鲁·布里斯（Drew Brees），后者直到 2010 年仍然是超级碗最有价值球员，尽管当时他已经去了另一支球队——新奥尔良圣徒队。要记住，在2004年，闪电队其实是乐意放弃伊莱·曼宁，换取肖恩·梅里曼和菲利普·里弗斯的。这两笔交易的价值加起来跟麦科伊表几乎完全吻合。想想看，如果闪电队早知道那张表有缺陷，那做出的选择会好多少。

除了金钱，对排名靠前的选秀球员过度投资，还存在其他实际成本。纵容选秀状元，给他区别待遇，会极大地降低球队的绩效，打击球员的士气，如果是第6轮选择的球员有着同等惨淡的表现，早就被炒掉了。它还抢占了其他球员的机会。给了瑞安·利夫更多机会，他的替补球员得到的机会就少了。不光签下状元球员的球队容易栽倒在这种谬误上，利夫在圣迭戈队打出可怜的成绩、行为表现不端之后，仍然有其他球队向他伸出橄榄枝。他们只记得利夫在大学里的表现。他们仍然觊觎他的身材、力量和运动能力，仍然相信媒体的赞美之词。就算有铁证证明他是个混子，“管他的！他来我们队就会不一样了！”球队自我宽慰道。只可惜，事实并非如此。

不确定状况下的判断

球队怎么知道自己抢到手的是另一个佩顿·曼宁，还是另一个瑞安·利夫呢？他们没法知道。没法预见自己签下的到底是一位优异球员，还是一个不成器的混子，未知和不确定的因素太多了。唯一可以肯定的是，两者都会让你付出高昂的费用。曼宁和利夫都非常昂贵，但他们当中只有一个人成就斐然。此外，在选秀期间，人们对曼宁是否比利夫更优秀的疑虑也并不少见。让我们看看表12-2，对比一下1999—2009年里的状元选手，以及次年投票选出的年度攻防新秀，外加选秀中打同一位置且日后进入了全明星阵容的其他选手。

表 12-2　　1999—2009 年的状元签球员

年份	选秀状元	年度新秀		来自同年选秀且打同一位置的全明星选手
		攻击组	防守组	
2009 年	马修·斯塔福德（Matthew Stafford，QB）	珀西·哈文（Percy Harvin，#22）	布雷恩·库欣（Brian Cushing，#15）	无
2008 年	杰克·朗（Jake Long，OT）	马特·瑞安（Matt Ryan，# 3）	杰罗德·梅奥（Jerod Mayo，# 10）	瑞安·克雷迪（Ryan Clady，2nd OT）
2007 年	贾马库斯·拉塞尔（JaMarcus Russell，QB）	阿德里安·彼得森（Adrian Peterson，#7）	帕特里克·威利斯（Patrick Willis，#11）	无
2006 年	马里奥·威廉斯（Mario Williams，DE）	文斯·扬（Vince Young，#3）	德梅科·瑞安斯（DeMeco Ryans，#33）	埃尔维斯·杜默维尔（Elvis Dumervil，9th DE）
2005 年	亚历克斯·史密斯（Alex Smith，QB）	卡迪亚克·威廉斯（Cadillac Williams，#5）	肖恩·梅里曼（#12）	阿龙·罗杰斯（Aaron Rodgers，2nd QB） 德里克·安德森（Derek Anderson，11th QB）
2004 年	伊莱·曼宁（QB）	本·勒特利斯贝格尔（#11）	乔纳森·维尔马（Jonathan Vilma，#12）	菲利普·里弗斯（2nd QB） 本·勒特利斯贝格尔（3rd QB）

续前表

年份	选秀状元	年度新秀		来自同年选秀且打同一位置的全明星选手
		攻击组	防守组	
2003 年	**卡森·帕尔默（Carson Palmer，QB）**	**安坎·博尔丁（Anquan Boldin，#54）**	**特雷尔·萨格斯（Terrell Suggs，#10）**	**托尼·罗莫（Tony Romo，4th QB，未入选当年选秀）**
2002 年	戴维·卡尔（David Carr，QB）	**克林顿·波蒂斯（Clinton Portis，#51）**	**朱利叶斯·佩珀斯（Julius Peppers，#2）**	**戴维·加勒德（4th QB）**
2001 年	**迈克尔·维克（QB）**	安东尼·托马斯（Anthony Thomas，#38）	**肯德雷尔·贝尔（Kendrell Bell，#39）**	**德鲁·布里斯（2nd QB）**
2000 年	考特尼·布朗（Courtney Brown，DE）	迈克·安德森（Mike Anderson，#189）	**布赖恩·乌拉克（Brian Urlacher，#9）**	**肖恩·埃利斯（Shaun Ellis，2nd DE）**
	无	无	无	**约翰·亚伯拉罕（John Abraham，3rd DE）** **卡贝尔·巴亚-比亚米拉（Kabeer Gbaja-Biamila，12th DE）** **阿德瓦莱·奥甘列耶（Adewale Ogunleye，24th DE，未入选当年选秀）**
1999 年	蒂姆·库奇（Tim Couch，QB）	**埃德格林·詹姆斯（Edgerrin James，#4）**	**杰文·基尔斯（Jevon Kearse，#16）**	**多纳文·麦克纳布（Donavan McNabb，2nd QB）** **多特·卡尔佩珀（Daunte Culpepper，4th QB）**

QB-四分卫；OT-进攻截峰；DE-防守边锋。

注：加粗的人名代表该球员在职业生涯中打入了全明星赛。

还觉得挑选最优秀的球员很容易吗？看看 1999—2009 年的选秀状元，没有一个人选当年攻防新秀。更可怕的是，事实证明，选秀状元很多都变成了混子。在这 11 位选秀状元里，8 人为四分卫。其中蒂姆·库奇、戴维·卡尔、亚历克斯·史密斯以及贾马库斯·拉塞尔 4 人从未打出过证明自己实力的成绩。剩下的 4 人里，要判断马修·斯塔福德在底特律会有什么样的成绩还为时尚早，卡森·帕尔默和迈克尔·维克虽然都打进过全明星赛，但也都曾坐过颇长时间的冷板凳，帕尔默是因为膝盖受伤，维克则是因为蹲了两年牢，还因参与非法斗狗活动被 NFL 禁赛。这样一来，选秀状元里只有一名四分卫伊莱·曼宁，自出道以来就代表自己的球队参加了大多数比赛。

尽管选秀状元们的事业生涯迥然不同，但有一点是相同的：他们都得到了丰厚的薪水。所以，对签下选秀状元的球队来说，最好的情况是：你花高昂的费用得到了一位优秀选手，你花了保时捷的价钱买回了凯美瑞。最糟糕的情况则是：你付了很多钱，却没有得到一分钱的回报，你花了保时捷的价钱，买回了一堆破铜烂铁。你毫无可能以便宜的价格得到一位优秀的球员。在靠前的几轮选秀上，你绝对不可能以破铜烂铁的价格弄回保时捷。

2010 年的选秀延续了这一趋势。圣路易斯公羊队以第一顺位选择了过去 12 年里的第 9 个四分卫萨姆·布拉德福德（Sam Bradfor），并立刻以 8 600 万美元的 5 年期合同签下了他，还包括 5 000 万美元的保证金，这是史上报酬最丰厚的合同。

尽管曼宁和帕尔默算是成功的高顺位选秀球员，但问题不光在于他们让球队付出了多高的薪水，还在于为了得到他们，球队放弃了其他哪些潜在的优秀人选。2005 年，旧金山 49 人队用第一顺位选择权选中了四分卫亚历克斯·史密斯，而 2005 年的选秀球员里打进过全明星赛的四分卫只有两位：阿龙·罗杰斯（第 24 顺位新秀，2009 年打入全明星赛）和德里克·安德森（当年第 11 顺位被选下的四分卫）。2000 年，防守边锋考特尼·布朗成为选秀状元。他从未打入过全明星赛。但该次选秀中第二顺位和第三顺位的防守边锋肖恩·埃利斯和约翰·亚伯拉罕却多次打入过全明星赛。此外，打入全明星赛的还有卡贝尔·巴亚 - 比亚米拉，当年第 149 顺位被选中，也是第 20 顺位被选走的防守边锋。阿德瓦莱·奥甘列耶，他根本就没进入当年的选秀，也就意味着在他之前至少有 24 名防守边锋被选走。结论一清二楚：在橄榄球领域，要判断谁卓越、谁平庸甚至蹩脚，是非常非常困难的。

那么，一支球队如果有幸得到了第一顺位选择权的赐福（或者说诅咒也行），应该怎么做呢？拿它做交易，一如圣迭戈闪电队汲取的教训。选择第 10 顺位或者第 11 顺位的球员，比选择状元要好得多。从麦科伊表看来，这些球员的价值应当相同，但现实里却截然不同。球队从第 10 和第 11 顺位球员那里得到的价值，远远多于在选秀状元身上赌运气所得到的价值。因为手握“两支签”，其中至少有一人成功的机会就大多了，而代价相同甚至更小。再考虑到受伤、赛场外惹麻烦等可能性，拥有两次寻找未来首发球员的机会，明显比只有一次要好得多。此外，球队可以避免碰到类似瑞安·利夫这种大混子的前景。和选秀状元是混子比起来，就算排名靠后的球员没出息，球迷也不会那么在乎。

或许 NFL 球队的老板各有不同的目标，但他们应该是希望赢球或者赚钱，甚至两者兼而有之。遵循图表，这意味着他们在这两个目标上都会遭受损失。他们高估顶尖人才，就算真能碰到脱颖而出的选秀状元，也要付出高昂的代价。

如果一支球队愿意无视惯例、脱离图表或者改进它，便能得到巨大的回报。球队如果发现图表存在对排名靠前的选秀球员过分高估的缺陷，可能会用自己靠前的选择权换回更多较靠后的选择权。这么做，球队拿不下令人振奋的状元球员，也不会像签下海斯曼杯[①]获奖球员那样能让球迷们兴奋，但马西和塞勒的研究显示，它会让球队在赛场上的表现更好，赢取更多的比赛。研究人员观察了那些把选择权往后换，或是用今年的选择权换取来年更多选择权的球队，他们发现，在每一次此类交易之后的 4 年里，这些球队的胜率都有了大幅提高。

在过去的十几年，有两支球队追求“脱离图表”，并创造了新的模式，对排名靠前的球员赋予较低的价值，这两支球队分别为新英格兰爱国者队和费城老鹰队。不足为奇，这两支球队的胜率极高，2000 年以来 5 次夺下超级碗。汤姆 · 布雷迪是少数几个能跟佩顿 · 曼宁平起平坐的四分卫之一，是曾经的最有价值球员，三次率队夺下超级碗冠军。他是 2000 年选秀第 6 轮以第 199 顺位的排名被选中的，签下他很便宜，所以爱国者队才有了充裕的资金用以求取和挽留其他天才球员。用今年的选秀权换取未来选秀权，爱国者队和老鹰队同样都走在实践前列。并非巧合的是，他们的教练，比尔 · 贝利奇克和安迪 · 里德（Andy Reid），饭碗都很牢固，能享受长远眼光带来的好处。里德甚至还有个额外头衔：橄榄球业务执行副总裁。[②]

哪些球队处在另一极端，总爱在选秀中换取排名靠前的选择权，并多

① Heisman Trophy，每年发给大学橄榄球运动员的最高奖励。——译者注

② 比尔 · 贝利奇克和安迪 · 里德同时也是两名在战术指导上最不爱走寻常路的教练，两人在四攻时吩咐球队继续进攻的次数都高于平均值。当然，他们也经常为此挨批评，尤其是在剑走偏锋又失败的时候。

花冤枉钱呢？听到答案你或许并不会太吃惊：奥克兰突袭者队和华盛顿红皮队，两支队伍加在一起，其胜利场数与所花美元之比最低。[①]

至于牛仔队，在我们撰写本书之时，他们的四分卫是全明星球员托尼·罗莫（Tony Romo），也是传球率历史最高的球员之一。别老想着牛仔队曾抢在其他球队前头设计出了选秀定价体系。罗莫来自东伊利诺伊大学，学校规模太小，所以他根本就没进过选秀。2003 年，达拉斯队以自由球员身份将他招入麾下，不断地培养他。罗莫最爱的搭档，外接手迈尔斯·奥斯汀（Miles Austin），离开同样规模很小的蒙茅斯大学时也没进入选秀。他同样是被牛仔队的球探发现的，并以自由球员身份签下合同。看起来，牛仔队似乎找到了其他的办法从选秀之外的新球员里发现价值，彻底偏离了自己当初设计的系统。

① 具有讽刺意味的是，红皮队很早就曾与马西、塞勒广泛讨论了他们的研究，两位教授还会见了球队老板丹·斯奈德（Dan Snyder）及其橄榄球工作组。在收到脱离图表、换取选秀排名靠后的球员、用当前选择换取未来选择权的建议之后，红皮队却选择反其道而行之。

SCORECASTING

第13章

猜钢镚儿决定的胜负

猜钢镚儿还不如票选公平呢

如果说NFL的比赛的胜负是靠“猜钢镚儿”决定的，你肯定不相信，因为，橄榄球赛场上激烈又残酷的争夺场面给人们留下的印象极为深刻。但是，如果两队在常规赛时内打成了平手，就要通过加时赛决出胜负。数据告诉我们，哪一方通过“猜钢镚儿”获得加时赛的第一轮持球权，胜利差不多就是他们的了。

猜对一方的胜率高达 61%

这一定是体育世界最大的一出讽刺剧。整整 60 分钟里，NFL 的斗士们冒着生命危险，不顾头部受伤，在暴力与混乱当中，彼此冲撞，把对手扑倒在地。他们把鲜血和汗水抛洒在青草间、尘土上。这是职业橄榄球让有些人不忍直视，又让其他人目不转睛的一切原因所在。

紧接着，如果两队在常规赛时内打成了平手，前面那些激烈和残酷的斗争的结果，在很大程度上用什么来决定呢？猜钢镚儿。经过整整一局比赛的体力消耗，最终的赛果却全靠运气左右了。当然，获胜的球队要把球踢过门柱，也有极少的情况需要挺进底线区，但这大多数时候只是一种形式。在中场猜钢镚儿环节赢了，也就获得了加时赛的第一轮持球权，胜利差不多就是你的了。奥克兰突袭者队和旧金山 49 人队即将开打加时赛前，解说员乔·巴克（Joe Buck）曾经打趣说："这是今天比赛最精彩的大戏——猜钢镚儿！"

多亏了航空航天工程师，美国海军前 F/A-18 舰载机飞行员布赖恩·伯克（Brian Burke），以及如今的权威网站 advancednflstats.com，把相关的数据整理了出来。伯克确定，2000—2009 年，将季后赛算在内，有 158 场 NFL 比赛打入了加时赛。其中有两场比赛以平局告终。另有一场比赛，底特律雄狮队赢了猜钢镚儿环节，但他们既没选择踢球，也没选择接球，而是选择自己愿意防守赛场的哪一端。所以他们输了也不足为奇。而其他的 155 场比赛，赢了猜钢镚儿环节的球队，96 次胜出，胜率为 61%。伯克在网站上正确地指出，“有人会说，‘才 61% 而已呀。’切莫有挫败感。如果我们认为，50% 的胜率才最公平，你大概以为 61% 跟 50% 差得也不太远。但这么看不对。应该用 61% 对 39% 来比较才对，因为这才是猜钢镚儿环节赢家和输家分别的胜率。这么看优势可就太大了，比 3:2 还多呢。”

更重要的是，这 158 场比赛里有 58 场（占 37%），猜钢镚儿环节胜出的球队在第一档进攻时就打赢了比赛。花上一秒钟想想看：两支球队激烈角逐了 60 分钟，打完了 4 节，终成平手。可到了加时赛里，有一支球队居然有 37% 的概率连球都没碰到就输了。这就难怪在 NFL 历史上总计 460 支猜钢镚儿获胜的球队中，只有 7% 在加时赛里选择开球先打防守了。

新规则

鼓励球队在四攻时继续推进的加州大学伯克利分校经济学家戴维·罗默，提出了一种让 NFL 加时赛更公平的方法：改变开球的位置。目前的情况是，球队从 30 码线踢球。在这个距离上，很难把球踢进底线区，持球触地得分，所以接球球队往往有机会强势反攻。罗默称，只需要把开球的位置移到 35 码线，就能明显提高触地得分概率，而接球的球队则会从 20 码线开始，这是防守方和攻击方球队得分概率相同的“赢亏平衡点”。

更有趣的建议是：以赛场位置为货币，拍卖第一轮持球权。想首先持球？你愿意从多远的地方开始一攻？根据罗默的前提（即 20 码线是盈亏平衡点），如果 A 队愿意在自己的 15 码线开始，那么 B 队会愉快地答应防守。《金融时报》专栏作家蒂姆・哈福德（Tim Harford）在“Slate”网站上指出了这种方法带来的另一个好处：“想想看它带来的舞台效果。两位主教练走到中场，拿出密封的标书，由两队分别选出的一位啦啦队员拆开。活生生就是《一掷千金》真人秀的橄榄球赛场版嘛。”

也有人建议取消加时赛的射门进球，规定必须触地得分才算获胜。随着射手提高踢球准确性，加大腿部力量，在猜钢镚儿环节胜出的球队进入射门范围越来越容易。更重要的是，取消射门得分，能鼓励踢球队伍尝试以短踢为加时赛开局。按现行规则来看，这么做是很愚蠢的。如果接球的球队抢到了球，球有可能离射门位置只有 10 到 15 码，一脚就能定下胜负。

还有一种比较明显的解决方案是采用大学橄榄球施行的“堪萨斯计划”（Kansas Plan）调整版。每队在对手的 25 码线获得一次“一攻推进 10 码”（first and 10）的持球权。这样一来，在猜钢镚儿环节不走运的球员至少能得到最后的机会，不至于碰不到进攻方的球就输了。

一名读者在网上的讨论里回复说，干脆让球迷们像《美国偶像》真人秀里那样票选获胜队伍好了。这篇帖子当然是在开玩笑。但跟基本上靠猜人头还是字来决定一场激烈比赛的胜负比起来，这个提议也没那么荒唐吧？

还有其他的体育运动也有投掷硬币的环节，不过戏剧效果没这么强。在职业网球比赛中，赛前投硬币的胜利者可以有4种选择：发球、回击、选择赛场哪一侧，或者完全弃选。绝大多数球员都选择先发球，这很有道理。在2009年国际职业网球联合会的比赛中，发球方获胜的概率是78.4%。

在2010年的NFL东主会议上，NFL决定修改季后赛加时赛局的规则。如果在投硬币环节胜出的球队射门得分，则比赛继续，对方球队仍有机会翻盘。但如果猜钢镚儿获胜的球队在第一次持球进攻时触地得分，比赛就结束。如果两队相继射门得分，则“突然死亡”规则开始生效，再次抢先得分的球队获胜，哪怕射门得分也算数。各球队投票以28：4的大幅优势通过了这一规则的修改，部分原因在于数据表明加时赛前投硬币的随机因素极大地决定了比赛结果。“委员会里有许多人，包括我自己，都是所谓的传统主义者，”印第安纳波利斯小马队的总裁比尔·波利安（Bill Polian）告诉记者，“我为这个身份感到自豪。可一旦你看到了统计数据，显然我们就必须做点什么才行了。”

2010年，新规定只在季后赛必须分出胜负的情况下才执行。常规赛期间，打成平手的球队继续用猜钢镚儿的方式决定哪一方在加时赛里接球，而在这个环节里走好运的队伍，或许也能喜气洋洋地以胜利者姿态走出赛场吧。

SCORECASTING

第 14 章

米切尔报告没提到的事

服用禁药背后的故事

赛场上的球员为什么会服用禁药？高达 16 万美元的 NFL 签约奖金，对来自贫困家庭的球员来说是极大的诱惑。药检失败的低风险，又助长了这一不良做法。从某种角度看，通过服用禁药而提高成绩，就相当于在金融市场上进行“杠杆投资”。

前圣路易斯红雀队的重炮手马克·麦圭尔（Mark McGwire）在2010 年 1 月 11 日当众做了坦白。他坐在 MLB 电视网布置得像是舒适客厅的演播室里，那里摆着台灯、瓦罐，还有人造壁炉背景墙，他在跟鲍勃·科斯塔斯（Bob Costas）闲聊，最终提到了自己的过去。1998 年，他因奋力追赶 20 世纪 60 年代洋基队的名将罗杰·马里斯（Roger Maris）的单赛季本垒打纪录而征服了全国观众，现在看上去，他比那时的魁梧体格明显胖了一圈。他那头熟悉的红发如今掺杂了数缕银丝，语声哽咽，眼角有泪，看起来一脸惭愧，他证实了大多数球迷早就有所怀疑的事情。是的，他承认，他服用过能够提高成绩的药物。而后，他恳请球迷原谅。

随着访问的继续进行，人们发现，原来麦圭尔并不是什么浪子回头的新榜样。他的当众道歉是乔治·W. 布什的第一任白宫新闻秘书、现为体育顾问兼危机管理专家的阿里·弗莱舍（Ari Fleischer）一手策划的。采访之前的几个星期，弗莱舍跟麦圭尔排练了后者有可能面对的每一个问题。“就跟击球练习一样，”麦圭尔解释说，“目的是让你在现场别傻眼。”

麦圭尔的坦白恰逢圣路易斯红雀队邀请他出任击球教练之时。所以，坦白到底是出于良心发现，还是为了新的工作奠定基础呢？在忏悔的过程中，麦圭尔也不时穿插着感叹：“我真希望自己不是在类固醇盛行的年代打球。”就好像在服用类固醇这件事上，他自己毫无决定权似的，他只是偶然地出生在了错误的时代。他援引了其他被逮住服用类固醇的运动员常耍的花枪：“我使用类固醇的唯一目的是想得到健康。我绝不会为了增强力量、提高成绩而使用类固醇。”

尽管麦圭尔事后认为自己的坦白“结局美妙”，公众却并不同意。在大多数球迷心中，间接证据足够证明罗杰·克莱门斯（Roger Clemens）、巴里·邦兹（Barry Bonds）和萨米·索萨（Sammy Sosa）同样使用了类固醇。麦圭尔是这群人里第一个主动走出来承认有罪的。这对他是件好事。但他坚持说自己服药只是为了恢复伤病，未免太过虚伪。类固醇是一种提高运动能力的药物，麦圭尔全垒打丰收的岁月，跟他如今承认的自己用药的时期重合，这绝非巧合。如果麦圭尔使用类固醇只是为了疗伤而非提高力量，为什么他觉得有必要向马里斯一家道歉呢？难道麦圭尔不是靠服用禁药才打破了马里斯创下的全垒打纪录？尽管麦圭尔道了歉，但批评家们仍然认为，他成了棒球类固醇时代的代表人物。

利益，服用禁药的主因

对于大多数棒球迷来说，类固醇通常与麦圭尔、何塞·坎塞科（Jose Canseco）、罗杰·克莱门斯、亚历克斯·罗德里格斯和曼尼·拉米雷斯

（Manny Ramirez）等 MLB 球星挂钩。这些重炮王的胸肌和胳膊都跟他们的全垒打总数一样，大得不成比例；这些不老的投手能狂热地投球到 40 多岁；这些全能内野手能在一个赛季里突然封杀 30 记本垒打。这些作弊的选手，扭曲了竞争，污染了棒球的权威统计数据，他们甚至进入了美国前参议员乔治·米切尔（George Mitchell）的报告。[①]这些球员，把类固醇事件闹得满城风雨。

但这么说不够准确。棒球界大部分的类固醇，都是被那些连最铁杆的球迷都弄不清名字的球员买去的，他们也并未出现在米切尔的报告里。在 2005 年到 2010 年秋天接受测试、类固醇等药检结果呈阳性的 274 名职业选手当中，占了绝大多数的 249 人为小联盟球员，他们的面孔永远也不可能印上棒球卡的正面。

类固醇时代的真实情况是什么样的呢？不妨来看看威林顿·多特尔（Welington Dotel）的故事。多特尔是个无法阻挡的外野手，有一支灵活的球棒，一条粗壮得可以当武器的胳膊。他在多米尼加的小镇内巴长大，这是一个离海地边境不远，地处岛屿西南区域的不起眼的地方。威林顿的父母生了 5 个孩子，他是老大。双亲靠着打各种零工，比如在餐馆打工、修路、教书等，勉强维持一家人的生计。据威林顿自己说，“他们做过许多事情，工作随季节而变。”

这个地区的家庭平均年收入低于 9 000 美元，多特尔一家人就在这里挣扎着生活。“我们并不富裕”，威林顿笑着说。不过，他过得比一些朋友

① 《呈交棒球独立调查委员会有关 MLB 选手非法使用类固醇及其他提高成绩物品之情况报告》（*Report to the Commissioner of Baseball of an Independent Investigation into the Illegal Use of Steroids and Other Performance Enhancing Substances by Players in Major League Baseball*）是 21 个月调查的结果，总计 409 页内容，2007 年 12 月 13 日公布。报告中提到了 89 名涉嫌使用提高运动能力药物的球员。

和邻居都要好，他能用牛奶盒子当手套、用木棍当球棒打棒球玩。和岛上众多的小男孩一样，他深深爱上了棒球。这项运动为他的人生注入了一些东西。它同时也是他梦想着让全家人摆脱贫困的一条途径。

威林顿是个随和外向的人，很容易交到朋友。高中前，他结束了正规教育生涯，和大多数多米尼加年轻人一样，辍学到了球场上开始职业生涯。有人问他，要是不打棒球，他会做些什么，威林顿沉默了一会儿。“可能在教人打棒球吧，”他说，“总之是跟棒球有关系的事情，因为这是我的激情所在。甚至不仅仅是激情了，它就是我的一切。”

威林顿大器晚成，18 岁时以自由球员身份和西雅图水手队签约。他说，自己的签约奖金是 16 万美元。“难以置信，”他说，“他们告诉我的时候，我在想，‘这还用说嘛，我签！’”他给妈妈买了一幢新房子，又购置了一辆新车，还拥有了家里其他人从未享受过的一些物质财产。

多特尔前往水手队报到，这是他第一次离开加勒比地区。他靠着回想自己有多么幸运才得到这个机会，按捺下了思乡之情。他的职业生涯开始得挺顺利。2005 年，他回到自己的家乡，代表水手队参加多米尼加夏季联赛，69 场比赛的打击率是 0.373。但在新人联赛的第一年，他的职业生涯停滞了一下。他在亚利桑那州的皮奥里亚参加比赛，远离家乡 4 023 公里，两地的文化更是截然不同，在这里多特尔的打击率是 0.261，包括 7 个本垒打。在 20 岁的年纪打出这个成绩不算太差，但还不足以给球队的球探们留下印象。

接着，2006 年赛季结束后，他在针对某提高成绩的违禁药物的药检中被检出呈阳性。次年春天，他被罚禁赛 50 场。可以理解，这不是一个他想谈的话题。比方说，他认为测试程序是否公平，他使用了多长时间违禁药物，这些事情，他宁可不讨论。“我们犯错误的时候还年轻，我们会努力吸取教训”，他说。

被问到“我们”是谁的时候，他回答说：“年轻球员，像我一样的年轻球员。”

2010 年，以坦诚著称的芝加哥白袜队经理，土生土长的委内瑞拉人奥齐 · 纪廉（Ozzie Guillen）也在接受记者采访时呼应了这种情绪：“有些人在幕后赚这些孩子的钱，让他们服用这些不该碰的东西。如果你对我说，用了这个，你就能变成弗拉迪米尔 · 格雷罗 [①]，或者是米格尔 · 卡布雷拉 [②]，我也会用的。为什么？因为我老家还有 7 个弟弟，挤在同一个房间，睡在同一张床上。我得照顾父母呀。”接着，纪廉又说：“不对，没有父亲。只有两个弟弟有父亲。”换句话说，这些拉美球员之间还有一个共同点：他们都没有父亲，他们来自单亲家庭。

虽然全球化的齿轮缓缓转动，但美式消遣的主要从业人员，仍然基本上是美国人。2005—2010 年，大联盟近 1 600 名注册球员里，差不多有 3/4 来自美国。但针对因服用禁药而遭禁赛的球员建立数据库时，我们发现，只有一名球员姓史密斯，还有另外 7 人姓罗德里格斯 [③]。

事实证明，虽然美国球员占大联盟总选手人数的 73.6%，但只占因禁药停赛球员的 40%。如果服用禁药的球员跟人口分布情况呈相同比例，那么美国球员应该同样在 70% 左右。相比之下，多米尼加人仅占大联盟球员的 10%，但占因禁药停赛球员的 28%，比人口分布比例高两倍半。委

① Vladimir Guerrero，来自多米尼加共和国的 MLB 选手。——译者注

② Miguel Cabrera，来自委内瑞拉的 MLB 选手，曾四度入选明星赛。——译者注

③ 这两个姓都是比较常见的“美国”姓。——译者注

内瑞拉人为大联盟球员总数的6%，但占因禁药停赛者的12%以上。换句话说，这些数字表明，多米尼加或委内瑞拉球员因服用禁药而遭到停赛处罚的概率，是美国同行的4倍。

在小联盟，差距更为明显。2005—2009年在美国的小联盟球员共有8 569人①，美国出生的球员药检概率呈阳性的比例比理论上低一半多。多米尼加和委内瑞拉球员出现在禁药停赛名单上的比例，则比其在小联盟总人口中的分布比例高两到三倍。总体而言，在小联盟里，来自多米尼加和委内瑞拉的球员因服用违禁药品而在药检中呈阳性的概率，是美国同行的4倍以上。出生于哥伦比亚、古巴、墨西哥和波多黎各的球员服禁药的概率高于人口比例，来自澳大利亚、加拿大、日本和中国台湾地区的球员服禁药的概率低于人口比例。

图14-1按照球员的国籍，概述了棒球界违禁药物（PED）的数据。图中间垂直的线是基线，即球员药检呈阳性的比例与该国球员的分布比例完全吻合的情况。超过该线的国家，就超出了正常比例；短于该线的国家，则小于正常比例。

为什么存在这么大的偏差呢？这是个复杂而棘手的问题，似是而非的解释有很多，涉及了从文化到教育的种种因素，我们不是说它们都不对。完全有可能是因为美国球员的作弊概率一样高，只是无法获得类固醇，而相反，类固醇在另一些国家是合法的。也有可能，美国球员使用类固醇的频率一样高，但被抓住的概率更低，因为他们更擅长掩盖自己使用过后留下的痕迹，又或者是在接受药检之前会停药。美国球员有可能在健康和心

① 我们只考察了美国小联盟（即新人、1A、2A和3A联赛）的球员，并未考察其他国家业余联赛的停赛处罚，因为后者可能有不同的药物和执法政策。

理风险、棒球用药法规、药检协议的细微差别等方面受过更好的培训。还有一种更具讽刺意味的解释：药检人员更针对多米尼加、古巴和委内瑞拉球员，所以他们才更容易被捉到。

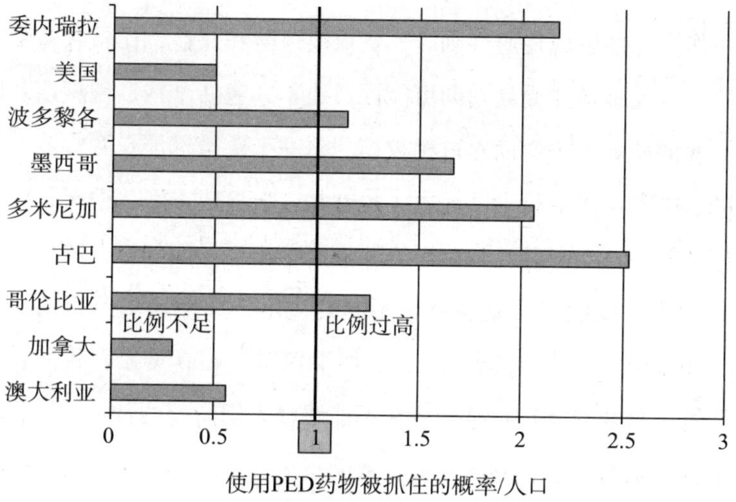

各国使用违禁药物被发现的球员比例与球员分布的比例之比
数据包括2005—2009年美国1 520名大联盟球员和8 569名小联盟球员。

图 14-1 因服禁药而禁赛的各国球员所占比例

人们可能会说，用拉美球员和美国球员进行比较，是一种天然就存在缺陷的做法，因为这些球员进入棒球的经历毫无相似之处。就眼下来看，多米尼加和委内瑞拉球员都无法参加大联盟选秀。不过，为了解决腐败问题，不久的将来有可能会进行改变。相反，他们是独立的自由球员，以应聘的方式跟球队签约。有潜力的孩子往往十三四岁就从学校里被选拔出来，送到棒球学院进行培养，16 岁时就签职业合同。大部分孩子由当地中间人代理，而中间人形形色色，有些是值得信赖的顾问，有些则是夸夸其谈的牵线人。基础设施少，监管力度差。欺骗手法花样百出，包括出生证作假，使用提高成绩的药品，等等。

但归根结底，我们认为，简单的经济学原理能最充分地解释为什么贫困国家球员药检呈阳性的概率比富裕国家球员高5倍。

球员作弊、欺骗或规避规则时，要权衡风险和收益，比较收益带来的潜在优势，以及被抓住受处罚的可能性及成本，包括金钱、愧疚以及同行的谴责。我们所有人都要面对这种权衡。每一个决策都涉及两种成本：采取行动的成本和不采取行动的成本（也就是“机会成本”）。白天，所有的汽车都停在路口，交警驻扎在附近，我们恐怕不愿意闯红灯。深夜，视线里没有其他人，我们兴许就会做出不同的决定。如果违规停车的罚单是50美元，我们说不定愿意赌一把。但如果罚单是500美元，我们就不太可能这么做。单纯的风险收益分析并不能解释人们所有的行为。毕竟，富裕的人也会偷东西。但它能解释大多数的行为。

按照棒球界原来的药检方案，几乎所有的球员都有很高的作弊动力，多米尼加和委内瑞拉球员的动力尤其高。且不必说能让全家人都衣食无忧的大联盟合同，就说威林顿·多特尔的16万美元大联盟签约奖金吧，这相当于它父母辛苦工作几十年挣的钱了。在许多多米尼加球员眼里，光是进入全国棒球学校，一日三餐有保证，能睡在体面的地方，就代表生活水平的巨大提升了。

被抓住和药检失败的风险都是很低的，处罚也很低。按照原先的药检协议，初犯仅仅会被禁赛15场。2004年之后棒球界在大众和国会的压力下，严厉打击服用违禁药物，如果碰上最糟糕的情况，药检阳性会带来50场禁赛，但这仍然短于两个月的赛季。好处很多，坏处却没那么多。从经济角度看，抛开长篇累牍的体育精神老调，球员们几乎没有损失，到手的全是利益。“哪怕你痛恨承认这一点，”前国家联盟的一位球探说，“但当你看到一些孩子长大，你内心里也会有个声音悄悄说：要是他们不想方设法，哪怕是服用类固醇，去追求更好的成绩，那可真是疯了。”

许多人正是这么做的。为考察经济激励和运动员服用禁药这两者之间的关系，我们绘制了一幅图，用美国小联盟中各国未能通过药检球员的比例与球员分布的比例之比，与各国及地区的人均国内生产总值（GDP）相关联。图 14-2 表明，使用类固醇的概率，几乎跟该国的富裕度完全成反比关系。来自加拿大、澳大利亚和美国的球员在使用禁药方面都比例偏低，而出生于哥伦比亚、墨西哥和波多黎各的球员则比例偏高。

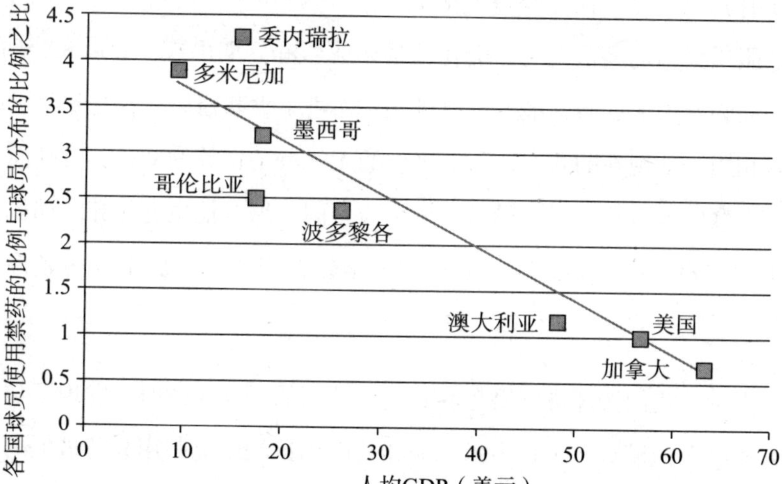

图 14-2 美国小联盟中不同 GDP 国家球员使用禁药的比例情况

当然，按人均 GDP 衡量的国家富裕度，并不仅仅代表国民的经济机遇，更是一个国家基础设施、教育、卫生等诸多因素的指标，而这些因素，都有可能影响运动员是否选择使用违禁药物提高成绩、加速职业生涯发展、改善生活质量。但当我们考察其他“机遇”指标（如健康率、婴儿死亡率、预期寿命、失业率、识字率、受教育比例、清洁饮水获取率、贫困线以下人口百分比、人均日收入低于两美元的人口百分比）的时候，近乎同样的情况也出现了。简而言之，如果球员来自生活水平较低、发展机遇有限的国家，会有更大的可能性使用提高成绩的药物。

如果经济是用药动机，来自贫穷国家的球员应该有更大可能从职业生涯一开始就作弊。因为缺乏其他机会，从第一天开始，他就拼死想要在棒球界闯出名堂，哪怕是第一笔签约奖金对他也有着直接的财务影响，尤其是他可能还欠着中间人的钱。而来自富裕国家的球员，在青少年时代并没有服用禁药的同类动机，他们会想："咳，就算我的选秀排名不高，我也还有其他出路，比如获得大学奖学金等。"对来自富裕国家的运动员来说，服用禁药的经济动力，会在球员职业生涯后期出现。如果 3A 级的球员正面临升入大联盟的最后一次机会，而进了大联盟以后，光是每天的津贴就相当于他现在的薪水，那么这样的人就有了作弊的动机。已到而立之年的大联盟老将正在寻找最后一份重金合同？那么他也有作弊的动机。看看米切尔报告中提到的球员里有多少是处在职业生涯后半段的老将就知道了。

果然，我们按球员国籍考察其使用禁药的平均年龄时，发现了与经济动力相吻合的模式。来自多米尼加和委内瑞拉的球员服用禁药被抓的平均年龄是 20～21 岁；美国球员服用禁药被抓的平均年龄是 27 岁；澳大利亚和加拿大球员服用禁药被抓的平均年龄接近 30 岁；墨西哥和波多黎各的球员服用禁药被抓的平均年龄为 25 岁。被抓球员的年龄，与国家富裕度成正比。

有没有可能是委内瑞拉和多米尼加球员的平均年龄全都低于美国球员

呢？控制了各国及地区球员的平均年龄之后，我们仍然发现，委内瑞拉和多米尼加的运动员服用类固醇远比美国同行要早。

表明类固醇的使用跟经济状况挂钩的还有另一个迹象，即更迫切渴望成功的运动员，他们不光会在职业生涯一开始就使用提高成绩的药物，而且在被逮到之后也会继续使用。我们观察了累犯不改的运动员，发现委内瑞拉和多米尼加球员的比例尤为偏高。

赶时髦，服用禁药的另一个重要原因

当然，除了经济机遇，美国和其他国家还有许多方面存在差异。文化、教育、道德因素在此是否有影响呢？我们怎么知道这些发现的动力不是经济之外的其他因素呢？要回答这个问题，有一种办法是，只观察美国出生的棒球选手。我们检验了未能通过药检的美国球员的家乡和社区[①]，发现来自平均收入较低、高中和大学毕业率较低、失业率较高地区的球员使用禁药的情况更为普遍。这跟我们比较不同国家时发现的模式相同。只考察美国国内情况，就控制了文化、制度和政府因素，而经济动机仍然存在。

道德因素呢？就不可能是美国球员更正直吗？如果是这样的话，我们应该预料美国球员会全面遵守禁药规则。可他们并非如此。看看因为消遣性药物（即不能提高成绩的成瘾性或娱乐性药物，比如大麻[②]）被禁赛的球员，我们发现，他们几乎都是美国球员。迄今为止，还没有哪位多米尼

① 具体来说，我们使用了球员出生后 10 年所在的城市或大都会地区的教育、就业和收入统计数据。

② 人们或许可以说，某些成瘾性药物同样可以提高运动成绩。但大部分药检呈阳性的球员是因为吸食大麻，而大麻对我们能想到的几乎所有竞赛都没有提升成绩的作用，当然，国庆节吃热狗大赛除外。

加或委内瑞拉棒球球员是因为消遣性药物而遭到禁赛的。[①]来自这些国家因服用药物遭到禁赛的球员里，所有人都是因为服用了提高成绩的禁药。而在美国选手当中，我们在消遣性药物和经济背景之间没有发现联系。来自贫困社区的球员，服用消遣性药物的比例并不会更高，但服用提升成绩的药物的比例却更高。

服用禁药的耻辱感确实有可能因国家不同而有强弱之分，但它说不定存在自圆其说效应。服用此类药物的球员所占比例越大，它承载的耻辱感就越低。从理论上说，如果“人人都在做”，服用禁药带给人的潜在耻辱感就减小了。而服用禁药的球员越多，其他球员选择作弊的压力也就越大。如果你所在的班级即将面临考试，你知道很多同学都打算作弊，那你或许同样会产生更强烈的作弊倾向，但你其实只是为了跟上大家的成绩而已。

起初是出于经济考虑，但最后有可能发展成一种自我强化的文化：不光对服用禁药采取容忍态度，还期待球员服用禁药。很快，运动员们作弊就不是为了获得优势了，他们作弊只是因为不想落后，职业自行车选手就是如此。

提升成绩的药物到底有多大的作用呢？回答这个问题很困难，因为要弄清反面事实很麻烦。也就是说，如果球员不服药，他的成绩是什么样的呢？虽然我们认为自己无法给出确定的答案，但这里有一些经验证据。我们考察了大小联盟球员，提出了一个简单的问题。我们控制了尽可能多的变量（年龄、经验、身高、体重、场上位置、国籍），因为服用禁药而遭

① 不过，肯希尔·皮若尔（Kengshill Pujols）差点就走上了这一步。他是道奇队的一名多米尼加籍投手，2006年已经蹲完了50场禁赛，却因为被发现在内裤里运了118袋可卡因而遭到逮捕。他被控犯下了持有毒品罪，遭道奇队开除，并最终被定罪。

到停赛的球员，跟其他球员比较起来怎么样？在棒球联赛体系内（新人、1A、2A、3A 联赛和 MLB），相较于有着相同身体特点但通过了药检的球员，他们的成绩怎么样？

我们发现，禁赛球员的确有更大可能打入棒球联赛体系里级别更高的比赛。具体来说，因服用提升成绩药物而禁赛的运动员，打入下一级别比赛的概率比不曾被禁赛的运动员高 60%。为更好地帮助你理解这一点，这里多说一句：在联赛里多打一年，只能让球员升入下一级别的概率提高 20%。因此，提高成绩的药物比多一年的经验效果好三倍。对美国之外的球员而言，禁药的作用更大，能让球员打入下一级别的概率提高 70%。除了科学，数据也支持“类固醇药物有作用”的观点。

被逮到服用禁药的球员打入了更高级别，仅仅是因为最高级别棒球联赛的药检最严厉、执法也最严格吗？换句话说，是各级别的棒球运动员都同样作弊，只不过最高级别的审查更严格吗？

事实恰好相反。棒球较低级别的审查更严。反对严格药检的 MLB 球员协会仅仅代表大联盟球员。因为没有工会的充分保护和鼓吹，小联盟球员接受的药检要严格得多，上禁药名单的药物更多，药检也更频繁。毫不意外，小联盟球员未能通过药检的概率是大联盟球员的两倍。

鉴于我们现在所了解的情况，同样不足为奇的是，控制了出生国、年龄和场上位置，较之其他球员，被逮到服用禁药的球员身高更矮，体重更轻。个子矮、体重轻的球员，服用禁药的可能性要高得多。从直觉上看，这是有道理的，从经济学的角度来看，也合乎逻辑。如果提高成绩的药物能增强力量，那么，体格较弱的球员似乎从这种提升作用中受益最大。这一证据似乎也反驳了“为恢复损伤服用禁药”的说法。除非恢复时间与体格相关，没有哪位权威的医学专业人士这么说过。服用禁药和运动员场上表现的关系应该是：球员服用禁药是为了力量和体格，而不是为了缩短受伤后的恢复时间。

服用禁药＝“杠杆投资”

从很多角度看，服用提高成绩药物的运动员，很像金融市场上的借款人，用杠杆进行风险债务投资。很多市场投机人士都在利用杠杆，投资额度超过自己资本的一倍以上。如果他们有 10 元钱，再从银行借 20 元，就可以投资 30 美元，二倍于原投资。这么做的缺点是，他们以后必须偿还借款和利息，因此也就面临了更多的风险：他们的损失有可能超过最初的 10 元钱。运动员借助禁药提升自己的努力，实际上就是用自己天生的遗传（身体、天赋、训练、职业道德等）贷款购买股票。如果他的投资赚钱了，他的所得比最初要多。如果他投资亏钱了，还不了债，即他未能通过药检，那么，他不光会亏掉自己最初的本金（原本的健康），还亏掉了自己的名声和将来。对于某些运动员来说，风险和成本太高，超过了潜在收益。而对另一些人来说，包括老运动员或者贫困的球员，潜在的收益大于成本。

从经济的角度看，许多借助药物作弊的例子，尽管我们会觉得当事人可悲、不道德，但都变得可以理解了。有多少美国人不曾“打扮”自己的个人所得税申报表，暗中认为少纳税的收益大于接受调查、遭到处罚的潜在风险？又有多少人，在求职时刻意美化了自己的前任雇主推荐信，认为最糟糕的结果无非是搞砸了一份本来就不属于自己的工作呢？

2010 年春天，我们采访了正等待水手队分配的威林顿 · 多特尔。他期望到中西部地区联赛艾奥瓦州的克林顿伐木王队或者华盛顿州的埃弗里特绿袜队去，此前的赛季，他在这两个地方度过了大部分时间。有时候，他觉得自己马上就要实现大联盟之梦了，焦虑得不知该做些什么；有时候，他的目标又似乎遥不可及。钱的问题继续在他的生活里投下巨大的阴影。他花掉了大部分的签约奖金，如今靠着每个星期几百块的小联盟薪水度日，每一次比赛，他都住在赛场附近的寄宿家庭。他经常给远在多米尼加的家人打电话，汇报自己棒球生涯里的新消息，但他们还没亲眼见过他在美国打比赛。“太贵了，”他解释说，“等我打入大联盟之后，我再让他们来吧！”不难看出，为什么他想要违反规定了。

一如我们所见，球迷完全有权谴责类固醇泛滥时代违禁的球员们。就像马克·麦圭尔一样，作弊者最终都做出了作弊的决定。但我们必须指出，是 MLB 和球员协会创造了这套制度，让许多球员不得不在“做事违背道德”和“站在经济角度采取理性行为”之间做出选择。

SCORECASTING

第 15 章

运动员“冰镇”之后真的会“僵硬”吗

出手前叫暂停真的管用吗

在 NBA 比赛快结束的时候，如果一个球队被吹了犯规，罚球手走上罚球线时，对方球队就会本能地要求暂停。NFL 界一直持有这样的信条：如果一个球队面临一个充满压力的射门球，对方球队也会叫“暂停”。这种“冰镇”对手的策略真的有效吗？统计数据告诉我们，No！

许多射门手都打过艰巨的比赛，但打得糟糕透顶，以至于节目《周六夜现场》（*Saturday Night Live*）拿它开涮了一整晚的情况却并不多。2005 年 NFL 赛季中，纽约巨人队的踢球手杰伊·菲利（Jay Feely）在对西雅图海鹰队的比赛中，搞砸了三次原本有可能结束比赛的射门。巨人队以 21∶24 的成绩败北。几个星期后，《周六夜现场》播出了“漫漫回家路：杰伊·菲利的故事”。演员戴恩·库克（Dane Cook）扮演了菲利，他跟球队搭飞机回家，途中遭遇了气旋。机组人员请他把飞机降落在两座摩天大楼之间。自然，菲利先生开得稳稳当当的。

橄榄球界的“信条”

2008 年 NFL 赛季进行到一半时，菲利似乎又引发了新一轮的嘲讽。当时，他为纽约的另一支球队——喷气机队踢球。在 10 月份进行的一场客场比赛中，喷气机队对阵奥克兰突袭者队，还剩三秒结束时，菲利小跑进入赛场，在52码处踢球，希望将比赛拖入加时赛。菲利陷入了自己的老套路：相当干净地开了球，但球射到了门柱上，又搞砸了。突袭者队的球迷欢呼雀跃，喷气机队的球迷骂声一片。

突袭者队的教练汤姆·凯布尔（Tom Cable），出于心理战的考量，在菲利开踢前叫了暂停。菲利刚才踢的那一脚不算数。短暂停顿后，菲利再次尝试。这一回，他让球穿过了门柱，把比赛送入了加时赛。事后，他解释说，很感谢突袭者队叫的暂停。“我在开球前听到了哨响，这对踢球手来说是个优势。如果你要叫暂停，就在他踢球之前叫，”他说，“我可以一脚把球踢出去，看看风向如何，并做调整。这对踢球手的帮助太大了。”

突袭者队最终还是在加时赛里打赢了比赛，靠的是一个57码的长距离射门，这实在太具讽刺意味。不过，菲利的声誉好歹得到了挽回。而且，它为“冰镇踢球手”（即在射门前叫暂停）的传统智慧提供了又一个反面证据。

几十年来，NFL界一直持有这样的信条：如果甲队面临一个充满压力的射门球，这一球能让球队扳平比赛或者赢得比赛，乙队这时就要叫暂停，好“让他想想”或者“播下怀疑的种子”。

这么做真有效果吗

“冰镇踢球手”能提高他射门失误的概率吗？几年前，统计学家斯科特·贝里（Scott Berry）和克雷格·伍德（Craig Wood）考察了2002年和2003年NFL赛季（含季后赛）里的每一次射门尝试。他们特别注意了“高压球”。按照他们的定义，“高压球”指的是，在比赛常规时段的最后三分钟，或是在加时赛里的任何时间点，能让比赛变成平局或让踢球的球队领先的射门。贝里和伍德在《概率》期刊（*Chance*）上发表了研究结果，就 40 ~ 55 码之间的“高压球”来看，被冰镇过的踢球手平均会降低 10% 的成功率，距离更短的话，冰镇效果可忽略不计。然而，他们发现在 39 次尝试里有 4 脚射偏，这在统计意义上是存疑的。

STATS 公司的尼克·斯塔姆（Nick Stamm）发现，在 1991—2004 年的 NFL 常规赛季中，置身高压局面（这里的高压局面与上述定义相同，但看的是比赛最后两分钟而非三分钟），不管是否接受过冰镇，踢球手的表现差异都不大。冰镇踢的成功率是 72%，非冰镇踢为 71.7%。斯塔姆的研究表明，冰镇踢球手的做法，至少并未降低射门成功率。

我们自己也做了研究。根据 NFL 2001—2009 年的数据，采纳了斯塔姆的高压球定义，再加上我们自己定下的一些标准，我们考察了比赛最后两分钟、最后一分钟、最后 30 秒以及最后 15 秒的射门。首先，我们对比了防守球队在被冰镇过的踢球手射门前叫了暂停和没叫暂停的案例。接着，我们控制了射门的距离，比较了同一距离下被冰镇过和没被冰镇过的踢球手的射门情况。简单地说，我们发现冰镇并没有给踢球手的射门成功率造成任何差异。在相同距离下，被冰镇过的 NFL 踢球手的成功率跟没被冰镇过的踢球手完全相同。具体数据如表 15-1 所示。

在某些情况下，冰镇踢球手或许起到了心理威慑的作用。但在另一些情况下，它也可能产生适得其反的效果，一如杰伊·菲利的例子，它反而给了踢球手无偿彩排的机会。在绝大多数情况下，球能不能射中，只需要看力学原理，以及射手起脚是否干净利落，而不是看射手有没有额外 90

秒左右的时间权衡赛场局面。

表 15-1　对手叫暂停或未叫暂停时的射门成功率

比赛局面	总成功率	冰镇后成功率	未冰镇成功率
比赛第四节或加时赛还有 2 分钟结束时	76.2%	74.2%	77.6%
比赛第四节或加时赛还有 1 分钟结束时	75.5%	74.3%	76.4%
比赛第四节或加时赛还有 30 秒结束时	76.5%	76.0%	76.9%
比赛第四节或加时赛还有 15 秒结束时	76.4%	77.5%	75.4%

注：数据来自NFL2001—2009年赛季（含季后赛）。

坦帕湾海盗队的前踢球手马特·布赖恩特（Matt Bryant）在接受《坦帕论坛报》（*Tampa Tribune*）的采访时曾这样总结："我认为，当你达到了这个水平，这样的事情就应该无关紧要了。如果你会被这些伎俩影响，你恐怕根本就不属于这里。"

篮球比赛中的"罚篮前暂停"策略

对方球队的教练不光想要冰镇踢球手。想想 NBA 比赛快结束的时候，一支球队被吹了犯规哨，罚球手走上罚球线时，对方球队会本能地要求暂停，冰镇投球手。

和冰镇 NFL 的踢球手一样，这是一个可疑的策略。我们考察了 2006 年到 2010 年所有 NBA 比赛两队分差在 5 分以内时第四节或加时赛最后两分钟的罚球，换句话说，也就是压力之下的罚球。如果罚球之前叫了暂停，射手的罚球成功率平均为 76%，如果没有叫暂停，罚球命中率还是 76%。

接下来，我们只看第一次罚球尝试，也就是暂停之后紧接着的那个，而不看第二个罚球，因为此时球员有可能根据第一次尝试做了调整，也有可能定下了心神。命中率仍然没有区别。我们考察了两队目前得分相同，罚球命中的话会让一队领先的情况。还是老样子，冰镇过的球员和没冰镇过的球员，表现没有区别。

球队在对手高压射门或罚球之间叫暂停，兴许有着正当的理由。教练可能想设计策略阻止踢球，或为射门不中的情况安排对付方案；防守球队或许希望让自己表现出有所作为的样子，而不是袖手旁观；他们可能希望保证购买了转播权的电视网有机会多插播一条烦死球迷的广告。但他们不应该指望暂停对球员后面的行为产生什么影响。

冰镇不会让球员僵手僵脚，也不会让他火力全开。你或许可以叫它“平平淡淡策略”。

SCORECASTING

第 16 章

热手效应

热手效应究竟是一种错觉，还是真的存在

在 NBA，约翰逊是个典型的连投型射手。一旦“手热”起来，他怎样投篮都能投进，队友也会把更多的球传给他。吉洛维奇和特沃斯基的研究结果表明，“热手效应”并不存在。人们之所以会产生“热手效应”的错觉，是因为你和我都喜欢从随机事件中总结出一个似是而非的“模式”。

连续命中三分球是怎么回事儿

在纽约大都会队宽敞的更衣室，戴维·赖特（David Wright）的衣柜位置最突出，处在房间的正中间，靠近前门。这个位置的象征意义一目了然。赖特不仅是一位异常优秀的年轻三垒手，也是个英俊和善、没有怪癖的小伙子。他支撑着大都会队的门面。所以，他的衣柜才放在这个位置。媒体总能采访到他，队友们总能观察到他的行为举止有多么职业化，大都会队的员工需要他跟企业赞助商见面，在录制宣传视频、给买了季票的球迷的孩子签名的时候，也总能找到他。

但 2010 赛季初，赖特的加宽大号更衣柜旁的气氛并不好。他在赛场上纠结挣扎：挥出球棒，除了空气什么也打不着；击地滚球时有气无力，结果被双杀；投球被判三好球。到了 4 月底对阵芝加哥小熊队的一场比赛，因为之前一晚上场 4 次都击球无果，赖特的打击率降到了 0.229，比他职业生涯的平均打击率 0.307 低了整整 78 点。他 48 次上场击球，只有

11 次击中了。和大多数棒球选手一样，他的情绪随着自己的打击率而起起伏伏。他仍然会回答媒体提问，但说的话总是很简短，而且双眼茫然地直视前方，在椅子里不安地扭动身子。他减少了跟赞助商的客套握手，球队明星球员需要履行的视频宣传和其他义务，他也一一卸下。那一天，他打破了自己的习惯，早早来到花旗球场，在球队的室内练球场里加练击球，希望让他的挥棒回到它该有的水平。

赖特强调，他并非恐慌，或者诸如此类的。他的补救措施似乎也很理智，如果与棒球选手表现退步之后采取的种种应对方式相比，那就更显得理智了。其他击球手碰上几轮比赛都打不中球的情况，会改变饮食，烧毁球衣，向随队牧师告解。据说芝加哥小熊队前队员马克·格雷斯（Mark Grace）发明了“slumpbuster”这个词，形容倒霉的棒球选手为了提升球场运气，会去找一个不漂亮的胖女人来改善状态。看过电影《大联盟》（*Major League*）的观众大概还记得，剧中人佩德罗·切拉诺（Pedro Cerrano）为了让自己从低谷中恢复状态，弄来一只鸡做祭品。

即便如此，赖特的低谷，或者说这种处在低谷的感觉，在大都会队的更衣室里还是渲染出了几分悲壮色彩。“过不了多久，戴维就能恢复到人人都熟悉的状态。”球队当时的右外野手杰夫·弗朗克尔（Jeff Francoeur）说。杰夫此时的打击率达到 0.300，比他职业生涯中的平均水平高出 30 点。他说：“眼下，我们其他人必须尽力弥补他留下的差距，直到戴维赶上来。”

你可能会说，大都会队需要赖特释放他内心的文尼·约翰逊（Vinnie Johnson）。篮球迷们应该都记得 20 世纪 80 年代末到 90 年代初底特律活塞队“坏小子”6 人组里这位身体几乎呈球形的球员。约翰逊是球队的得分后卫，他最出名的赛场表现，或许是在 1990 年 NBA 总决赛的第 5 场。

活塞队当时的成绩是三胜一负。当场比赛一直平局，还剩 0.7 秒时，约翰逊在 4.57 米外来了一记跳投，让活塞队拿下了总冠军。队友提议给约翰逊起个外号叫“007”，既代表他投出制胜一球时所剩的时间，也是向詹姆斯·邦德的准确枪法致敬。

可惜，这个外号没能流传开来，主要是因为约翰逊在体育圈已经有了另一个响当当的名号，那就是“微波手”。给他起这个绰号的，是对手波士顿凯尔特人队的丹尼·安吉（Danny Ainge）。丹尼和很多人一样，为约翰逊“急速加热”的能力大感惊叹。约翰逊是个典型的连投型射手，用 NBA 行话说，也就是“讲究节奏的家伙”，好起来好得出奇，糟起来也烂得出奇。跟所有运动员一样，他有陷入低谷的时候。可一旦进入状态，他笨拙的跳投就能蛮不讲理地准确落进篮框。“当他走进来，投中第一球的时候，所有人就知道：来了，”坏小子队已故的教练查克·戴利（Chuck Daly）曾这样说，“我从来没见过还有哪个球员能像文尼那样运用势头。”

势头是体育运动里的重要组成元素，具备实物的性质。球队和运动员拥有它，占据它，驾驭它。他们带着势头进入下半场，带着势头进入系列赛，带着势头进入季后赛。他们拼死拼活地不想交出它，不想失去它。像戴维·赖特一般落入低谷的选手，需要夺回自己的势头。而且，他的确找回了自己的势头，到 2010 年打入全明星赛时，他的赛季打击率提高到了 0.314。至于“微波手”文尼·约翰逊这样有效运用势头的选手，“势头”简直成了他长达 14 年的职业生涯的代名词。

但是，如果我们告诉你，体育运动里根本不存在势头这种东西呢？

特沃斯基:“热手效应”并不存在

首先，我们要把话说清楚。无可否认，体育运动中会出现连赢或连输的情形。无论级别，在任何联赛、任何体育项目中，球队和运动员都有可能表现好或者表现糟，有时甚至会长期呈同一种状态。匹兹堡海盗队从1992年到2011年以来没有打赢过一个棒球赛季。这是一次连续多个赛季的惨淡告负，事实上，这还是美国主要团体运动历史上最长的一次。2010年夏天，勒布朗·詹姆斯离开克利夫兰骑士队时，人们反反复复地说，自1964年以来，就没有哪支地方球队赢得过总冠军。就成功的情况来看，亚特兰大郊区的沃尔顿高中女子网球队，从2004年到2011年就没输过比赛，连赢了133场比赛。说到网球，自2003年以来，费德勒每年至少拿下一个网球重大锦标赛的冠军。所有这些都是连续趋势,这一点毫无疑问。

真正的问题是，这些连续趋势是否能预测未来成绩。如果之前的几次射门成功，推杆进洞，或是把几个快球投过了外野护栏，那么你下一次的尝试会有更高的成功率吗？眼下“驾驭了势头”的球队或球员，下一场比赛的表现，是比没驾驭势头的球队或球员表现更好，还是更糟？前不久的成绩直接影响了之后的成绩吗？又或者，连赢连输的趋势，无非是随机概率，是运气的结果，什么也预测不了？

文尼·约翰逊的小小传奇表明，NBA赛场上最爱援引“势头”来解释球队或球员的表现。我们会说，有些球员手气好，有些球员手气差；球队可以乘着势头“昂扬地”进入比赛。这不是什么新说法。当时在康奈尔大学的心理学和行为经济学教授托马斯·吉洛维奇（Thomas Gilovich）、罗伯特·瓦洛内（Robert Vallone）以及斯坦福大学的已故的阿莫斯·特维尔斯基（Amos Tversky）研究了篮球里的势头及热手现象。他们考察了

1980—1981 赛季里费城 76 人队中 9 名球员的投篮尝试，没有找到势头存在的任何证据。他们估计，投篮成功，在很大程度上跟过去尝试是否成功不相干。投篮命中或失手，也跟球员的下一次尝试无关。

当然，投篮成功或许要受防守的影响。一名球员连续数次投篮成功，或许会遭到对方球队更严密的防守，降低他下一次尝试的成功率。类似地，最近几次投篮都失手的球员，或许面临着更松懈的防守，从而意味着他下一次尝试成功的可能性更大。为了避免这些对好坏手气的潜在影响因素，教授们还研究了无关防守或调整的罚球。他们的研究对象是 1980—1981 赛季以及 1981—1982 赛季中波士顿凯尔特人队的 9 名球员。他们还是没找到势头或者热手效应存在的证据。球员之前的罚球表现，并不影响他下一次罚球的表现。

心理学家们接着考察了多场比赛，发现一个晚上“手气好”或“手气坏”，并不能预测下一晚的表现。一场比赛中“失去意识”的球员，在下一场比赛中不见得一定会自动“苏醒过来”；一场比赛中“丢了手感”的球员，第二天晚上也不一定就能把手感找回来。但是，没有证据表明连续趋势存在任何滞后效应，它们根本无法预测将来的表现。

除了考察 NBA 球员，研究人员还对康奈尔大学校篮球队的男女球员们进行了一次实验。他们让球员站在球场上完全相同的地方连续发球或投篮，无人防守，没有观众，也没有比赛压力。他们仍然没有发现热手效应存在的任何证据。连续几次投篮或罚球命中的球员，下一次命中的概率并不比此前接连失误的球员更高。

有趣的地方来了。不管是在 NBA 还是康奈尔大学，球员本身都坚定地相信热手效应。他们感到手气的好坏，尽管前一次投篮的结果远不足以决定下一次投篮。再联想到教练经常指示自己的球员“快给手热的喂球”，很明显，许多人都相信势头的存在。而身为球迷，我们大多数人也相信。在教授们着手考察篮球运动员的统计数据之前，他们采访了球迷，发现91%的人认为，“较之前两三个球投失手的情况，球员前两三个球投进了的话，下一个球投中的机会更大。”事实上，球迷们估计，如果球员前两三个球投中，下一个球投中的概率要高20%。就连在罚球中，也有68%的受访球迷认为，“第一个球投中的话，第二个球投中的机会比第一个球没投中的情况下要大”。有84%的人相信，“把球传给刚才连续投篮成功的人很重要”。

由于这些研究人员收集到的数据跟体育界的共识背道而驰，他们以及其他研究人员进一步调整了自己的研究。或许，如果在一分钟内连续投中球，就会表现出更持久的成功率。可惜情况并非如此。他们利用更多赛季更多球员的更多数据重复进行研究。结果还是不变。还有人考察了NBA全明星周末的三分球大赛，这些球员是地球上投球最精准的人，而且比赛里没有防守，环境受控。同样地，虽然播音员经常呐喊，“他手上简直像是着了火那么热气腾腾！”研究却还是没找到势头存在的证据。

只有一份学术研究起初找到了热手效应存在的证据。但最具讽刺意味的是，研究结论主要是来自文尼·约翰逊的投篮。尽管关键的支持证据是“微波手”在1988年NBA总决赛第5场比赛里的7个连续进球。遗憾的是，这7投7中的连中从未发生过。数据是错的。他的第4个投篮失手了，但好在由队友补篮命中。修正了数据之后，史上最出名的爆发式投篮球员约翰逊就并不比其他球员表现出更强的连续倾向了，也就是投篮命中后不见得更容易进球，投篮失手后也不见得更容易继续失手。不过，研究人员指出，约翰逊和他的队友们都确实认为他是连投型射手。在一记投篮命中后，队友会更频繁地给他喂球，所以他往往投篮的次数更多。问题在于，他得分的概率并未因此而提高。

后来，研究过盖帽价值的约翰·赫伊津哈和桑迪·韦尔考察了 2002 年到 2008 年间所有的 NBA 比赛，更新了热手效应研究。他们同样没有找到任何热手效应存在的证据。然而，他们发现了一些别的东西。尽管准确概率并不更高，但投手在投最后几个球时，会表现得像是热手效应真正存在似的。投中一球后，他们投篮会更难，命中率比起正常情况低 3.5%。他们的出手比跳投失误后快 16%，如果前一个球投中，他们从队友手中接到球的概率比失手后要高 10%。对控球后卫和锋卫摇摆人而言，这两种效应都更强，这也合乎情理，对扣篮、上篮和其他短距离投篮，没有人会说什么“好手气”。我们的结论是，如果球队里的每个人都如此行事，即前一个球投中后比失手后更频繁地投篮、进行更困难的投篮，平均而言，会让球队每个赛季多输 4.5 场比赛。

好吧，个人层面上不存在势头，那么球队层面上呢？ NBA 球队存在势头吗？我们考察了 2005—2009 年间的 3 500 场 NBA 比赛，检验了每一场球的数据，并特别关注连续得分的情况。连续得分的定义方式有很多，我们选择的是：球队在前一分钟里，没让对方球队得一分，而自己一方连续得到 6 分，此时，我们称之为“好手气”，而对方球队则是“坏手气”。接下来，我们问：比赛的下一分钟会出现什么样的情况呢？手气好的球队会继续保持领先或缩短与对手的得分差距吗？

一句话，不见得。事实上，我们发现的情况恰好相反。如果一支球队在前一分钟连得 6 分或 6 分以上，平均而言，下一分钟会被对手反超 0.31 分。这意味着没有势头，只有逆势。球队手气好却有可能做得更糟糕，而不是更出色。

或许，考察势头以 1 分钟为限太短了，所以我们接下来又考察了 2 分钟、5 分钟和 10 分钟的情况。结果还是一样：好运会逆转，势头无证据。图 16-1 总结了我们的研究结果。

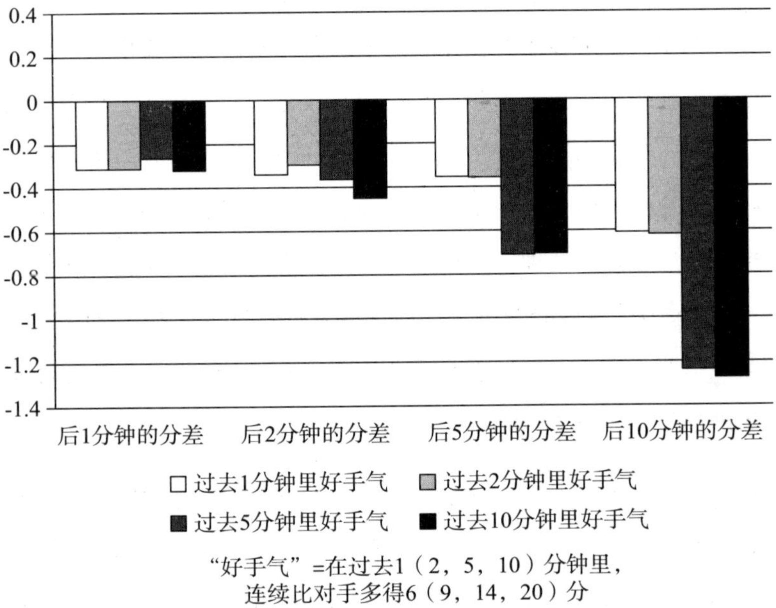

图 16-1　NBA 比赛当中的势头：“好手气”球队与对手在其后若干分钟的分差

每一种情况下，不管我们怎样定义好坏手气，往后看多长时间，总是只能找到逆转的证据，却找不到势头的证据。好手气球队往往会在连续得分后被反超，坏手气球队往往会迎头赶上。史蒂夫·利维（Steve Levy）在主持美国娱乐与体育节目电视网 ESPN 的节目《体育中心》（*Sports Center*）时，经常挂在嘴边的一句话是：“这就是 NBA，人人都能连续得分。”事实证明，他完全正确。

这当然有可能是许多原因导致的。也许，连连赢球的球队在连赢期间耗费了更多的精力，很快疲惫起来；也许，大比分连胜之后，教练会派出更蹩脚的替补球员；也许，球员大幅领先之后减少了努力，或者对手因为落后而付出了更多的努力。不管逆转的原因是什么，支持势头存在的证据就是找不着。

接下来，我们再看看还击。比方说，球队在比赛即将结束时落后 10 分，爆发出狂怒的反击，将比赛打成平局，进入加时赛。这支球队打赢加时赛的机会是否更高呢？我们发现，答案是否定的。它赢得加时赛的概率，跟优势消失的对方球队没有区别，跟以胶着状态打入加时赛的球队的胜率也没有区别。我们没有找到任何证据说明，球队连胜 2、3、4、5、6、7、8、9，甚至 10 场比赛，就有更大概率打赢下一场比赛。连续输了比赛的球队也一样。

就连季后赛似乎也跟势头无关。我们经常听人说，球队带着好手气或者保持势头进入季后赛有多么重要。我们并没有找到证据。控制了球队的常规赛整体战绩之后，我们发现，连赢数场（甚至多达 10 场）比赛进入季后赛的球队，表现并不比连输数场比赛的球队更好。就在我们研究数据期间，波士顿凯尔特人队挺进了 2010 年 NBA 总决赛，而他们在常规赛里，最后 10 场比赛中输了 7 场。他们的对手湖人队，最后 9 场常规赛中输了 6 场。

不光 NBA 里找不着势头的踪影。在棒球界，连续击中似乎并不比连续失手能更准确地预测未来的成功。经历了连续坏手气之后，球员的打击率跟连续好手气之后一样高。投手也是一样。我们找不到任何证据证明，先发投手“进入状态”就能预测他此后的成功。研究人员发现，有两种小众运动（保龄球和台球）里存在势头，但这类运动靠的是重复动作，又发生在相同的物理空间，其实只能算游戏。它们跟当着防守球员的面跳投成功，或者击中时速高达 153 公里的快球很不一样。

“热手”是对随机事件的过度解释

为什么我们这么看重基本上出于虚构的“运动势头”呢？心理学提供了一种解释。人喜欢为事件总结模式。我们不喜欢神秘感，希望有能力解释自己所看到的情形。我们无法解释随机性和运气，但如果非要我们说：“没办法，有些事情就是会发生。”就会让我们觉得不舒服，虽然这就是最合适的解释。

更重要的是，我们很多人对概率法则的掌握都不够好。举一个典型的例子：在第一堂课上，数学教授让学生们回家，投掷 200 次硬币，记下头像和字出现的顺序。他提醒说：“别造假，我可看得出来。”但总有些学生选择假装投掷了硬币，编造出结果。教授能一眼找出作手脚的人，让全班人都大吃一惊。这是怎么回事呢？因为在伪造数据的人笔下，头像和字总是频繁地交替出现，却很少连续多次出现头像或字。他们错误地认为，后一种情况显得“不像随机”。因此，伪造的数据大多像这样：HTHTHHTHTTHTHT（H 代表头像，T 代表字）。

但真正投掷 200 次硬币带来的随机序列，头像或字连续出现六七次的情况很多，就像这样：HTTTTTHHTTTHHHHHH。

这太有违常理了吧？我们大多数人都认为，连续出现 6 次头像的概率太低了。如果我们只投掷硬币 6 次，那确实很罕见，但我们投掷 200 次，情况就不是这样了。如果你只投掷硬币 10 次，连续 10 次都出现头像的概率非常低，大约为 1/1024。可投掷硬币 710 次，至少有一次连续 10 次出现头像的情况，其概率是 50%，即两次当中就有一次。投 5 000 次呢？我们有 99.3% 的概率至少看到一次头像连续出现 10 次的情况。投掷 10 000 次，概率为 99.99%，几乎铁定能看到一次头像连续出现 10 次。

1953 年，约翰霍普金斯大学的心理学家阿方斯·查帕尼斯（Alphonse Chapanis）证明了人类对随机性的理解是多么差劲：他要被试用 0 到 9 写出一长串随机数字。他发现，几乎没有人选择重复数字组，如 222 和 333 等。相反，被试喜欢交替数字，避免重复。简单地说也就是，人无法创造随机数列。这种偏差有可能被内行人钻空子，占便宜。以各州发行的彩票为例，人们自选数字的话，绝大多数人总是选择交替的数字，而很少选择重复的数字。考虑到彩金是在赢家之间均分，如果你选择 22222 而不是 65821 的话，独中彩金的概率会更大，因为没有人选择 22222。但为什么不呢？彩票是随机的。抽中 22222 的概率跟抽中 65821 一样。不管是哪种情况，你都必须按顺序猜中 5 个数字。只不过，人们并不这么想。想想看，如果强力球的中奖号码居然是 22222，大多数人肯定第一时间就认定，此事有鬼。

抛硬币也是一样的。如果连续抛出 10 次头像，下一次抛出头像来的概率是多少？别上当，还是 50%。只抛一枚硬币，出现头像的概率永远都一样。大多数人认为出现头像的概率比 50% 要低，跟势头恰好相对。他们知道自己应该看到头像和字出现大致相同的次数 50 次，所以觉得，既然已经连续出现 10 次头像，也该出现字了。必须出现一次字，才能平衡。但事实并非如此。没有平均定律这回事。如果整个过程是随机的，那就没有可预测性。“赌徒谬误”的背后动力也来源于此。连连输钱的赌徒错误地认为，自己应该继续赌下去，因为运气会出来平衡局面。但是，如果整件事情是随机的，那就没有任何东西注定出现。你的机会没有任何变化。

当然，赌场倒是很乐意利用这种对随机性的误解。有些赌场甚至在轮盘赌前张贴最近的赌局结果，希望赌客们会上当，认为“它已经连出5次奇数了。肯定该出偶数了！”

这样一来，体育界对热手效应和势头的强烈信念，与此事缺乏实际证据之间的矛盾，也就逐渐变得可以理解了。命中率为50%的篮球选手并不是投中一个球，又错过一个球。棒球击球手的打击率可能是0.300，但它只是平均水平。这并不意味着他每挥棒10次，就能击中3次。他可能前10次挥棒次次落空，可接下来的10次挥棒又击中了6次。然而，在整个赛季的600次挥棒里，他可能会击中180次。样本越大，就越能准确地再现实际情况。

科比罚球远比“大鲨鱼”奥尼尔精准。在两人各自的职业生涯中，科比的罚球准确率约为84%，而“大鲨鱼”只有53%。不过，若只投5个球，两人完全有可能水平相当。甚至，“大鲨鱼”胜过科比也有可能。事实上，这种情况的概率是22%，也就是说，如果“大鲨鱼”和科比比赛罚球，每轮投球5个，那么，每5轮比赛里，大约有一次，“大鲨鱼”至少能投得跟科比一样好，甚至胜过科比。但如果每轮罚球投10个球，“大鲨鱼”的胜算就低了。如果罚球超过100个，奥尼尔几乎毫无胜算。

这对戴维·赖特的击球低潮期意味着什么呢？作为一名职业生涯打击率为0.307的击球手，赖特击中球的预期概率为30%。赛季之初的三星期，他的击球率仅为23%，但总体表现仍完全吻合0.307的打击率。反过来说也一样。最初几星期，他有可能打出0.400的好成绩，球迷们兴高采烈地想宣布他是自特德·威廉斯（Ted Williams）之后第一个打出全赛季 0.400 好成绩的球员。然而，短期内，职业生涯打击率为 0.307 的球员打出 0.400 的成绩，跟随机概率完全一致。一些球员对此种情况的理解比其他人更好一些，努力避免“太高或太低的打击率”。赖特的前队友杰夫·弗朗克尔（Jeff Francoeur）每挥棒 50 次，就做一次自我评估。但即使如此，样本量也还是太小了。

在概率的愚弄下，一些看似难以置信的统计数据冒出头来。请看以下的例子，它们全都是真的。过去 10 年里，每一个 MLB 赛季：

- **至少会出现一名国家联盟的投手在较长时间内打击率比一名新晋全明星选手（非投手）要高。**
- **至少会出现一名国家联盟的投手在较长时间内打击率比美国联盟里一位著名击球手要高。**
- **至少会出现一名全赛季打击率低于 0.225 的击球手，在某段时间内连续击中球的次数高于另一位打击率为 0.300 的球员。**
- **至少会出现一名全赛季打击率超过 0.300 的球员，连续 6 场甚至 6 场以上比赛击球落空。**

这些统计数据乍看起来叫人惊讶，可每年都出现。照理说，投手不应该比非投手球员打击率更高，更别说全明星球员了。打击率为 0.225 的击球手不应该比打击率 0.300 的击球手连击次数更多。最优秀的击球手不应该连续 6 场比赛（即挥棒 25 次左右）颗粒无收。平均而言，的确如此。但在个别情况下，它的确会出现，完全符合随机概率。

我们总想着找出解释，但真正的原因很简单：不管是最优秀或者最糟糕的球员，导致连胜连败的都是运气、概率或者随机性，它与势头毫无关系。我们不妨来看看 MLB 的整体情况以及更多人数的球员，这样会更容易理解一些。旧金山巨人队的明星投手蒂姆·林塞克姆（Tim Lincecum），在赛季的任何阶段，打击率能超过强大的击球手阿尔伯特·普荷斯吗？可能性不大。那么，任何一名投手，在为期两周的时间段里表现超过普荷斯的可能性是多大呢？很大。至少有一名投手在两个星期里的打击率高于一名全明星球手（非投手），这种情况的可能性是多大呢？很大很大。总之，样本越大，你就越有可能找到一个看似不太可能的案例。

如果要你预测一名 MLB 球员下一次挥棒击中球的可能性是多少，你认为以下哪个选项是最准确的预测指标？

（a）他最近 5 次上场的打击率

（b）他最近 5 场比赛的打击率

（c）他最近一个月的打击率

（d）他迄今为止整个赛季的打击率

（e）他前两个赛季的打击率

大多数人都忍不住会选（a），理由是：它数据最新，所以关联度最大。他存在连续的倾向，而且他会继续呈现该倾向。或者说，如果他处在低潮，他就会继续泥足深陷。但选择（a）是受了随机性的愚弄，误以为当真存在势头。

我们考察了 MLB 过去 10 年里的所有击球手，尝试逐一按照上述 5 个选项来预测其下一次击球的结果。（a）是最糟糕的预测指标。为什么？因为它的样本规模太小。选择（b）是第二糟糕的，接下来依次是（c）和（d）。最佳答案是（e），即样本规模最大的选项。

在球队层面上，道理也是一样的。进入季后赛之后，以下哪一个选项能更好地预测球队季后赛的成功？（排除非正常因素，如球星突然受重伤）

（a）球队在最近一场比赛中的表现
（b）球队在季后赛前一周内的表现
（c）球队在季后赛前一个月内的表现
（d）球队在整个常规赛季中的表现

势头会让人以为答案是（a）或（b），最多是（c），可惜这些其实都是糟糕的预测指标。在我们研究过的每一项体育运动当中，（d）都是季后赛或锦标赛成功的最佳预测指标。球队的真实水平，用大型样本来衡量最合适。小规模样本多以随机性为主，在本质上就不可靠。

不光运动是这样。在投资管理行业，投资者往往“追求短期回报”，蜂拥地扑向当季或当年表现优秀的共同基金，而不考虑当季或当年表现不如人意的基金。他们按小样本量的数据来评估成功。但和运动里的好手气一样，事实证明，在共同基金行业，基金在一个季度甚至一年里的表现，并不能特别准确地预测该基金来年的表现。事实上，几乎所有基金一年里的表现，几乎全都是靠运气，而非靠技能实现。可惜人们通常并不这么看。整个行业都在向投资人兜售短期绩效指标，帮助他们辨识最佳基金，以及那些近期表现强劲的基金，并尽力遮掩这些基金糟糕的绩效。但现实情况是，每一年，10% 表现最佳的基金很有可能变成来年 10% 收益垫底的基金。年复一年，这完全是个随机现象。

搞体育博彩的人，也受势头的愚弄。加州理工学院行为经济学教授科林·卡默勒（Colin Camerer）发现，连胜连负会影响博彩的让分（point spread）。压在连胜球队上的赌注更容易输，而压在连负球队上的赌注更有可能还本。换句话说，赌徒们经常性地高估连胜球队，低估连负球队。

一如精明的投资人可以利用这些误解，获得巨大的收益，精明的教练和选手以及体育博彩爱好者也能。如果大多数人高估了最近的赢家，低估了最近的输家，那他们就应该反其道而行之。

唯一的问题是要说服人们违背自己和其他所有人的直觉。先行者们的研究指出篮球界热手效应理论是谬误之后，尊敬的名人堂级教练，时任波士顿凯尔特人队总裁的“红衣主教”奥尔巴赫（Red Auerbach）也收到了调查结果。奥尔巴赫翻着白眼，双手在空中挥舞，“这家伙算老几？他是搞研究的。我才不在乎他怎么说呢。”爆脾气的著名大学教练鲍勃·奈特（Bob Knight）同样不屑一顾：“投篮里牵涉到的变数太多了，像这样的论文没什么意义。”著名心理学家，最先发起势头和热手效应传说研究的阿莫斯·特沃斯基，曾经这样说过：“就这一主题，我已经参与了一千场论战了。每一场论战我都赢了，可我没能说服哪怕一个人。”

SCORECASTING

第 17 章

该死的统计数据

数据里的科学与骗局

科学的统计数据，会把真相告诉我们。但是，以偏概全的小样本数据，是人们有意识挑出来的，丝毫没有代表性。同样的数据，可能会有两种完全相反的解释。这究竟是为什么呢？原来，媒体人对极好或极差的数据尤为感兴趣，“夸张”才是他们的最爱。

小样本靠不住

有时候，赛场上的情形就像是动画片，似乎他投篮并不多，大多数时候只是把队友们的传球重新送进篮框里。2010 年 NBA 总决赛第二场比赛的上半场，波士顿凯尔特人队的资深后卫雷·阿伦（Ray Allen），用俗套的话来形容，简直“着了火”“不假思索”“正逢状态”。他以惊人的准确度投篮，投中了 7 个三分球，其中大部分连篮框都没擦着，直接落进网底。咻，咻，咻咻咻。他在上半场砍下 27 分。凯尔特人队的预备球员纳特·鲁宾逊（Nate Robinson）目瞪口呆地形容阿伦是“NBA 历史上最优秀的射手”。

随着阿伦火力全开，评论员展开了同样凶猛的统计攻势，并在屏幕上显示图表加以证实。投篮被描述得天花乱坠。有那么一刻，评论员告诉观众，阿伦此前的 4 次投篮全中了。可当阿伦漏掉了一个两分球时，统计数据突然只看他的三分球了，其实，阿伦 9 次尝试投两分球，只有三次投中。

不可避免地，阿伦的手气会冷下来。而且，他在下半场就冷了，只投入了一个三分球。尽管他全场总共投中 8 个三分球，创下了 NBA 总决赛的新纪录，总共拿下 32 分，让波士顿队以 103 对 94 的成绩击败了洛杉矶湖人队。但他的真正冷却，是在下一场比赛。这一回，他惊人地失了准头，13 次投篮（包括 8 次三分球尝试）全都落空，波士顿队也以 84：91 的比分败北。随着阿伦一次次地失手，评论员们也很快注意到运气的无情逆转，竞相落井下石。有那么一刻，他们告诉观众，前后两场比赛，阿伦总计失手了 17 次。

球迷们受随机性的愚弄，媒体也有值得检讨的地方。统计资料和数据是体育界的科学证据，可和所有的证据一样，你可以篡改它们、操纵它们。马克·吐温曾经说过，谎言有三种：谎言、该死的谎言和统计数据。

观看比赛期间，我们遭到统计数据的狂轰乱炸，但这些数据，都是有选择性地挑出来的，大多是小样本和短期内的数据。听说有一名球员“过去 5 次击球有 4 次都上垒”，我们不妨假设，用不了多久，这说法就会变成“过去 6 次击球有 4 次上垒”了。要不然，他们保准会说：“他 6 次击球里 5 次连续上垒”。很明显，一支“此前三连败”的球队，打输了之前 4 场比赛里的三场，但也有可能是 5 场比赛里的三场、6 场比赛里的三场……要不然，媒体就会告诉我们，它们已经“4 连败”。

夸张数据是媒体人的最爱

对于那些从事体育媒体行业的人而言，兜售最极端情况是有好处的。他们会不约而同地按极端情况选择相应数据。举个例子，2009 年 9 月 15 日纽约洋基队和多伦多蓝鸟队的比赛中，全联盟当时最优秀的击球手亚历克斯·罗德里格斯跟最优秀的投手罗伊·哈勒戴（Roy Halladay）展开了较量。洋基队的广播员可以按照以下段落，用自己手里最积极的统计数据来描述这场相遇：

> 罗德里格斯站上本垒，准备击球。本赛季，他对哈勒戴的打击率是 0.357；最近 12 次与右撇子的哈勒戴对阵，更有 5 次击中，打击率高达 0.412。在过去 11 场比赛中，棍王罗德的打击率是 0.436。请记住，因为哈勒戴传出了会被球队交易的流言，在过去 5 次先发上阵中，哈勒戴输了 4 次，在过去 15 次中输了 11 次。

听到这些信息，棍王罗德碾碎哈勒戴简直就像板上钉钉的事情。事实上，人们简直要对哈勒戴表示同情了。感觉上，他好像应该带着头盔和防护衣上投球墩。

现在来听听蓝鸟队的广播员可以怎样利用对自己最合适的数据来描述这场对决：

> 哈勒戴已经连续投完了整整两场比赛。在这 18 局当中，他将 18 人投出局，只丢了 4 个自责分，投手防御率为 2.00。与此同时，棍王罗德对哈勒戴的最近 6 次挥棒，棒棒落空。在所有对手球队当中，罗德里格斯对多伦多蓝鸟队的平均打击率最低，而被振出局的次数又最多。

听到这样的话，如果罗德里格斯能击中哈勒戴的球，我们简直就要惊讶了，上垒？更加不可能了。

这两段文字渲染都是完全准确的。两组统计数据也并无虚言。可它们描绘出了完全不同的景象。顺便提一下，在洋基队与蓝鸟队的比赛中，哈勒戴投了6局，丢了两个自责分，取得了胜利；罗德里格斯三击一中，并对哈勒戴打出了一个二垒安打；观察者若是保持中立态度，忽视噪音，观察尽量多的数据，想来也能预料到这样的结果。

大数据VS小样本

球队也串谋参与了这种选择性展示数据的做法。下一回看棒球比赛时记得观察记分牌。如果2010年夏天你在美国行动通信球场（U.S. Cellular Field）现场观看了白袜队与老虎队的比赛，大概还记得芝加哥队外野手卡洛斯·昆廷（Carlos Quentin）在“前9场比赛里的打击率是0.371”。尽管这一数据令人印象深刻，并旨在表达球员的好手气，但它到底能告诉我们些什么呢？实在不多，因为样本规模太小。如果白袜队尝试预测昆廷下一次出场击球的结果，他们应该提供更有意义的统计数据，使用规模更大的数据集。但说昆廷“整个职业生涯的成绩是1 420击351中，即打击率为0.247”，恐怕很难掀起观众的热情吧。

内特·罗宾逊形容雷·阿伦是“NBA历史上最优秀的射手”，他很可能是对的，但并不是因为阿伦前半场比赛投篮的手气好。要不然，按照第二天晚上的比赛，你可以很轻松地推论出阿伦是NBA历史上最糟糕的射手。罗宾逊更有说服力的证据应该是：在整个NBA职业生涯中，阿伦尝试投了6 000多个三分球，投中了大约40%。

2010年NBA总决赛里这两场比赛，阿伦的表现是否极端呢？使用规模更大的数据集，指出阿伦职业生涯的平均水平，尽管完全不令人振奋，但对观众却更有帮助。在两场比赛里，他的三分球19投8中，命中率是42%，跟职业生涯的整体水平几乎完全一致。

SCORECASTING

第 18 章

为什么小熊队成绩这么差

赛场上的“自我归因”

小熊队上一次冠军是在 1908 年获得的，这无论如何都称得上是一次巨大的冠军荒。小熊队如此不幸，是实力不济，还是运气太差呢？心理学家发现，人们往往把成功归因于技术，而把失败归因于运气。正是这种“自我归因”偏差，让人们把失败和诅咒紧紧地联系在一起。

球撞上了路易斯·卡斯蒂略（Luis Castillo）的球棒，发出空洞的闷响，暗示击打不够干净利落。它飘进秋夜的天空，将要落在芝加哥里格利球场全垒打标杆和三垒线之间。主队小熊队的左外野手莫伊塞斯·阿洛乌（Moises Alou）跟着球的轨迹，缓步跑来。

如果阿洛乌能接住球，完成 2003 年 MLB 国家联盟冠军系列赛第 6 场比赛第 8 局里的第二个出局，一切就圆满了。这天晚上，小熊队在 7 战 5 胜制的系列赛里以 3∶2 的成绩领先于佛罗里达马林鱼队，而本场比赛此时的比分是 3∶0，只要再来 4 个出局，小熊队就能跻身 MLB 总决赛，自 1945 年来首次有机会争夺 MLB 总冠军。小熊队的会所里，香槟已经放在了冰块上。客队马林鱼队总裁正给妻子打电话，告诉她别来芝加哥了，因为球队没有第 7 场比赛了。阿洛乌是一名优秀的资深外野手，曾多次入选全明星赛。他已摆好位置，就等着球落下来了。现场的球迷们嘶声呐喊，音浪一波强过一波。阿洛乌展开左臂，大声喊道："接住了！接住了！"他顺着看台跃起，张开手套。

你或许知道接下来的故事。一名 26 岁的咨询师，想方设法为本场比赛搞到了一张好票子：位于离场地最近的第一排，4 号通道，8 排，113 号座位。坐在这里，手中的烤玉米饼稍微一哆嗦，上面的奶酪就能掉落在界外区域的地上。对史蒂夫·巴特曼（Steve Bartman）来说，这差不多就是他梦想里的天堂了。巴特曼是芝加哥本地人，小熊队铁杆的苦命粉丝，心情总随着球队的命运而起伏。他刚从圣母大学毕业，为了工作、为了家人，大约也为了自己心爱的球队回到家乡。他的狂热达到了这样的程度：有了黄金座位还不够，他还戴着耳机，边看比赛边听着电台的赛事直播。

卡斯蒂略的界外球划出一道弧线开始下落时，巴特曼站起身来准备去接球，这个反应就像人碰到火焰本能地会缩手一样。一个界外球纪念品？还有什么能更好地装饰这个神奇的夜晚呢？你还来不及读完这个句子，巴特曼这个神奇的夜晚就出现了逆转，甚至他的人生都发生了巨变。巴特曼太热切地想接球，影响到了阿洛乌，巴特曼先于阿乌洛接触到球，但也没接到而是把球给碰走了。意识到好好的出局给弄丢了，阿洛乌像被蛇咬了似的弹开。他死死地盯着巴特曼，用与自己 37 岁年龄完全不相称的态度，挥舞着手套发脾气。“阿洛乌对球迷发脾气了。”一名电视台广播员缓缓说道。小熊队的投手马克·普里奥（Mark Prio），这时也走到左外野，恶狠狠地瞪着巴特曼。

卡斯蒂略获得了新生，在之后的比赛中他被保送了。大约就在此时，保安们来到巴特曼的座位跟前，把他护送了出去。“为了你自己的安全着想。”保安们对他说。即便有人护送，沿途的球迷们也向他送上了一连串质问和咒骂，外加啤酒罐。巴特曼用自己的运动衫蒙着脸，好像是在里格利球场被游街示众。顺便说一句，里格利球场的绰号就是“友好监狱”。

保安及时赶来是件好事。卡斯蒂略的被保送，开启了马林鱼队一波连得 8 分的巨浪。狂野的投球，蹩脚的击打，外加小熊队游击手亚历克斯·冈萨雷斯（Alex Gonzalez）在本该结束这局比赛的双杀上失了手，马林鱼队赢得了比赛。这时候，好莱坞制片公司已经打算购买电影拍摄权了。按次日《名利场》杂志的报道，电影的名字会叫《粉丝砸场》（*Fan Interference*），由凯文·詹姆斯（Kevin James）主演，讲述"球迷搞砸了一轮轻松的出局，被迫应付随后而来的种种麻烦"。靠着互联网的传播速度和力量，到了早晨，巴特曼的身份就曝光了。他在北岸郊区的管理咨询公司翰威特（Hewitt Associates）的办公室，他的语音信箱里塞满了污言秽语。巴特曼发表声明说："作为小熊队球迷，我的心都碎了，我由衷地表示抱歉。"

于事无补。第二天晚上，小熊队输掉了与马林鱼队决定性的第 7 场比赛，而后者继续打入总决赛，还赢得了冠军。可怜的史蒂夫·巴特曼，成了城里人人唾弃的可怜虫，跟奥利里太太和她的牛①一个地位。著名的第二城市剧场很快有个喜剧演员打扮成巴特曼的样子，撞倒了正从火灾现场解救小孩的消防队员。当地一家电台开始播放歌曲，名叫《全都怪史蒂夫·巴特曼》。接着又出现了戏仿万事达信用卡"无价"广告的 T 恤，上面印着：小熊队比赛的门票 200 美元，芝加哥小熊队的球帽 20 美元，1987 年随身听 10 美元，搞砸球队赢得世界大赛的机会无价。

《法律和秩序》（*Law and Order*）动手拍摄内容如下的一集剧：一个"捡界外球的家伙"搞砸了球队的胜利，随后被杀死在了一间酒吧。当地法学生丹·梅（Dan May）接受地方新闻采访时解释说："如果我和巴特曼擦身而过，我不会开枪打他，但我要打断他的膝盖。"当时任伊利诺伊州州长

① Mrs. O'Leary and her cow，据说是他们酿成了 1871 年的芝加哥大火。——译者注

的罗德·布拉戈耶维奇（Rod Blagojevich）夸张地说："巴特曼最好加入证人保护计划。"他还补充道："如果巴特曼认罪，本州长不予赦免。"与此同时，佛罗里达州当时的州长杰布·布什（Jeb Bush），则开玩笑地向巴特曼提供庇护。巴特曼躲了起来，拒绝接受采访，拒绝露面，有人邀请他观看超级碗大赛，他也不上钩。有传言说，他做了整容手术。此后，他再未重新出现在公众面前。

那一晚，巴特曼并没有接住球。球从他手里飞了出去，最终被一位芝加哥律师捡走。哈里·卡雷餐饮集团（Harry Caray's Restaurant Group）在拍卖会上得到了这颗球，付出的金额是 113 824.16 美元。受碎南瓜乐队（Smashing Pumpkins）的主唱比利·科根（Billy Corgan）、球童小屋度假公司（Caddyshack and Vacation）的总监哈罗德·拉米斯（Harold Ramis）、卡雷的遗孀达齐（Dutchie）的委托，1 000 多名小熊队球迷和一些芝加哥名人在休赛期见证了此球的摧毁仪式。爆炸场面由曾经得过奥斯卡奖的好莱坞特效专家迈克尔·兰蒂耶里（Michael Lantieri）监督。起初有人建议，用小熊队著名播报员哈里·卡雷的厚眼镜引火，将球烧化。兰蒂耶里并未采用这一建议，而是使用了一套无烟引爆装置。球迷们站在帐篷外，有人举着标语牌，上面写着："去死吧，巴特曼。"他们还一起大声唱和："球已死，球已死。"球燃烧后散发的烟雾也被小心地加以收集和蒸馏，用来给卡雷餐厅制备意大利面条酱。真的，没开玩笑。

失败与诅咒

这一切听起来是不是有点……怎么说呢，太极端了？在许多球迷心目中，"巴特曼之手"证实了他们长久以来的一点怀疑：小熊队遭了诅咒，这支命运多舛的球队做了些激怒命运的事情。诅咒，从前是一头记仇的山羊，如今化身成了一个带着难看耳机的家伙。

也许，这些蹩脚球迷（本着信息充分披露原则，也包括写这本书的我们）说到了点子上。小熊队上一次拿下世界大赛是在 1908 年，在北美各大职业体育赛事中，这是持续时间最长的一次冠军荒。①为了让读者们更好地理解这是多长时间，再补充些额外的信息吧：1908 年，担任总统的还是特迪 · 罗斯福（Teddy Roosevelt），世界大战的概念还没人想过，马和马车比汽车更常见。多年来为小熊队担任广播员的杰克·布里克豪斯（Jack Brickhouse）说："人人都会碰到糟糕的一百年。"

巴特曼笨手笨脚地想抓住球的那一刻，就如同因果报应突然袭来，提醒我们，小熊队和成功无缘。卡斯蒂略保送后，小熊队发生了一连串的失误，外野手们连连掉球，球队的命运急转直下。有足够证据表明：有更高级的力量在运转。小熊队就是所有体育运动里最倒霉的队伍。一句话：被下了咒。

对吧？

嗯，首先，让我们来定义何为运气。韦氏词典是这样解释的："一种能带来好运或厄运的力量；某种带来意外极端结果的东西。"那么，小熊队有多"不走运"呢？比方说，一支球队整整一个世纪都没赢得过一次总冠军，是有多"不走运"呢？MLB 现在有 30 支球队，假设每支球队获胜的机会均等，那么一支球队打 100 个赛季却从未赢得总冠军的概率是 3.5% 左右，即 1/30。可能性的确不大，但并非完全不可能。

如果你想根据严谨的概率寻找真正的"异端"，不妨想想纽约洋基队

① 小熊队于 2016 年获得 MLB 总冠军。——编者注

在过去 100 场总决赛中 27 次夺冠。概率是多少？三百二十亿分之一，或者说 1：32 216 000 000。

没有人认为洋基队异乎寻常地成功是出于运气。这样的运气根本不存在。洋基队成功，是因为它真正优秀，它聘用最顶尖的选手鲁思、迪马乔、曼特尔、杰特，搜寻并培养人才，网罗专家级教练。而且，至少在最近几年，他们还花了车载斗量的钞票。洋基队兴许做了许多事情，但没有人，至少在波士顿郊外没有人，会认为这支球队夺冠靠运气。那么，我们为什么会认为小熊队如此不成功是因为不走运呢？也就是，为什么小熊队失败我们很乐意认为这是运气所致，洋基队超成功我们却不认为有运气的因素呢？

“自我归因”偏差

运气是一种我们无法解释的东西。而之所以无法解释，往往是因为有些事情我们不想解释。心理学家发现，人们往往把成功归因于技术，而把失败归因于运气，这种偏差叫作“自我归因”（self-attribution）。买到 3 支热门股票，我们会大肆吹嘘；至于另外 7 支跌得不见底的股票，我们就闭口不谈了。开着车避开了路面的大坑，我们赞美自己的车技好、反应快；但要是我们一头栽进了坑里，我们就诅咒天气、其他司机、城市路面管理方等除了自己之外的所有人。在生活的许多方面，我们都很乐意认领成功，而不愿承认失败。对心爱的球队，我们也是这么做的。

被下了咒，或者运气不好，是个讨巧的说法。把失败归咎于运气，你就不需要再寻找更进一步的答案了。借用棒球俱乐部里最受欢迎的说法，“运气不好就是运气不好”。“运气不好”是个很好的借口，能让你摆脱困境。如果运气不佳，失败不可避免。你无法控制运气，也没有什么可以做、应该做的事情能改变运气。

拨开诅咒这张好用的面具，小熊队多年来颗粒无收的真正原因是什么呢？如果真是运气不好，是否能做点什么改变球队的命运，而不是把倒霉的界外球当成祭祀品献给棒球之神呢？

为解答这些问题，我们需要测量一种本质上无法测量的东西：运气。虽然我们无法直接测量运气本身，但我们可以从运气发挥影响的地方推测数据。

让我们再想想不走运是什么意思。顾名思义，这个词暗示了一定的随机性，或者缺乏控制性。换句话说，就是结果与能力不相符。一支球队总能打赢分区赛，却从来赢不了世界大赛？这就是不走运。一支球队，尽管有着了不起的球员和战绩，但在分区赛里却是万年老二，是因为球有好几次都弹错了方向，又或者，是因为本赛区刚好有一个超强巨头，比如纽约洋基队？这就是不走运。一支球队，在多场势均力敌的比赛里都打败了，这恐怕也是不走运。一支球队，从赛场上每一个可测量的角度来看表现都很好，但打赢比赛的次数却始终不如料想中那么多？还是那句话，不走运。

那么，小熊队拿不了冠军，有多大的程度可归咎于运气不好呢？为打赢总决赛，你必须先打入总决赛才行。1945 年以来，小熊队还从来没打入过总决赛，而且那以后，只有 4 次打入了分区决赛，因此，赢得总冠军的机会原本就不怎么多。小熊队打不赢分区赛，是因为一直不走运吗？它拿不下分区赛冠军，仅仅是因为要跟本赛区极为成功的对手圣路易斯红雀队苦苦厮杀吗？红雀队拿过 10 次冠军，仅次于洋基队。如果是这样，小熊队获得本赛区第二名的次数应该比现在多得多，但事实上，它大多数时候都得的是第三、第四甚至最后一名。

唉，可怜的小熊队，拿到分区赛第二名的次数比拿到第一名的次数还少。他们拿到第三名的次数比拿到第一名、第二名的次数多，拿到第四名的次数比拿第三名多，还足足有 17 次拿到最后一名。这一证据有违运气因素。运气应该与此没什么关系。运气意味着，你拿到第二名的概率跟拿到别的名次一样大。小熊队的排名始终垫底，不是运气的错。他们垫底的次数远超随机概率，说明他们有 40% 的时候都是最后一名，或者倒数第二名。这种情况随机发生的概率为 1/527。

相比之下，洋基队 40 次打入世界大赛并赢了其中的 27 次。100 个赛季里洋基队有 45 次拿到了赛区第一名（在 20 世纪早期，则为所属联盟第一名），而小熊队只有 12 次拿到了第一名，没拿到第一的时候，大多都是第二名，有 16 次。事实上，洋基队的经历跟小熊队恰恰相反。洋基队拿第一名的时候远比拿第二名多，拿第二名的时候远比拿第三名多，拿第三名的时候远比拿第四名多，只有三次当过最后一名。这跟运气也不相符。

非要说不走运的话，不妨来看看休斯敦太空人队。球队成立 48 年以来，从未打赢过世界大赛，但 4 次打赢了联盟冠军赛，7 次夺得赛区冠军。在 48 年的历史里，太空队 26 次都以本赛区前三名的成绩结束赛季，概率超过 54%，只有三个赛季是最后一名。

还有一种测量运气的方法，是看球队的成败有多少无法解释的地方。比方说，观察球队在赛场上的表现，按照表现判断它赢下的比赛是否比理论上更少。如果你发现自己的球队在打击率、本垒打、总得分、投球和守备率方面全联盟领先，大概可以假定这支队伍打赢的比赛远远多于打输的比赛。如果不是，那么你有权认为球队不走运。比赛中有太多的因素无法解释。举个例子，1982 年的底特律老虎队以本赛区第四名的成绩结束赛季，只赢了 83 场比赛，打输了 79 场，尽管该赛季老虎队在 MLB 中总得分排第八，球队打击率排第七，本垒打数排第四，投手总失分排第十，自责分率排第九，被安打数排第五，被三振数排第八，失误也至少排第四。这是怎么回事，谁说得清呢？

从历史来看，对普通的 MLB 球队，根据赛场数据预测其比赛胜率，多年来都可达到 93% 的准确率。也就是说，你知道一支球队每个赛季的场上数据，并根据这部分数据对其排名，93% 的时候这一排名跟你用输赢数据排出的名次相吻合。但 93% 毕竟不是 100%。对底特律老虎队来说，1982 年是一个典型的“不走运”年份，场上表现并不等于实际的胜负战绩。走运的球队指的是场上表现好于胜负纪录的球队，换句话说，就是存在许多无法解释的地方。

按照这一准绳，小熊队有多不走运呢？根据其本垒、投手土墩和赛场当中的表现，小熊队输的比赛多过理想状况吗？他们的不成功，是有什么无法解释的地方（比如诅咒一类）吗？

对我们这些小熊队的球迷而言，可惜的是，并不是这样的。小熊队的胜负纪录，跟大多数棒球队伍一样，可以轻易得到解释。考察小熊队的赛场表现，完全可以理解它为何胜率不高。说得更准确一些，如果我们根据所有可用的统计数据，预测小熊队多年来的胜率，准确率可达 94%，比 MLB 的平均水平还要高些。你几乎可以这样说：跟 MLB 里的普通球队相比，小熊队其实算不上特别不走运。

什么人受运气影响最大？换句话说，谁的常规赛战绩和季后赛成功最难于解释？极具讽刺意味，竟然是小熊队的对手，圣路易斯红雀队。如果你考察红雀队的场上表现，你给出的预测胜率会低于实际情况。更激怒小熊队球迷的是，红雀队何以拿下了 10 次世界大赛冠军，这很难解释。道奇队比红雀队打入世界大赛的次数更多（前者 18 次，后者 17 次），赢的次数却少了 4 次。巨人队也比红雀队多打入一次世界大赛，同样少拿 4 个冠军。

但如果说小熊队徒劳无果不是因为运气糟糕或欠缺好运，那到底是什么原因呢？

就让我们把话挑明吧：小熊队没赢的原因在于，他们不是一支赛场上技术娴熟的球队。不妨先来看看历年的人事变动。1964 年，小熊队把年轻的外野手洛乌·布罗克（Lou Brock）换去了对手圣路易斯红雀队，换回了投手厄尼·布罗利奥（Ernie Broglio）。人们（大部分是芝加哥人）普遍认为，这是棒球历史上最糟糕的一次交易。布罗利奥带给小熊队的成绩是 7 胜 19 负，而布罗克则带着史上盗垒数量最多的荣誉退役，进入棒球名人堂。小熊队拿丹尼斯·埃克斯利（Dennis Eckersley）换回三名小联盟选手，埃克斯利日后成了最有价值球员，而那三名小联盟选手，到退役仍然在打小联盟。1992 年，他们又放出了年轻有为的投手格雷格·马达克斯（Greg Maddux），试水自由球员市场。之后 10 年，马达克斯成为亚特兰大勇士队的队员，成为国家联盟里的霸主投手，稳稳当当进入了名人堂。但所有球队都做过事后看来愚蠢的交易。

更大的问题是，为什么小熊队不能组织起一支优秀的队伍。我们认为答案跟经济奖励有关系。球迷归咎于运气不佳的地方，掩盖了球队更令人不安的一些事情。

除了难以言说的原因，如自豪感、竞争意识或者荣誉感，体育队伍想要拿到好成绩，也是出于经济上的原因（即经济诱因）。球队成功，能带来更多的球迷，从而带来更多收入。常胜球队能吸引更多购票的球迷，带来更多的赞助商，提升地方和全国电视台收视率，卖出更多的纪念品。总体而言，胜利能提升球队的品牌，而所有这些东西都能让球队的账面变得更好看。球队要是老输球，情况就会反过来。你可以这么想：球队表现好，球迷们就奖励球队的老板；球队表现糟，球迷们就惩罚老板。这个过程使得球迷的经济诱因跟球队老板保持一致，因为老板会因球队的胜利获得经济回报。

诚然，每支球队都想要赢，但渴望的程度有所不同。大多数时候，我们不会想到球队对获胜有着不同的经济诱因，部分原因在于，要了解球队的经济诱因很困难。但我们可以换一种新的方式来考察数据，推断经济诱因。例如，主场比赛上座率跟球队成绩的关系如何？主场上座率是衡量球队人气和收入的指标，但它跟另一些因素，如赞助和纪念品销量，存在关联。假设有一支球队的球迷忠心耿耿或者说麻木不仁，输赢都不影响球场上座率或球迷基数。再假设另一支球队的球迷非常善变、敏感。比较这两支球队，第二支球队是否存在更大的经济诱因争取胜利呢？如果赢不了球，他们会付出高昂的代价。

我们计算了过去一个世纪里每一支 MLB 球队赛季表现和主场上座率的关联，得到了一套测量球迷对球队成功敏感度的指标。如果这个数字等于 1，表示一支球队若能多打赢 10% 的比赛，上座率也随之上涨 10%；大于 1 表示上座率随之上涨 10% 以上，意味着球迷对球队成绩更敏感；小于 1 意味着球迷对球队成绩不敏感，这会使得球队获胜的经济诱因不强。

那么，小熊队的情况如何呢？原来，在棒球界，他们的上座率对球队成绩最不敏感（见图 18-1）。每场比赛上座率对胜率的敏感度仅为 0.6，远小于 1。MLB 的平均水平是 1。如果说，达拉斯牛仔队是典型的美国球队，小熊队就是水泼不进的美国不粘锅球队。

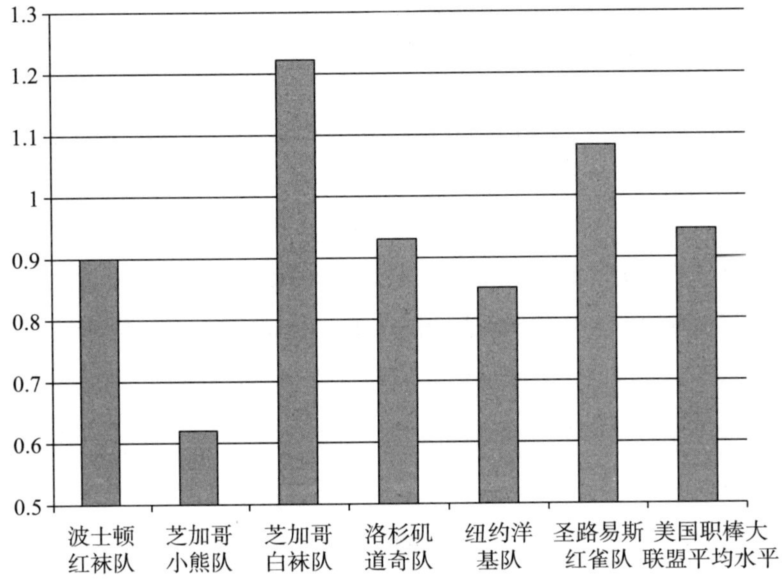

图 18-1　上座率对胜率的敏感度

对比一下洋基队的这些数字，该球队的上座敏感度是 0.9，意味着上座率与胜率几乎是一比一联动的。你可能会认为这是因为纽约球迷出了名的苛刻，想要惩罚球队的糟糕表现，要不就是，洋基队的门票太贵，为了对得起票钱，球队必须表现好才行。还有可能，球迷们被洋基队一贯的成功宠坏了，有着较高的消费预期。所以，最好是用芝加哥的另一支棒球队——白袜队来跟小熊队比较。因为两队不光在同一城市，所在主场的座位数量也大致相同。结果，事实证明，白袜队球迷的获胜敏感度是小熊队的两倍以上，也是 MLB 里敏感度最高的队伍之一。

就算只看过去 10 年，也能清楚发现小熊队和白袜队球迷上座情况的鲜明差异。表 18-1 和表 18-2 列出了 1998 年到 2009 年间这两支芝加哥球队的胜负、赛区排名和总上座人次（包括因体育馆改建导致的每赛季总座位容量）。

1998—2009 年，里格利球场的上座率在容量的 82% 到 99% 之间波动，而白袜队 1999 年的上座率低至 37%，2009 年则高达 90%。2009 年，他们刚打赢了世界大赛，观众场场爆满。同一赛季，小熊队是最后一名，但他们的上座率达到 94%。该赛季，最后一名的小熊队吸引的球迷比世界大赛冠军白袜队多 165 801 人次！这还不包括里格利球场对面大街租出去的几千个楼顶座位。事实上，小熊队虽然连世界大赛都没入围过，但自 2002 年以后的每一赛季，他们公布的上座率总是高于 94%。

表 18-1　　芝加哥小熊队

赛季	获胜场数	输球场数	胜率	本赛区排名	总上座人次	总座位容量	上座率	胜率浮动	上座率浮动
1998	90	73	55%	2	2 623 194	3 189 964	82%		
1999	67	95	41%	6	2 813 854	3 151 062	89%	-14%	7%
2000	65	97	40%	6	2 789 511	3 151 062	89%	-1%	-1%
2001	88	74	54%	3	2 779 465	3 151 062	88%	14%	0%
2002	67	95	41%	5	2 693 096	3 034 356	89%	-13%	1%
2003	88	74	54%	1	2 962 630	3 151 062	94%	13%	5%
2004	89	73	55%	3	3 170 154	3 189 964	99%	1%	5%
2005	79	83	49%	4	3 099 992	3 151 062	98%	-6%	-1%
2006	66	96	41%	6	3 123 215	3 330 558	94%	-8%	-5%
2007	85	77	52%	1	3 252 462	3 330 558	98%	12%	4%
2008	97	64	60%	1	3 300 200	3 333 960	99%	8%	1%
2009	83	78	52%	2	3 168 859	3 333 960	95%	-9%	-4%

表 18-2　　芝加哥白袜队

赛季	获胜场数	输球场数	胜率	本赛区排名	总上座人次	总座位容量	上座率	胜率浮动	上座率浮动
1998	80	82	49%	2	1 391 146	3 590 001	39%		
1999	75	86	47%	2	1 338 851	3 590 001	37%	-3%	-1%
2000	95	67	59%	1	1 947 799	3 590 001	54%	12%	17%
2001	83	79	51%	3	1 766 172	3 720 816	47%	-7%	-7%
2002	81	81	50%	2	1 676 91 1	3 720 816	45%	-1%	-2%
2003	86	76	53%	2	1 939 524	3 720 816	52%	3%	7%
2004	83	79	51%	2	1 930 537	3 186 216	61%	-2%	8%
2005	99	63	61%	1	2 342 833	3 289 815	71%	10%	11%
2006	90	72	56%	3	2 957 414	3 289 815	90%	-6%	19%
2007	72	90	44%	4	2 684 395	3 289 815	82%	-11%	-8%
2008	89	74	55%	1	2 500 648	3 289 815	76%	10%	-6%
2009	79	83	49%	3	2 284 164	3 289 815	69%	-6%	-7%

为观察获胜与上座情况之间的整体联系，表 18-1 和表 18-2 的最后两列汇总了每一年胜率和上座率的浮动。如果上座人次随胜利场次而增加，换句话说，如果球迷制造了正确的诱因，这两个数字应该同步变动。1999 年，小熊队比前一年多输了 14% 的比赛，可上座率却上升了 7%；2001 年，小熊队多赢了 14% 的比赛，但上座率几乎没有变化；2002 年，他们又多输了 13% 的比赛，上座率却上升了 1%。

白袜队的情况可以说恰好相反。首先，白袜队的上座率整体而言比小熊队低了不少。只有在打赢世界大赛那一年，白袜队的上座率才翻过了 90% 的大关，但在随后三年内就跌落到 69%。和小熊队不同，白袜队的历年赛场成绩是直接转化为上座人次的。2000 年，白袜队多赢了 12% 的比赛，得到的奖励是花钱买票的球迷多了 17%；2007 年，他们多输了 11% 的比赛，上座率也随即低了 8% 作为惩罚。几乎每一年，上座人次的变化跟球队的成绩都是同向发生变化的。小熊队的胜率每年都会上下波动，跟大酒鬼哈里·卡雷（Harry Caray）做解说员时血液酒精含量随每一局比赛上上下下一个样。可里格利球场的上座率，却像外科医生的手那么稳。

如果你想对小熊队的上座“粘性”做一番极端压力测试，不妨看看1994年到1995年间MLB罢工后发生了什么事。1994年，小熊队的公布上座率是81%，白袜队也有72%。1995年是罢工之后的一年，人们对棒球的兴趣降到了历史最低点，小熊队的上座率仍然达到了69%，而白袜队则降到了50%以下。白袜队的上座人次降了30个百分点，小熊队只跌了15个百分点。同一年，纽约洋基队的上座率创下了历史最低纪录：只有41%。三年内，小熊队和洋基队都回到了正常上座水平：洋基队是因为比赛成绩好，1996年拿下了冠军，1997年打入季后赛，1998年再拿冠军。而小熊队嘛……因为他们是小熊队呀！

好吧，你说，但总还有其他的因素吧？小熊队是在一座风景如画、田园诗歌般的古老球场比赛，它的外墙是钢铁红砖，缠绕着常春藤，而白袜队的主场叫“美国行动通信球场”，除了这名字之外几乎全无魅力，是这个原因吗？也可能是因为，小熊队坐落在以中产阶级为主的芝加哥北城，白袜队却来自落魄的南城社区？这兴许是部分原因，即便如此，事情跟扭曲的经济诱因也脱不了关系。想想其他在古老市中心球场比赛的球队吧。波士顿队的上座率对胜率的敏感度高于小熊队，为0.9，旧金山巨人队和巴尔的摩金莺队也一样，它们的主场是在华丽的市中心景区，上座率对胜率的敏感度却高达1.15。

好了，小熊队，尽管连年颗粒无收，按《福布斯》的排名，仍然在最有价值球队榜单上排名第五，仅次于两支纽约球队以及波士顿队和洛杉矶道奇队。2007年，全球经济衰退之前，该球队的估值为10亿美元。2009年夏天，美国论坛公司（Tribune Company）以近9亿美元的价格，把小熊队95%的股权，外加里格利球场，还有部分电视网络股份卖给了里基茨家族，成为有史以来卖价最高的一项体育资产。这笔交易是在小熊队又打完了一个沮丧赛季后完成的，这个赛季的成绩为83胜78负。尽管同为大市场球队，跟小熊队在同一城市的白袜队，在MLB里估价排名仅为第14位，总价值比小熊队少2.5亿美元左右。

事实上，在十大最有价值球队当中，小熊队是近年来唯一没夺过冠的队伍。天使队、勇士队、巨人队、红雀队和费城人队都不在前十之列。多亏了球迷们的忠心耿耿，小熊队还跟WGN电视频道签下了一笔利润丰厚的电视转播合同，成了全MLB里市场价值最高的球队，却无须在赛场上发挥同等表现。

所以，至少从经济上看，小熊队打好比赛的经济诱因远远小于其他球队，比纽约洋基队少，比波士顿红袜队少，比同城的白袜队更是少得多。这并不意味着小熊队不想赢，而是说，小熊队没有太大的经济动力要赢。

输赢往往是因为在几件小事上付出了额外的努力，由此获取了竞争优势，比如费了更多心思签下抢手的自由球员，或者不懈地网罗人才、监控人才、钻研统计数据，甚至让球员感觉更舒服，从而培养出了强大的比赛队伍。但所有这些事情，只能带来些许的赛场成绩差异，而且件件事情都代价高昂。既然进行这些投资带来的好处很小，那为什么还要做呢？如果你得到10%的加薪，你能在工作上多付出10%的努力吗？也许吧。5%的加薪，会让你多付出10%的努力吗？可能性不大。同样道理，职业体育也免不了受经济诱因的影响。

虽然球员们手里并没拿着趋势图、资产负债表或者统计数据一类的东西，他们也能感受到这种“紧迫感的缺失”。于是，这可能导致受伤球员多休一星期的带薪假，或者击球练习时迟到。这可能导致球员错过比赛，小熊队外野手何塞·卡德纳尔（Jose Cardenal）就干过这种事，他为自己开脱说，“我使劲睁眼睛来着，结果却还是睡过了头。”这可能导致球员在会所里放着震耳欲聋的音乐，跟队友们对着干，后者提出抱怨，当事人却还嘴说，“见鬼的队友！”球员萨米·索萨就做过这事儿。

乔·希拉尔迪（Joe Girardi）出生在皮奥里亚，从小就是小熊队的忠实球迷，并曾在里格利体育场打了 7 个赛季的球。离开小熊队的时候，他筋疲力尽。但后来，他为洋基队效力，拿下了三枚世界大赛冠军戒指。如今，他是洋基队的经理。《哈珀斯》杂志曾问希拉尔迪，为什么小熊队就是赢不了球呢？他先指出，“洋基队的工资高得惊人，这还不包括花在小联盟球员、自由球员身上的钱，也不包括签下那些来自多米尼加、波多黎各的孩子们的钱。”光是这个原因而已吗？他又说：“远远不止于此。在洋基队，你参加春季训练时就指望着打进世界大赛。当你走进会所，看到一代代洋基队巨星们的照片、纪念品，你就能感受到冠军的气息。穿上队服，就意味着一些特别的东西。可在芝加哥小熊队，他们的愿望就是打好一个赛季，能打入季后赛就很好了。”

小熊队的这种文化有多根深蒂固呢？1932 年，P·K·里格利从自己的父亲——一代口香糖巨头威廉·里格利（William Wrigley）手里继承了球队时，决定不再往棒球上浪费资源了。按照《哈珀斯》杂志的说法，他认为，除了比赛，球迷们需要一个到球场的理由。他说：“这个理由可能是乐趣、阳光、放松。我们的宗旨是，动员公众去看球赛，无论输赢。”为此，他吩咐年轻员工比尔·维克（Bill Veeck）在墙上种植爬山虎。时隔75年，球队仍然以里格利体育场的体验为卖点，无关输赢，这也不足为奇了吧。

2009年，里基茨家族买下球队后，做了资本改进。新一代领导的最初举措，就是取消了会所里的冰激凌、汽水和糖果的供应。他们安装了不锈钢的厨房，聘请了营养顾问。这一命令是健身爱好者托德·里基茨（Todd Ricketts）下的，他想知道，更健康、更有活力的球队到底有没有更大的获胜概率。小熊队升级了自己的球探制度，尤其是在拉丁美洲，进入2010年赛季后，又开出了国家联盟的最高薪资。汤姆·里基茨告诉我们："你当然要明智地花钱，想到你花的钱最终会让你在赛场的成绩提高，你就不会害怕花钱。"毫无疑问，他是正确的。但这一理念与球队从前的老板背道而驰，还远不足以解释为什么一百年来小熊队都颗粒无收。

啤酒价格决定上座率

还有些人提出了更进一步的主张：小熊队或许存在一种反常的经济诱因，想要维持自己"可爱的倒霉蛋"形象，像花生漫画里查理·布朗那样永远不走运，正是这支球队的一部分吸引力所在。甚至几十年以前，球迷的愤怒就烟消云散了，剩下的是听天由命。分享失败的球迷，成了更加铁杆的球迷。他们之间的情谊，因为一次次地"等待来年"而愈发巩固。打不赢球，颗粒无收，也成了一种资本。

芝加哥郊区森林湖学院人类学教授霍利·斯威耶斯（Holly Swyers）研究了自称"老兵"（Regulars）的本地小熊队球迷部落，这绝对不是比较常见的铁杆粉丝群，铁杆粉丝群自称是"看台游民"（Bleacher Bums）。"老兵”们形成了一个真正的社群，表现出许多严密社区、教会民众甚至家族的基本特质。“老兵”们是年纪、性别和种族各异的几百号成年人，他们当中既有百万身家的 CEO，也有靠着固定收入过活的退休人士，他们同喜同乐，同悲同哀，甚至内部通婚。就连汤姆·里基茨也是在里格利体育场看台上跟未来妻子相遇的。斯威耶斯还注意到了另外一些东西。这些本来没有其他共同之处的“老兵”，也为球队的不幸而抱团。他们都是同一个“教会”的成员，一起坐在“悲惨教堂”的长椅上。如果球队真的打赢了世界大赛,“老兵”们可能会幸福如升天。但成功将彻底改变社群的性质。

让我们回到经济诱因上，事实证明，1990—2009 年间，MLB 里的每一支球队都因为赢得多而获得价值。但有一个例外。小熊队的价值反而会因为输得多而小幅上涨！为什么呢？因为不管小熊队一贯以来打得有多糟糕，球迷们还是继续来看比赛。小熊队比平常输得多些，门票销售收入反而略有上涨，哪怕每个赛季胜率波动极大，电视收入也纹丝不动。

所以，如果提高小熊队价值的并不是胜利，那到底是什么让球迷继续来看球的呢？如果过去几十年你到过里格利球场，你大概知道一部分答案。本书的作者之一在普渡大学上学期间，每年春天都会跟大学里的弟兄们一起去看比赛，欢乐地消磨大把时光，他清晰地记得自己喝醉酒、碰到可爱的校友以及逃避各种规定的好玩事。可他对比赛的输赢、欢呼与得分全无记忆。如果有人问“比分是多少？”或者“有多少个出局了？”其他观众会劈头盖脸地朝他泼啤酒，含混不清地对他唱醉酒歌。一如一款大受欢迎的 T 恤上所写的:“小熊队棒球：闭上嘴！喝酒吧！”在里格利球场打比赛，就是一场盛大聚会，甚至可能是棒球界里最盛大的聚会。别忘了，啤酒和纪念品也能带来可观的收入呢。

1983年，在一场体育界最精彩的独白里，当时任小熊队经理的李·埃利亚（Lee Elia）用形象的语言描述了这种感觉，每一个真正的铁杆小熊队球迷都能一字不落地背出这段独白。赛季之初，球队照常表现散漫，输了一场比赛。一位喝醉酒的忠实粉丝发出嘘声。埃利亚回应说："我该怎么办呢？走出去让我不争气的球员每一天都累个半死，还挨了骂不还嘴？就因为那来看球的潦倒不堪的小子？那家伙根本不工作。这就是为什么他们会来看比赛。他们现在应该走出去，找一份工作，尝尝挣钱谋生是怎样一种滋味。在这个世界上，85%的人都工作，剩下的15%，来了这儿。"

埃利亚无意中说出了真相。其实，里格利球场的上座率对啤酒价格的敏感度，远高于对球队胜率的敏感度。我们搜罗了1984—2009年的啤酒价格，并按照同期价格总水平和通胀水平做了调整，发现上座率对啤酒价格的敏感度，是对输赢敏感度的4倍以上。

更重要的是，小熊的组织方已经明白这一点。尽管过去20年里的胜率糟糕透顶，仅为48.6%，但自1990年以来，小熊队的东家却设法将门票的价格提高了67%，高于联盟44.7%的平均水平，而上座率也一路攀升，最高可达99%。但啤酒价格基本上一路持平。到2009年，按《球队营销报告》（*Team Marketing Report*）的数据，里格利球场的票价是全联盟第三高，一张票平均价格接近48美元，仅落后于波士顿芬威球场的50美元，和洋基队新球场的73美元。但里格利球场一小瓶啤酒的价格，却是全联盟第三低的，它的小卖部里啤酒卖5美元一瓶，跟消费者价格报告里一样。只有小市场的匹兹堡海盗队和中等市场亚利桑那响尾蛇队的啤酒更便宜，分别为4.75美元和4.00美元，而这两支球队比赛的平均票价才分别为15.39美元和14.31美元。

换句话说，小熊队球迷能容忍糟糕的赛场表现和高昂的门票价格组合，但不能容忍糟糕的赛场表现和高昂的啤酒组合。糟糕的赛场表现和高价门票，构成了球场上的有趣一天，却并没有让球队东主获得太强的经济诱因，逆转球队的失败文化。

哦，但愿你别以为这只能证明芝加哥人喜欢棒球和便宜啤酒，因为同一时期，白袜队的上座率就不受啤酒价格的影响。相反，白袜队球迷对票价更加敏感，大多数时候，只有球队胜率提高之后，门票才会上涨。白袜队同样了解自己的球迷。2009 年，看一场白袜队比赛的平均票价仅为 32 美元，足足比城市北面的小熊队便宜 15 美元。而同样一瓶啤酒，在行动通信球场要花 6.50 美元，比里格利的小卖部高 30%。

总之，说小熊队在球场表现上的不幸是因为受了诅咒，或者为此责怪史蒂夫·巴特曼，你就太苛刻了。顺便说一句，不管啤酒便宜不便宜，惹下弥天大祸的那个晚上，巴特曼并没喝啤酒。

好书名是这样来的

如果你阅读本书获得的乐趣能够达到我们写书获得的乐趣的一半，那就说明我们双方都做得挺不错。检验体育界的传统智慧？把体育跟经济分析结合起来，再用统计数据写出来？解答我们一直在琢磨的问题？跟童年时代的好朋友重拾友谊？按我们出版商的话说，这是“出钱雇用你们工作”，但实际上，这份合同是“出钱供我们玩耍”。

不过，我们碰上了一个大问题。把稿件交给编辑之后，我们仍然想不出合适的书名。我们就像美国电视剧《广告狂人》中的角色一样，虽说不像他们那么嗜酒如命，但我们反反复复地掂量种种设想和概念。我们希望找到一个朗朗上口的短语，把体育运动元素和行为经济学元素同时表达出来。我们想找一个既有分量又显得轻松的词。我们不想用术语吓跑普通体育爱好者，但我们也想表达出一定的严谨性和复杂性。“Mathletes”（数学体育迷)?太极客范儿了。“Inside the Helmet”(头盔之内)?太老套了。“Streakanomics”(连胜经济学)?太像跟风之作了。“Why We Win”(我们为什么赢)?太励志了。“Unforced Errors”(非受迫性失误)?太被动了。“Breaking Balls”(破球)?很可能会变成一个不幸的双关语。

不像给孩子起名,我们可以委托给妻子,放手不管。起书名这事儿还要继续。我们达不成一致意见。一个人喜欢“我们是第一”这个书名,另一个人一听见这名字就忍不住打冷战。我们起初很爱“我做到啦”,一个小时之后又恨上了它。我们还想出了另一个标题,但很快意识到它配不上有趣的封面插图,只得再次作罢。

最后,我们总算回想起了自己在本书中信奉的一些原则。数据有价值;样本量越大,信息越准确;个人的偏差和品味,用独立的数据可以给予调和;思考看待问题的新途径,可以带来新的视角,或许有助于问题的解决。

于是,我们在家人、朋友和同事里做了投票调查。好像范围还不够大。接下来,我们在《体育画报》的读者里征募书名设想。我们不光扩大了自己的样本规模,还获得了真正的多样性:这一分钟,来自加拿大的男士提交了自己的点子;下一分钟,来自印度的女士又给出了一番评价。

和我们的无偿顾问大军一样,征集到的点子也五花八门。有“Give Up Hope”(放弃希望)“By a Shoestring”(一根鞋带)“Impure Luck”(不纯粹的运气)“My Regression”(我的回归)“Daddy, Why Does Sports Radio Lie to Me?”(爸爸,为什么体育电台欺骗了我?)“Non-Fantasy Football”(非梦幻足球);有充满学术味的“Date Analysis and Behavoral Psychology in Sports from an Economic Perspective”(从经济学角度观察体育界的数据分析和行为心理学);有充满挑衅的“I Bet Your Team Will Lose, Dumbass”(我打赌你的球队会输,笨蛋);甚至还有带宗教意味的

标题："God Wanted Us to Win"（上帝希望我们赢）。一位读者为向我们的网球热情致敬，提议书名为“Johan Kriek-onomics”（约翰·克里克经济学）。类似的还有“Jimmy the Creek-onomics”（希腊人吉米经济学）。除了从群众中寻求建议，我们还聘请了一位顾问，他不光为我们提供了书名建议，还帮助我们从征集的书名里挑出最合适的。顺便说一句，这位顾问名叫琳达·希内斯（Linda Jines），就是她发明了“魔鬼经济学”这个词。不过，《魔鬼经济学》（*Freakonomics*）一书的作者也搞了一轮同样折腾的书名大搜查。

我们把数量庞大的来自外界的独立意见收拢到一起。我们或许比其他所有人都更了解自己的书，但要是我们以为自己知道一切答案，不能从更广泛的意见里学习，那就是傻瓜了。

最后，在琳达的帮助下，我们结合了数据和专业知识，总算锁定了书名。我们以 *Scorecasting*（《比赛中的行为经济学》）尘埃落定，最初提出这个名字的是杰夫·伯西格尔（Jeff Boesiger）。一如我们在整本书里反复强调的：忽视数据和不同意见，请后果自负。寻求有争议或相反的意见，挑战惯例，能改善你的决策。书名也一样。*Scorecasting*（《比赛中的行为经济学》）或许不是人人都喜欢的书名。但上帝知道，它有实证支持。

为了配合这一主题，我们希望向各位读者征求更多的意见。我们探讨的所有主题，都有许多地方值得深入展开。虽然这一回是来不及了，但如果幸运的话，我们会出续集。我们猜想，不少读者大概也有长久想不明白的体育难题，想用数据来检验它吧。如果是这样，我们很乐意代劳辛苦活，帮你进行检测。我们相信，依靠大家的力量，一定能提出我们没想到过的有趣点子。

译者后记

SCORECASTING

如果说这本书给我留下的印象是什么，一个字：难！

倒不是说行文上有什么难度，而是文中用大量篇幅讲述的美式体育项目及具体比赛事例，除了篮球稍微好一点（毕竟我属于看着《灌篮高手》长大的一代人），其余的橄榄球、棒球和冰球，我完全不熟啊！

不熟到什么程度呢？比方说，棒球的好坏球，我起初就完全不明白是怎么一回事。好球区坏球区是什么意思？为什么需要裁判来判定好球还是坏球？完全不明白。至于什么上垒、双杀、盗垒，更是两眼一抹黑。橄榄球就更不用说了，一攻二攻、攻防转换、选秀定价策略，这到底是些什么东西？

因为接下书稿的时候只试译了前言部分并大概地翻了翻内容，误以为是"青春故事加行为经济学"，结果，正式翻译到第一章时就彻底傻了眼。但一来，我觉得这确实是本很有意思的书，二来，我性格里也有颇为自负的地方，心里想着：如果连我都不能把这块硬骨头啃下来，交给其他人翻译那会变成什么样子！事实上，编辑也曾经告诉过我，有一些译者对体育的了解程度，连美式橄榄球（football）和国际足球（soccer）都分不清。他们会说："呃……

什么？你说还有英式橄榄球（rugby）？嗯？你是在逗我吗？”

差不多有半年多时间，我跟着内容进度，查看相关比赛视频，有空就看体育电影，《点球成金》《选秀日》这一类自不必说，连安达充的棒球漫画也又翻出来重温。技术名词特别多拿捏不准的时候，就上专门的体育网站请教爱好者。整个夏天、秋天和冬天，我敲打着键盘，在虚拟的时空里了解棒球、橄榄球和篮球，所以，这本书在进度之慢上，刷新了我自己的记录，与此同时我也为体育本身蕴含的热血所激励和感动。

最终翻译完正文那一天，我真的高兴得几乎跳了起来：真是一段辛苦的旅程，好歹算是走完了，苦乐参半，不亚于跑完了一趟马拉松啊。编辑也向我打趣说：完成了这本书的挑战，上解说台也够资格了！

虽然自己觉得已经尽了全力，但到底不是铁杆运动迷，文中涉及比赛的一些译文想来不免会出现不少疏漏和错误。欢迎各位读者批评指正！

我的新浪微博是 @ 译海小番茄（但因工作繁重，上得很少），电子邮件是 herstory@163.net。豆瓣上有我的小站，搜索我翻译的任何一本书名即可找到。你可以直接跟我联系，也可以在相关书目下发表评论、提出疑问，我会在力所能及的范围内即时回复。

未来，属于终身学习者

我这辈子遇到的聪明人（来自各行各业的聪明人）没有不每天阅读的——没有，一个都没有。巴菲特读书之多，我读书之多，可能会让你感到吃惊。孩子们都笑话我。他们觉得我是一本长了两条腿的书。

——查理·芒格

互联网改变了信息连接的方式；指数型技术在迅速颠覆着现有的商业世界；人工智能已经开始抢占人类的工作岗位……

未来，到底需要什么样的人才？

改变命运唯一的策略是你要变成终身学习者。未来世界将不再需要单一的技能型人才，而是需要具备完善的知识结构、极强逻辑思考力和高感知力的复合型人才。优秀的人往往通过阅读建立足够强大的抽象思维能力，获得异于众人的思考和整合能力。未来，将属于终身学习者！而阅读必定和终身学习形影不离。

很多人读书，追求的是干货，寻求的是立刻行之有效的解决方案。其实这是一种留在舒适区的阅读方法。在这个充满不确定性的年代，答案不会简单地出现在书里，因为生活根本就没有标准确切的答案，你也不能期望过去的经验能解决未来的问题。

湛庐阅读APP：与最聪明的人共同进化

有人常常把成本支出的焦点放在书价上，把读完一本书当做阅读的终结。其实不然。

时间是读者付出的最大阅读成本
怎么读是读者面临的最大阅读障碍
“读书破万卷”不仅仅在“万”，更重要的是在“破”！

现在，我们构建了全新的“湛庐阅读”APP。它将成为你“破万卷”的新居所。在这里：

- 不用考虑读什么，你可以便捷找到纸书、有声书和各种声音产品；
- 你可以学会怎么读，你将发现集泛读、通读、精读于一体的阅读解决方案；
- 你会与作者、译者、专家、推荐人和阅读教练相遇，他们是优质思想的发源地；
- 你会与优秀的读者和终身学习者为伍，他们对阅读和学习有着持久的热情和源源不绝的内驱力。

从单一到复合，从知道到精通，从理解到创造，湛庐希望建立一个“与最聪明的人共同进化”的社区，成为人类先进思想交汇的聚集地，共同迎接未来。

与此同时，我们希望能够重新定义你的学习场景，让你随时随地收获有内容、有价值的思想，通过阅读实现终身学习。这是我们的使命和价值。

湛庐文化 Cheers Publishing
a mindstyle business 与思想有关

湛庐阅读APP玩转指南

湛庐阅读APP结构图：

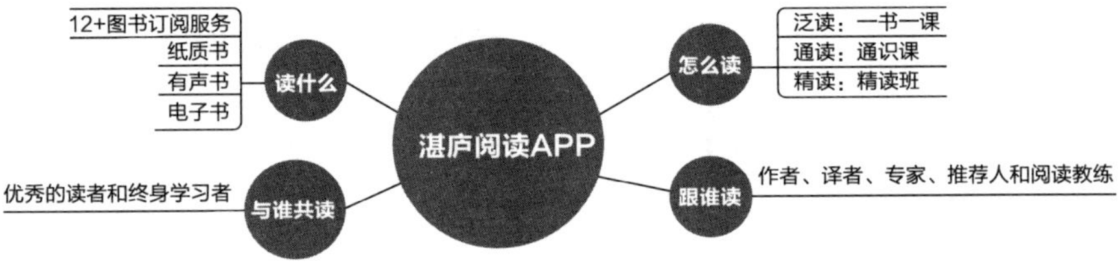

三步玩转湛庐阅读APP：

读一读 ▼

湛庐纸书一站买，
全年好书打包订

听一听 ▼

泛读、通读、精读，
选取适合你的阅读方式

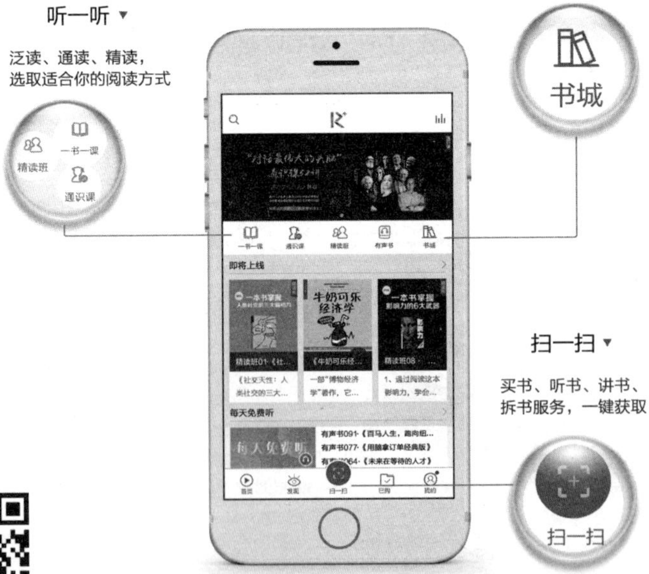

扫一扫 ▼

买书、听书、讲书、
拆书服务，一键获取

APP获取方式：
安卓用户前往各大应用市场、苹果用户前往APP Store
直接下载“湛庐阅读”APP，与最聪明的人共同进化！

使用APP扫一扫功能，遇见书里书外更大的世界！

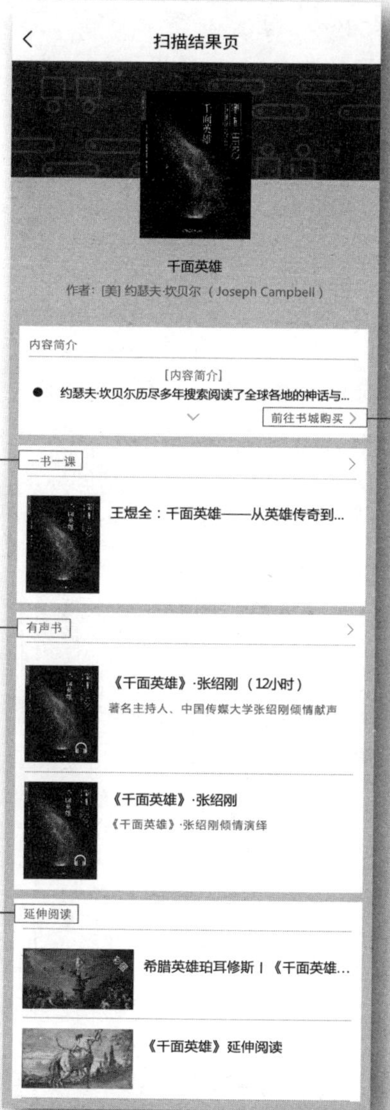

快速了解本书内容，
湛庐千册图书一键购买！

大咖优质课、
献声朗读全本一键了解，
为你读书、讲书、拆书！

你想知道的彩蛋
和本书更多知识、资讯，
尽在延伸阅读！

湛庐文化 Cheers Publishing
a mindstyle business 与思想有关

延伸阅读

《稀缺》

◎ 我们是如何陷入贫穷和忙碌的？贫穷只是缺钱？忙碌只是缺时间？“稀缺心态”才是一切稀缺的根源！《金融时报》2013 年必读十佳商业图书，丹尼尔·卡尼曼推崇的行为经济学新作。

◎ 清华大学心理学系主任彭凯平，《罗辑思维》主讲人罗振宇，诺贝尔经济学奖获得者丹尼尔·卡尼曼，哈佛大学心理学教授丹尼尔·吉尔伯特等联袂推荐。

使用“湛庐阅读”APP，“扫一扫”获取本书更多精彩内容

ISBN 978-7-213-06349-7

《复杂经济学》

◎ 湛庐文化圣塔菲书系的首部著作！

◎ 布莱恩·阿瑟继《技术的本质》之后，又一部重磅作品！

◎ 经济学的新古典主义时代已经结束，这本书是“复杂经济学”的奠基之作！

使用“湛庐阅读”APP，“扫一扫”获取本书更多精彩内容

ISBN 978-7-213-08645-8

《无价》

◎ 洞悉大众心理，玩转价格游戏。拉卡拉集团创始人孙陶然、易观国际创始人于扬，他们都说：这本书必须读！

◎ 媲美西奥迪尼《影响力》。锤子科技创始人兼 CEO 罗永浩，诺贝尔经济学奖得主、行为经济学之父丹尼尔·卡尼曼鼎力推荐。

使用“湛庐阅读”APP，“扫一扫”获取本书更多精彩内容

ISBN 978-7-5596-0586-3

《选择的悖论》

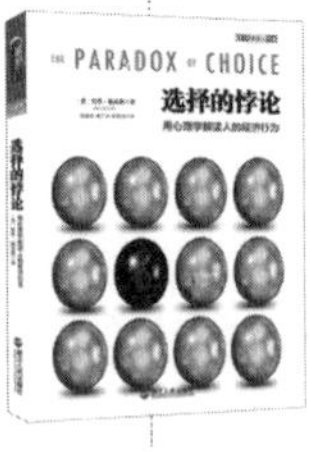

◎ 跨界大师用经济学布心理学的道，用心理学解读人的经济行为。《商业周刊》、《福布斯》杂志年度十大畅销书之一。未来 10 年值得关注的心理学家巴里·施瓦茨著作。

◎ 清华大学心理学系主任彭凯平，全球华人积极心理学协会副主席赵昱鲲，美国心理协会前任主席菲利普·津巴多，积极心理学之父马丁·塞利格曼，著名心理学家戴维·迈尔斯等联袂推荐。

使用“湛庐阅读”APP，“扫一扫”获取本书更多精彩内容

ISBN 978-7-213-05236-1

Tobias J. Moskowitz and L. Jon Wertheim.
Scorecasting：The hidden influences behind how sports are played and games are won
Copyright © 2011 by Tobias J. Moskowitz and L. Jon Wertheim

This translation published by arrangement with Crown Archetype, an imprint of the Crown Publishing Group, a division of Random House LLC.

All rights reserved.

本书中文简体字版由 The Crown Publishing Group 授权在中华人民共和国境内独家出版发行。未经出版者书面许可，不得以任何方式抄袭、复制或节录本书中的任何部分。

版权所有，侵权必究。

浙江省版权局
著作权合同登记章
图字:11-2018-334号

图书在版编目（CIP）数据

比赛中的行为经济学：赛场行为与比赛胜负的奥秘 /（美）托拜厄斯·莫斯科维茨，（美）乔恩·沃特海姆著；闫佳译 .—杭州：浙江教育出版社，2018.6

ISBN 978-7-5536-7378-3

Ⅰ.①比… Ⅱ.①托… ②乔… ③闫… Ⅲ.①体育经济学—行为经济学 Ⅳ.① G80-052 ② F069. 9

中国版本图书馆 CIP 数据核字（2018）第 100620 号

上架指导：行为经济学 / 认知科学

版权所有，侵权必究
本书法律顾问　北京市盈科律师事务所　崔爽律师
张雅琴律师

比赛中的行为经济学：赛场行为与比赛胜负的奥秘

BISAI ZHONG DE XINGWEI JINGJIXUE: SAICHANG XINGWEI YU BISAI SHENGFU DE AOMI

［美］托拜厄斯·莫斯科维茨　乔恩·沃特海姆　著

闫　佳　译

责任编辑： 马立改
美术编辑： 韩　波
封面设计： 门乃婷工作室 Tel:010-64822410
责任校对： 罗　曼
责任印务： 时小娟
出版发行： 浙江教育出版社（杭州市天目山路 40 号　邮编：310013）
电话：（0571）85170300-80928　邮箱：zjjy@zjcb.com　网址：www.zjeph.com
印　　刷： 天津中印联印务有限公司
开　　本： 720mm ×965mm　1/16
成品尺寸： 170mm×230mm
印　　张： 20.75
字　　数： 234 千字
插　　页： 3
版　　次： 2018 年 6 月第 1 版
印　　次： 2018 年 6 月第 1 次印刷
书　　号： ISBN 978-7-5536-7378-3
定　　价： 79.90 元

如发现印装质量问题，影响阅读，请电话联系调换。